高等学校通识课程系列教材

中西文化比较

（第四版）

李 军　林永清　朱筱新　编著

中国人民大学出版社
·北京·

目 录

绪论 ··· 1

第一章　中西方文化差异的形成 ··· 3
第一节　中西方文化差异的历史根源 ·· 4
第二节　农业生产与农耕文明 ·· 6
第三节　畜牧业生产的特点及影响 ··· 13

第二章　中西方教育观念的差异 ·· 19
第一节　中西方的教育传统 ··· 20
第二节　中西方学生发展核心素养 ··· 24

第三章　中西方文化风俗的差异 ·· 30
第一节　中西方不同的社会风俗 ·· 31
第二节　中西方饮食文化对比 ··· 41
第三节　中西方节日文化对比 ··· 50

第四章　中西方文化特征对比 ·· 57
第一节　平衡——中华传统文化的精华 ··· 58
第二节　现实主义——西方传统文化的特色 ····································· 61

第五章　中西方建筑文化差异 ·· 64
第一节　中西方的传统建筑艺术 ·· 65
第二节　中西方的园林艺术 ·· 71

第六章　中西方艺术差异 ·· 104
第一节　中西方的绘画艺术 ··· 105
第二节　中西方的音乐艺术 ··· 112

第七章　中西方文化的交流与交融 ·· 133
第一节　中西方的经济、文化交流 ··· 134
第二节　扬长补短，兼容并蓄 ··· 158

参考文献 ·· 165
后　记 ··· 167

绪　论

　　在人类漫长的历史进程中，任何一个民族和国家，都会创造自己特有的文化。其中，既有物质的文化，又有精神的文化。这些人们在长期的社会生产、生活等实践活动中创造的物质和精神财富，既反映了人们对自然和生存环境的认识，也反映了人们对美好生活的追求，更体现了人们的审美观、价值观和人生观等观念，由此也产生和形成了特定的生活习俗。因此，任何一种文化，都具有其特定的历史和社会背景，也成为一个民族特有的符号。

　　生活在世界各地的人们，由于在漫长的历史进程中，所处的自然环境、生存条件，特别是经济生产形式及活动内容的不同，所创造的文化存在着很大的差异。因此形成了今天世界各地多元化的、异彩纷呈的不同文化类型。

　　其中，中国与以欧洲、北美地区的民族和国家为代表的西方，在文化上的差异尤为明显。这些差异突出表现在观念意识、文化特征、艺术表现手法，以及生活习俗等诸多方面。对中西方文化的差异需要从各自历史上曾经出现过的社会经济形态和经济基础入手，分析文化差异的根源及表现。这对于正确认识和理解中西方文化的差异是十分必要的。这不仅有助于认识中西方文化各自的特征，客观分析和评价中西方文化，也有助于从各自的文化中摒弃糟粕，汲取精华。

　　中国文化通常是指中国传统文化。源远流长、博大精深的中国传统文化，是中华民族在极其漫长的历史进程中创造出的丰厚的物质和精神财富，在5 000多年文明发展中孕育的中华优秀传统文化，积淀着中华民族最深沉的精神追求，代表着中华民族独特的精神标识，是中华民族生生不息、发展壮大的丰厚滋养，是中国特色社会主义植根的文化沃土，是当代中国发展的突出优势，对延续和发展中华文明、促进人类文明进步，发挥着重要作用。

　　西方文化，一般是对在地理上处于西半球的，以欧洲、北美地区为中心的西方各国文化的统称。西方文化主要来源于古希腊文化、古罗马文化和希伯来文化。在历史上，古希腊文化、古罗马文化和希伯来文化都对世界文明的进程产生过重大影响。19世纪中叶以后，随着科学技术的飞速发展，西方文化逐渐发展起来。

中国和西方的文化，因植根于不同的社会经济类型而呈现出不同的特征和风格，形成了不同的观念意识、文化特征、艺术表现手法和生活习俗。具体表现在民族的整体性格、服装服饰、建筑风格、医学、绘画雕塑、戏剧、音乐、饮食习俗以及消费观念等诸多方面。这些显而易见的文化差异表现，已成为当今社会生活的重要组成部分，极大地丰富了人们的物质和精神生活。

中西方各自的文化，在历史上都曾对人类社会的进步和文明做出过积极的贡献。尽管这些文化的产生距今历史遥远，但时至今日依然活跃在中西方的社会生活中，仍具有强大的生命力。

文化现象，是观念意识的外在表现形式。中西方文化的差异，也正是不同观念意识的反映。因此，对中西方文化差异的认识，需要历史的、辩证的分析。必须立足于广义的社会基础，包括政治、经济、社会生产和生活等诸多要素，这是分析和研究中西方文化的前提。

不过，中西方文化在各自形成的过程中，因受历史和当时社会生活的影响，其中既有积极的因素，也有消极的因素。在认识和理解中西方文化时，这也是不能回避的问题。只有正确分析积极因素和消极因素，从根源上认识消极成分产生的历史背景，才能理解其弊端所在。

随着我国改革开放进程的加快和世界经济一体化程度的加深，我国与世界各国的交往与交流更加密切、频繁。中华优秀传统文化已越来越多地随着交流和交往传向世界各地，正逐渐为更多的国家和民族所认同、接受和吸收，成为异国文化和人文素养的新源泉。与此同时，我国也越来越多地接触到外来的文化，其中就包含大量的西方文化。因此，我们既需要继承和弘扬中华优秀传统文化，也应抱着积极的态度，客观、公正地审视西方文化，从中汲取有益的因素和成分，扬长补短，促进自身素养的提高。这正是我们编写本书的初衷和希望。

第一章 中西方文化差异的形成

内容提要

1. 中西方文化的差异显而易见，源于农耕文明与畜牧文明。自原始社会新石器时代开始，随着原始人类制作工具的技术从打制进步到磨制，劳动的收获物数量增加，开始出现剩余。中西方在这一时期都产生了原始种植业和家畜饲养业。但在以后的历史时期中，西方的畜牧业发展迅速，正是受两种不同的经济生产方式的作用和影响，中西方民族在观念、意识和文化等方面便出现了差异。

2. 农耕民族的观念和意识，源自农业生产的特点，即农业生产受制于自然，农业生产具有季节性强、作物生长规律性强、易受自然灾害影响和劳动地点固定等特点，决定了农耕民族特有的观念和意识。

3. 游牧民族的观念和意识则源自畜牧业生产的特点，即人在畜牧业生产中占主导地位、畜牧业生产受自然因素的影响相对较小、流动式放牧及放牧的方式灵活等特点，决定了游牧民族特有的观念和意识。

学习提示

本章分为三节，分别从中西方文化差异的历史根源、农业生产对农耕文明的影响、畜牧业生产对游牧民族的影响等方面，阐述中西方文化差异形成的历史和社会背景；从社会经济基础入手，探讨和揭示其对农耕民族、游牧民族的影响。

其中，需要理解和把握的关键点如下：

一、中西方的人类在原始社会的旧石器时代都采用打制技术制作工具，都从事采集和狩猎劳动，在进化过程中并无差异。中西方观念、意识及文化的差异，实际出现于原始农业与畜牧业产生后。

二、中西方文化的差异，源自不同类型的生产劳动。农业生产和畜牧业生产的特点决定了中西方民族各自在观念、意识和文化传统等方面的具体内容和表现。

三、农业生产和畜牧业生产的特点，是导致中西方民族在观念、意识和文化方面产生差异的根源，即社会存在决定社会意识，经济基础决定上层建筑。

众所周知，中国和西方的文化传统存在着很大的差异，这在社会生活的各个方面都能清楚地感受到。这些差异具体体现在中西方民族的基本素质、整体民族性格、社会观念意识、心理特征，以及饮食习惯、服装服饰、文学作品、绘画雕塑、建筑风格、戏剧、音乐、医学、体育等诸多方面。

中华民族延续至今的文化，包括传统的观念、意识，正体现了我们这个民族"以社会为重"的传统道德和修养。这一点，现在正越来越多地为世界各国所肯定。

第一节 中西方文化差异的历史根源

一、人类的起源和原始文明

人类是从高级灵长目动物进化而来的，即从泛称类人猿的人类始祖进化而来，这一点已为现代科学所证明。所以，现代人身上仍保留着许多灵长目动物的特性和生活习性，如杂食性的食物构成，"日出而作，日入而息"的作息规律等。

由类人猿进化而成的原始人类，与动物的本质区别就在于能否有意识地制造和使用工具。这一点，无论是中国及亚洲其他地区发现的猿人，还是欧洲、非洲及美洲发现的猿人，在他们生活的遗址中出土的文物及遗存，都反映了早期人类的文明，即能够运用相互撞击、敲打的办法，将石块制成工具。所以，生活在中国和西方的原始人类，并不存在体质、大脑及思维等方面的明显差别，而且都沿袭着灵长目动物的本性和生活习性。

为了满足杂食性食物构成的需要，猿人都以自然界中生长的植物茎、叶、果实和动物为重要的食物来源。为了获取这些食物，猿人从事着最原始的劳动——采集和狩猎。所以原始人类的采集和狩猎劳动，其实质是灵长目动物本性的反映。

在相同的生活和劳动中，世界各地的猿人并没有出现本质的区别，如各地猿人普遍采用的工具制作技术是打制技术；同样进行采集、狩猎劳动；都生活在自然形成的山体洞穴中，过着群居生活；等等。各地猿人遗址出土的文物及遗存还证明，在漫长的历史进程中，通过劳动，人类的体质不断进化，脑容量逐渐增大，并且对自然环境有了较强的适应能力。同时，在长期的劳动和生活中，各地的猿人都逐渐认识到了自然变化的规律，有意识地躲避自然灾害给自己造成的伤害，逐渐提高自己生存的能力。这样，人类才得以繁衍生息，逐步扩大族群，并在不同的自然环境和气候条件下，逐渐形成具有不同特征的人种群落。

从这个意义上讲，在原始社会早期，中西方的原始人类并没有出现差别。也就是说，中西方民族及文化传统的差异，不是从人类诞生之时就产生的。这表明中西方文化出现的差异与人种没有必然的联系。无论是黄种人、白种人还是黑种人，其早期先民不存在文明程度上的绝对优劣差异，所创造的原始文化也没有本质上的差别。文化差异，主要是在以后的历史进程中，受各自的经济生产以及所处的自然环境和条件的制约与影响而产生的。

二、中西方文化差异产生的历史背景

在中西方漫长的历史进程和劳动、生活实践中，人类都在不断地总结经验，探索提高劳动效率的可能性。其中突出的一点，就是人类开始有意识地制作工具，并不断改进劳动工具的制作技术，逐渐以磨制技术取代打制技术。

采用磨制技术加工制作的石器工具，刃部更加锋利，其性能较打制成的石器工具更加优越。更重要的是，磨制技术还能够加工质地更加坚硬的材料，从而进一步提高工具的使用寿命和性能。所以在广泛使用磨制工具后，人们的劳动效率得到了明显的提高，采集和狩猎劳动所获得的食物也因此逐渐增多，除供人们日常食用外，还出现了剩余。

生产工具的改进导致剩余产品的出现，改变了人们的生产和生活方式，进而引发了人们观念、意识的改变。

当剩余产品出现后，人们又设法保存这些采集到的果实和捕获的猎物，以备食物匮乏时再食用。通过对自然现象的观察和认识，人们发现散落在地面上的一些植物果实经过寒冷的冬季，在气候开始转暖时又会萌发出幼芽长成新的植物，还能再结出果实。于是，人们从这一自然现象中受到启发，便尝试着将剩余的果实埋入土中，以使其再生长出新的果实，这样就产生了原始的种植业。而对于在狩猎中生擒的猎物，由于数量增多，也出现剩余。人们为了能在缺乏食物的时候再食用它们，便将它们圈起来，避免它们逃跑。为了不让这些被圈的猎物因没有食物而死去，人们又尝试着进行人工喂养，从而产生了原始的饲养业。经过长期的人工圈养，这些动物逐渐被驯化，性情逐渐温顺，最终成为能人工饲养的家畜、家禽。

事实上，人类社会进入新石器时代以后，中西方都产生了原始种植业和家畜饲养业，尚未出现明显的差异。但在以后的历史中，欧亚大陆的一些部族认识到家畜不仅能够提供肉食，还能提供乳类以及皮毛等，而与种植业相比，畜牧业生产还具有劳动相对简单，需投入的人力、精力较少，劳动强度较低，特别是受自然灾害的影响相对较小等特点，所以这些部族便以从事畜牧业生产为主，而辅以种植业[①]。这在欧洲的新石器时代考古中，如阿齐尔文化、塔登努阿文化，位于克里米亚半岛的新石器文化，希腊的迪米尼文化，东欧南部的布格河-德涅斯特河文化等诸多新石器文化遗存中，都发现数量较多的牛、羊、猪、狗等动物骨骸。正是因为饲养牲畜不仅可以提供人们所需的食物，还可以提供生活所需的纺织物原料，所以在以后的历史中，欧洲的畜牧业始终十分发达。

在我国的新石器时代考古中，黄河、长江流域的黄土高原、江汉平原及东南丘陵等广阔的区域已经发现大量的聚落遗址。这些遗址均位于河流附近，或临水而居，或是在河岸的高地上。这表明，当时人们已经懂得利用自然条件为自己创造安全、便利的生活条件。在这些遗址中，出土了大量的粟黍稻等作物、稻田遗迹，以及猪、羊、牛等动物骨骸，反

---

① 摩尔根. 古代社会. 北京：商务印书馆，1971；斯塔夫里阿诺斯. 全球通史：从史前到21世纪：第7版. 北京：北京大学出版社，2006；周谷城. 世界通史. 石家庄：河北教育出版社，2003.

映了当时的人们已从事粮食作物的种植，并饲养牲畜。在一些保存较完整的聚落遗址中，还有圈栏的遗迹，说明当时的人们是采用圈养的方式饲养牲畜的。人们将牲畜圈在栏内，既可以防止牲畜外逃，又能有效防止牲畜噬食和践踏粮食作物。

从我国新石器时代聚落遗址的遗迹、遗存中可以看出，粮食作物的种植在聚落生活中占主导地位，牲畜饲养业则居于次要和辅助地位。这也与当时的人们较好地利用自然条件、精心种植有直接的关系。因此，种植业便成为聚落居民的主要食物来源。在以后的历史中，人们积极改进生产工具和生产技术，从而促进种植业的持续发展，以粮食作物种植为主的农业因此成为社会经济的基础。

需要指出的是，农业与畜牧业这两种生产方式是不可能在同一地区并存的，因为这两种经济生产方式具有相互影响和制约的关系。农业需要开垦土地，致使牧场面积减少，影响放牧；畜牧业的放养，又会对种植业造成严重的破坏，因此历史上的游牧民族在生活区域内，为解决植物类食物的来源问题，多采用小片区域集中种植的方式。欧洲中世纪出现的庄园经济，就属于种植业的性质，但它在社会经济中所占的比重是很小的。而在农耕民族生活的区域内，家畜则多采用圈养的方式。即使放牧，也限定在一定的范围内，如田头、山林、旷野等没有种植作物的区域。于是，自新石器时代开始，在世界范围内便形成了以种植业为主、家畜饲养业为辅的农耕文明区域和以畜牧业为主、种植业为辅的游牧文明区域。因此在世界历史上才产生了两种完全不同的经济生产方式。历史上的中国以农业生产为主；历史上的欧洲、中西亚等地区，畜牧业生产占很大比重。

在以后的历史中，随着国家的建立，农耕区域扩大，畜牧业生产的范围不断缩小。为了争夺生存空间，历史上经常发生游牧民族与农耕民族之间的征战。欧洲古代历史上的许多战争多源于此。为了防止游牧民族的攻掠，农耕民族修筑城堡，建立防御工事，但时而又为畜牧民族所征服。虽然也有许多游牧民族在原来的农耕地区建立自己的政权后逐渐改变了原有的生产和生活方式，或在以后的历史中受环境和社会条件的影响逐渐缩小游牧的区域，但数千年来形成的传统习俗和观念、意识，依然牢固地存在并延续着，对国家政权建设产生直接的影响。

尽管在今天的世界经济格局中，已很难寻觅到国家建立前旧的生产方式的踪迹，但由于中西方这两种完全不同的经济生产方式已有长达数千年的历史，以此为基础而产生的思想、观念、意识，以及文化艺术、生活习俗等文化传统，早已深深植根于本民族的头脑和潜意识中，至今依然外化于他们日常的社会生活中。

第二节 农业生产与农耕文明

一、主业与副业

受地理环境和自然条件的影响，我国在公元前8 000年前后开始走上农业生产的道路。粮食作物由此便成为维系人们生存的主要食物，这也成为我国的传统饮食习惯，即以稻谷为主食。农业生产在我国的历史和社会经济中始终占据着主导地位，长期作为我国社会经济的基础和支柱。中华民族也因此对农业生产形成了一些特定的认识，诸如"国以农为本，民以食为天""无农不稳"等。

由于农业生产与人们的生存直接关联，所以在中国传统观念中，视农业为本业、主业。不过，在中国传统观念中被视为本业、主业的"农业"，绝非今天广义的农业概念，而仅仅是指粮食种植，是一个狭义的概念。中国古代封建政权的"重农抑商""重本抑末"政策，就是这种认识的产物。

与此同时，由狩猎劳动演进而成的家畜饲养业，以及从采集劳动分化衍生而成的园艺种植（蔬菜、果树栽培）业，则退居于辅助性劳动的地位，以弥补主业生产的不足，因而被人们称为副业。

这种对农业生产的认识，也影响了人们日常生活的习俗。在中国传统的饮食观念和习俗中，凡主业生产的粮食，就统称为主食，主要用于填饱肚子。而副业生产的产品，就统称为副食，主要用于调剂口味。主食与副食，这一对特定的饮食称谓一直延续至今，足以说明农耕文明对后人所产生的巨大影响。

主业与副业，这一中华民族所特有的认识反映了我们的祖先在特定的地理环境和自然条件下，为了生存和适应环境而创造出的原始文明。在以后漫长的历史进程中，农业作为主业，直接影响着人们的生活和社会的发展，所以农业生产始终受到社会的重视。中国古代封建统治者采取的"劝课农桑""奖励耕织""重农抑商"等政策，都反映了农业的受重视程度。

因为农业生产长期作为中国社会经济的基础，必然会对社会生活产生一系列影响。同时，在农业生产中所形成的一些观念和认识，也必然会对农耕民族的整体素质、性格、心理特征、观念意识甚至传统文化，产生极其重要的影响。

因此，对中华民族的传统文化进行分析，必须着眼于农业生产，从农业生产的特点和规律中探寻和揭示其对农耕民族所产生的影响和制约作用，即运用经济基础决定上层建筑、社会存在决定社会意识等科学的观点和方法，分析和诠释农业生产与农耕民族传统文化的内在联系。只有这样，才能真正揭示传统文化的本源，展示其原貌。

二、农业生产对中华民族的影响

农业生产是以在土地上种植作物的方式进行的，各种农作物的生长与自然环境的关系十分密切，这也决定了农业生产的一些鲜明的特点。

第一，农业生产从播种到收获的过程，与季节的变化关系密切。春播秋收，春华秋实，"清明前后，种瓜点豆"等传统说法及农谚，反映了农业生产季节性强的特点。这一特点决定了农业生产必须严格遵循大自然的变化规律，适时劳作，绝不能延误农时，否则，就将严重影响一年的收成。所谓"一年之计在于春"，讲的就是这个道理。

第二，农业生产种植的各种作物，从播种、出苗、分蘖、拔节、抽穗、灌浆到成熟，都有其各自固定的生长周期，即农作物生长具有规律性强的特点。这一特点决定了农业生产者必须严格按照作物生长规律，适时从事相应的劳动，如松土、间苗、除草、浇灌、施肥等，以满足农作物生长所需的条件。

第三，降水、光照、温度等气候因素，对农作物的生长乃至收成有直接的影响和制约作用。

第四，农业生产主要是在土地上进行的，而土地是无法移动的。因此，农业生产还具有劳动地点相对固定的特点。

自原始种植业问世以来，人们再也不必漫无方向地四处采集、狩猎，到处寻觅食物。只需在开垦出的土地上年复一年地进行耕种，即可以满足食品、粮食需求。

由此可见，季节性强、作物生长规律性强、受气候和环境影响大、劳动地点固定，是农业生产所具有的四个显著特点。正是这四个农业生产特点，决定了农耕民族所特有的观念、意识和性格，以及文化特征的形成。同时，农业生产这个经济基础，还决定了中国古代社会的上层建筑。

中国是世界上四大文明古国中唯一延续至今而没有中断的国家。在历史上因受农业生产的影响和作用而形成的农耕民族所特有的素质、观念和意识、民族整体性格特征，以及农耕文明所具有的一系列文化特征，在中华民族身上表现得尤为鲜明、充分。

农业生产季节性强和作物生长规律性强的特点，反映了自然规律决定农业生产活动这一基本准则。自然规律是无法人为改变的，农业生产者只能严格遵循客观的自然规律去从事相应的生产劳动。在遵循自然规律的前提下，或对自然已提供的条件进行改良或改善，或通过自己的努力减轻自然规律带来的不利影响。任何仅凭主观意志和意愿改变自然规律的做法，都注定是失败的。"揠苗助长"的故事，讲的就是这个道理。由于必须遵循客观的自然规律，不能凭借主观意志改变自然规律，所以中华民族养成了安分守己、恪守本分的心理素养，并且具有较强的自我约束、自我克制能力。任何强求他人、使人感到勉为其难的行为，都被视为是缺乏修养和道德的。"己所不欲，勿施于人"就反映了这种认识。

农业生产受制于自然规律，因此按照季节变化和作物生长的规律适时进行相应的生产劳动，是保证农业收成的首要条件。因此，农业生产要求有稳定的社会秩序和生活环境，以保证各种生产劳动不误农时。祈盼平安、向往和平，是中华民族自古以来矢志不渝的追求。由此也形成了"稳定"的社会共识，以及"求稳"的社会心态。

农耕民族共同遵循着同一个自然规律，共同承受着大自然给予的种种恩赐和磨难，由于人们有相同的遭遇、磨难和挫折，也有相同的企盼、希望和利益，因此人与人之间极易沟通，且有较多的共同语言。在此基础上，为了维护共同的利益，也极易达成共识。而一旦达成共识，人们便会自觉遵守和维护它，从而表现出较强的责任感和自觉性。

由于气候对农业生产的影响很大，人们更希望能预知气候变化，以便及早采取措施，减少损失和危害。这就促使人们不断地总结气候变化的规律，积极探索自然变化的前兆。这种探索绝非一帆风顺、一蹴而就，往往需要经历漫长的探索过程和无数次的失败和挫折。但因为生存的需要，人们在一次次的失败和挫折中重新振作精神，继续探寻自然的奥秘。造纸术、活字印刷术、火药、指南针等诸多发明，就是在不断总结前人实践和经验的基础上改进和完善而来的，经历了漫长的探索和改进过程。

以指南针的发明为例，远在战国时期，人们就已使用"司南"（见图1-1）来指示和测定方向。根据王振铎等人对先秦文献中关于司南的记载的考证，在公元前三四世纪时人们已经认识到了磁铁的性质，懂得将磁铁加工成勺子形状，其勺柄一端即可指向南方的特性。到1300年后的宋代，人们将磁铁制成针状，发明了"指南针"，可以更加方便地携带和使用它。从磁勺到磁针，经历了1 000多年的探索历程。其他的古代发明，如造纸术、火药、印刷术等，也都经历了一个漫长的探索历程。

如此，中华民族就养成了善于总结经验、不屈不挠、勇于探索、顽强拼搏的精神以及吃苦耐劳、勤俭节约的品质。不断的总结和探索成就了中国诸多领先于当时世界其他国家的发明，中华民族也因此被世界各国各民族人民誉为勤劳智慧的民族。

在古代，中国人创造出许多伟大的发明，说明中华民族是有创新意识、开拓精神和创造能力的。我们的祖先远在距今六七千年前就已经烧制出陶器，并用其来煮烧食物。在使用陶器煮食时，还认识到水沸腾后，能产生水蒸气；水蒸气的温度很高，可用于蒸熟食物，于是又发明并制作出陶甑（见图1-2），将它套在鬲或釜上，就可以利用水蒸气来蒸熟食物（见图1-3）。原始社会的先民们发明的用水蒸气加工食物的方法，成为一种经验，为后代所沿袭。在青铜时代又制成青铜甑、青铜鬲，直到铁器问世后，又逐步发展为由笼屉或箅子合成的蒸锅，但始终是在利用水蒸气的热量，却没有从水烧开沸腾、冒出水蒸气的现象中认识到水蒸气可以作为一种动能替代人力和畜力，使人类不直接依赖于自然就能获得更方便、更实用的能源。

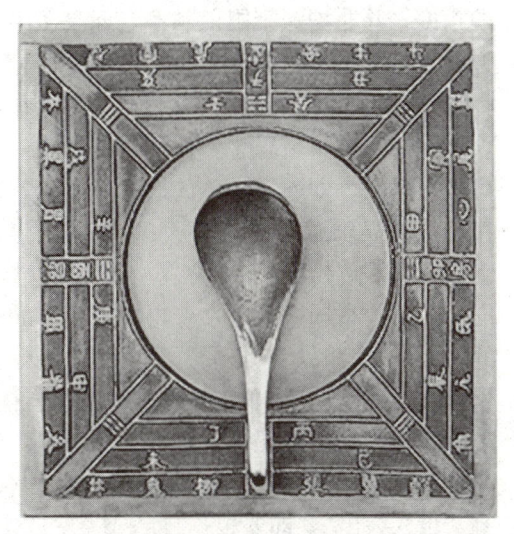

图1-1 司南（模型）

图1-2 陶甑（浙江河姆渡遗址出土）

图1-3 由陶甑、陶釜、陶灶组成的器具
（浙江河姆渡遗址出土）

此外，由于气候的变化是很难预知的，所以中华民族也形成了"居安思危"理念。每当风调雨顺，丰收之后，人们考虑的不仅是如何享受，还会考虑第二年甚至更远的将来是否会继续风调雨顺，再获丰收；万一遭受天灾，将如何渡过；等等。人们考虑、审视问题的角度，并非拘泥于眼前利益，而是着眼于全局和长远利益。中国古代的统治思想和治国方略，也立足于"居安思危""常备不懈""防患于未然"等。

这种着眼于全局和长远利益的思维在中国古代社会生活中表现得很充分。如中国古代著名军事家的军事思想，往往以战略为主，战术服从于战略。如《孙子兵法》"三十六策"等军事思想，即通过具体的战术和策略，赢得战争中的主动和胜利。与之相通的是中国古代传统的娱乐游戏——围棋。围棋的棋盘，中国古代称为"局"。棋手在棋盘即"局面"上布子（摆放棋子），亦称为"布局"。具体的"布局"位置，则是出于对"全局"的考虑。先从"布局"入手，获得"局部"的优势，最终取得"全局"的胜利。源于中国围棋的"局部""布局""全局"等名称，实际上就是中华民族传统的思维方式。中华民族历来反对急功近利，反对因小失大，提倡集体主义，以民族、国家利益为重，这也正是"全局"意识的集中体现。

"居安思危"的思维方式，也成为古代家庭生活的一条重要原则。人们居家过日子需要"量入为出"，即要根据自己或家庭的实际收成（收入）来考虑和决定支出（消费）。在考虑支出时，也是从"全局"和"长远"出发，来权衡各方面的实际需要，最终确定支出的先后、主次和多少。这种"先储蓄，后消费"的消费模式，实际上就是现代经济生活中的"滞后消费"理念的体现。

在农耕文明时期，人们企盼风调雨顺，而在长期经历了大旱、大涝、霜冻、冰雹等恶劣天气后，中华民族不仅没有被动、消极地承受，而且养成了承受能力强、善于忍耐和克制的素质，在困境和逆境中依然保持乐观向上的精神面貌。

气候的变化，有时会给人们带来许多意想不到的灾难。相同的经历、挫折和磨难，也使人们感到同病相怜，中华民族因此极富同情心、怜悯心，进而养成助人为乐、乐善好施的优良品德。同时，与大自然抗争，使人们很早就认识到群体的力量，认识到人与人之间需要相互合作，这使得中华民族特别强调整体性原则和共性原则，自古以来就具有很强的团结意识和凝聚力。

在"稳定"的社会共识和"团结"意识的共同作用下，中华民族自古以来就认识到要维护"稳定"和"团结"，必须在人与人之间建立一种友善、和睦、互敬互爱的关系，所以，和善、和睦、和平、和谐等就成为中国人人际交往的准则；与人为善、与邻为友、以和为贵就成为中华民族的传统观念和美德。

农业生产主要是在土地上进行耕种，劳动地点是固定的，与之相适应的是定居生活。考古资料证明，在距今六七千年前，我们的祖先就已临河而居（见图1-4）。他们在邻近河边的高地上，用掏、挖的办法建造房屋，建立起自己的聚落。原始种植业出现后，人们再也不必到处去进行采集和狩猎活动，而可以在适宜种植农作物的地方长期定居下来，生活环境变得相对稳定。人类最早的定居生活的组织形式，是以血缘家族为单位的。最初是以母系血缘，后来又以父系血缘为纽带，将同属一个血缘的人们联合成一个整体，结成一个血缘家族，即所谓的"聚族而居"。一个血缘家族长期居住在一个地方，从事农业生产劳动和生活，组成家族聚落。在我国从古至今的地理行政区划中，最基层行政区划的"村"或"庄"的形成，即与此有直接的关系。许多村庄是以姓氏命名的，这反映了血缘家族与村庄形成的关系。

图 1-4 仰韶文化姜寨遗址模型

由于人们长期居住在一个地方，人与人、人与家庭、人与社会，以及人与地域环境的关系也是相对稳定的。故友难分、故土难离、落叶归根等中华民族特有的乡土观念、乡亲观念的形成，也与此有直接的关系。中华民族尤其重视亲情、友情。异地闻乡音，便会倍感亲切。这种稳定且牢固的人际、家庭、社会及人与地域的关系，也使中国的家庭和社会秩序相对稳定。

更重要的是，土地是农业生产资料，是农耕民族赖以生存的资源。一旦丧失土地，就意味着失去生计，将难以生存。所以古人视土地为生命，倍加珍惜。而"聚族而居"又使家族聚落与土地结成牢固的关系，家族聚落既是土地的共同拥有者、使用者，也是保护者；土地则是家族存在的重要基础。在乡土观念与土地观念的共同作用下，中华民族自古以来就怀有浓厚的爱家乡的情感，由此亦衍生出对国家的热爱之情。热爱家乡、热爱国家，成为中华民族的优良传统。中国古代历史中涌现出的无数仁人志士，都怀有强烈的爱国之情。这种共同的利益关系，也促进了人与人之间的情谊，形成互敬、互助、重情、讲义的社会道德风尚。

"聚族而居"的定居生活方式，使得同属一个血缘的人们出于维护本家族或本家庭共同利益的需要，必须具有极强的向心力和凝聚力。为了尽可能减少外族或外部社会的侵害，家族内部均采取自给自足的生产和生活方式。基本的生产和生活资料，均由本家族内部生产，旨在最大限度地减少家族对社会、对他人的依赖。在自给自足的自然经济条件下，每一个家族在社会中都处于基本独立、与外部环境隔绝的状态。所以，在中国古代，这些家族聚落常被称为"坞堡""坞壁"。同时，中国古代社会的家族聚落会在居住区及主要生活区的四周修筑起坚固、高大的城墙，挖开宽深的壕沟，作为防御或抵御外敌侵略的防线和工事，以起到围护的作用。尤其是在中国历史上的动荡时期，这种旨在保护家族利益的防御工事，修建得尤为坚固。家族内部的成年男子还要拿起兵器习练武艺，成为保卫本家族利益的卫士——"家兵"。坚固的防御工事和家族的武装力量既起到保护本家族利益的作用，也起到杜绝家族内部成员与外界联系和交往的作用。

"聚族而居"形成的家族向心力和凝聚力，也使家族内部处于相对稳定的秩序中。家族内部成员之间靠血缘维系的关系，更突出和强化了血亲观念。为了区分家庭成员之间的长幼、尊卑关系，中华民族又产生了"宗法"和"辈分"的观念。为了确保家族利益"不外流"，家庭中"后继有人"，在血亲观念的作用下产生了"宗法"观念，即按照血缘关系的亲疏、远近来区分家族内部每个成员与家族，以及成员之间的关系。于是，在家庭内部形成了"大宗"与"小宗"两支血缘体系，在家族的财产和权力的继承上，实行"嫡长子继承制"。

"大宗"，又称正宗、嫡宗、嫡系、嫡亲等，是自家族始祖开始，由始祖与其嫡系子孙后代组成的血缘体系，在家族内部占据着核心地位。"小宗"，又称庶宗、旁系、庶亲等，是非嫡系长子后代组成的血缘体系，在家族内部处于次要地位。据文物考古资料及文献资料印证，我国的宗法制观念产生于原始社会后期父系氏族阶段。其区分家族成员"大宗"与"小宗"体系的办法是：始祖的子辈后代中，以嫡长子，即正房夫人所生的长子为"大宗"，其余诸子则为"小宗"。在嫡长子的子辈后代中，又以其嫡长子（始祖的嫡长孙）为"大宗"，其余诸子为"小宗"。所以"大宗"体系实质是由每一代（辈）的嫡长子组成的。家族内部的权力和财产在每一代（辈）的嫡长子之间相传相袭，以此作为权力和利益继承的规则，可以减少或避免纷争。当然，每一代（辈）的"小宗"成员（亦称"庶子"）也在自己的后代晚辈子孙中，依据"宗法制"的原则实行"嫡长子继承制"，形成分支血缘的"大宗"和"小宗"，并以此决定权力和利益继承。

随着子孙后代的成员数量成倍增长，家族的规模越来越大，原有的家族生存空间已不能满足家族成员的需要，于是一些"小宗"支系家庭或由庶宗血缘维系的家族，便迁到其他地方去寻求生存和发展，开始了脱离原有家族的定居生活。所以在中国古代社会中出现了同一个姓氏分布于各地的现象。现在我国分布于各地的同一姓氏成员，许多都是同祖同宗的后代。

在"宗法制"下确立的"嫡长子继承制"，对保护家族的利益"不外流"、维护家族的整体性和延续性，确实起着极其重要的作用。在中国古代社会，家族所拥有的财产、技巧、技艺等，是绝对不能外传的。所以家族内部所掌握的技艺，诸如手工技术、中医诊疗技巧等，也奉行"传男不传女"的原则。这种做法，也导致了中国古代许多精湛技艺因无嗣而失传。人们还通过修家谱、建祠堂（家庙）等办法，明确家族列祖列宗及历代后世成员的延续情况，界定家族成员的组成范围和相互之间的辈分关系，使每一位成员都了解本家族远近亲疏的基本情况，以防有人"攀高门"，假冒亲戚。"辈分"观念也依据血缘关系，按照代际来区分家庭成员之间的长幼、尊卑关系，明确每位成员应尽的责任和义务。

在"聚族而居"的生活方式和"宗法制"观念的双重影响下，家族内部"大宗""小宗"的划分以及"辈分制"的观念，确立了嫡长子在家族内部的特殊地位。作为家族财产和权力继承者与拥有者的嫡长子，实际也是家族的核心人物，是家族内部的统治者、决策者和管理者。他有权决定家族事务，代表家族展开对外交往，是一个家族的首领，通常被称为"家长""族长"。而"辈分制"和"宗法制"还有明确长幼、尊卑的作用，因此"家长"不仅拥有家族内部的特权，还拥有权威。晚辈和"小宗"成员，必须无条件地绝对服从"家长"的指示和命令。中国的封建统治者就是采用了家族式的统治方式，且充分利用

"聚族而居"的社会生活方式来维系自己的统治。中国古代历史上的"保甲""里党"等制度，就是以家族为单位编制的。通过"家长""族长"来维护地方的治安，无疑更强化了"家长制"的功能和作用。

正是由于从原始社会时期开始，我国就进入了漫长的农业生产的历史进程，在种植业和定居生活所具有的稳定性与群体性等特性及其作用下，每个人在社会中是不可能孤立存在的，人与人之间是一种相需共存的关系，所以，我国的传统社会观念及道德就突出强调整体性的原则，即个人必须服从家庭、家族，服从集体、社会，服从国家、民族。国家、民族利益高于个人利益，这也成为中华民族的传统美德，热爱祖国也因此成为中国传统文化的主题之一。整体性原则在中国传统文化中也有具体的表现，即共性特征和原则。如儒家学说和古代的哲学思想，就不提倡突出个性，而视共性为一条基本的原则。正因如此，在中国历史上，对人的培养也不强调突出个性，而是遵循共性的原则。

而在农业生产中，人们更需要相互合作、协作，即"一个好汉三个帮""众人拾柴火焰高"。所以在大局、全局利益为先、为重的观念下，中华民族出于团结互助的需要，养成了宽容、谦逊的性格，视待人谦和为美德，反对盛气凌人、恃强凌弱、自私自利。这也是中国古代良好的社会道德风尚形成的基础。而宽容、谦逊的性格又决定了人们在相互交往中以尊敬对方、为对方着想为前提。要获得对方的认可、赞同和支持，不可以用强迫、命令的方式，而需要委婉表意使对方接受，因而中华民族又具有含蓄的整体性格特征。

中华民族受农业生产的特点以及长期的封建社会的影响而形成的观念和意识，以及民族的整体素质、性格特征，制约和影响着中国传统文化。稳定、宽容、谦和、含蓄等反映在中国传统文化中，则表现为稳重、平和、和谐、互敬等文化特征。

第三节　畜牧业生产的特点及影响

以盎格鲁-撒克逊人、高卢人、日耳曼人、斯拉夫人等为代表的西方民族，与中华民族在整体民族素质、观念和意识、性格特征以及文化特征等诸多方面大相径庭。这是受西方历史上特有的经济生产方式和生活方式的影响而形成的特殊性。

一、肉食和毛纺织业

欧洲自最后一次冰河期过后，自然环境发生了很大的变化，畜牧业逐渐成为欧洲社会经济生产和生活的主要内容。在长达数千年的历史中，发达的畜牧业占据着社会经济的主流。所以，畜牧业生产对西方民族产生了直接的影响，包括饮食和生活习俗、观念和意识、文化艺术等诸多方面。

欧洲发达的畜牧业，始于新石器时代。所以恩格斯在考察、研究欧洲社会发展的历史后，在《家庭、私有制和国家的起源》一书中阐释的关于"第一次社会大分工"的观点，就是以欧洲的游牧民族为例的："游牧部落从其余的野蛮人群中分离出来——这是**第一次社会大分工**。游牧部落生产的生活资料，不仅比其余的野蛮人多，而且也不相同。同其余的野蛮人比较，他们不仅有数量多得多的牛乳、乳制品和肉类，而且有兽皮、绵羊毛、山羊毛和随着原料增多而日益增加的纺织物。"① 在此，恩格斯将狩猎劳动与畜牧业生产的分离称为"第一次社会大分工"，这是依据欧洲的先民们从狩猎进化到畜牧业的史实得出的。

在欧洲的许多传统文化中，也有许多反映畜牧业生产的内容。如牧笛是欧洲许多民族的传统乐器。在这些民族的古老民歌中，也不乏以放牧或剪羊毛为题材的作品。在世界历史上，西方畜牧民族的铁蹄曾横扫欧洲、西亚等地区。辉煌一时的古巴比伦、古埃及、古印度，都曾被畜牧民族征服。

发达的畜牧业对欧洲等西方民族的影响是显而易见的。诸如食肉多的饮食习俗、以羊毛为原料的传统毛纺织业等。在中国的造纸术没有传入欧洲之前，人们用羊皮作为书写材料。

在西方民族的饮食中，肉是主要的食物（见图1-5）。制作肉食主要采用烤、炸、煎等烹饪方法。从考古资料分析，烤、炸、煎等烹饪方法的出现是在原始社会，以后则主要流行于游牧民族。西方人喜食肉类，用烤、炸、煎等烹饪方法制作肉食，实际上是沿袭了游牧民族的生活习俗。

由于畜牧业放牧的牲畜主要是绵羊、山羊，充足的羊毛、羊绒也成为欧洲传统手工业的重要原料。所以，欧洲传统的毛纺织业十分发达，呢绒制品成为重要的商品，也是西方民族传统的服装面料。此外，以畜皮为原料的皮革制造业，也是欧洲重要的传统手工业。欧洲进入资本主义阶段后，为了更多地积累原始资本，英国爆发了"圈地运动"。这场被描述为"羊吃人"的运动，就是将大量农田圈占为牧场，以此获得更多的羊毛，满足因毛纺织业扩大而生产的对原料的更大需求。

图1-5 西餐

在世界近代史上，欧洲的毛纺织品曾是老牌资本主义国家主要的出口商品。在鸦片战争前，工业革命后的英国为了开拓商品市场和原料产地，开始了海外殖民侵略和扩张。为了使中国成为英国商品的重要倾销地，英国曾向中国推销呢绒制品，以此换取中国生产的丝绸、陶瓷、茶叶等商品。但英国的呢绒遭到习惯穿着丝绸、棉、麻等衣料的中国民众的冷落。受文化差异影响而造成的商品市场拓展计划的失败，导致英国对华贸易出现巨额逆差，恼羞成怒的英国殖民主义者便以走私鸦片扭转贸易逆差，导致鸦片战争爆发。

二、畜牧业生产对西方民族的影响

畜牧业生产是以放牧牲畜为主要内容的一种生产劳动。为使牲畜能吃到饲草，人们需

---

① 马克思，恩格斯. 马克思恩格斯全集：第28卷. 2版. 北京：人民出版社，2018：188.

要驱赶它们，去寻找适宜放牧的草场，所以畜牧业者的劳动地点不固定，具有流动性强的特点，故被称为游牧民族。在中国古代的历史文献资料中，对游牧民族生活习性的记载，就常用"逐水草而居"一语。

由于生产劳动地点不固定、流动性强，每当遇到季节变化，或气候不利于继续放牧时，游牧民族就赶着牲畜向气候适宜、水草肥美的地区迁徙，而且牧民还可以通过贮存饲草解决因季节或气候变化给放牧造成的困难，只要有饲草，牲畜就可以繁衍。因此，和农业生产相比，畜牧业生产不需要像农业生产那样严格遵循气候变化、季节更替的规律，具有劳动方式上的灵活性。

由此可见，畜牧业生产与农业生产相比，在人与自然的关系、劳动的方式、活动的范围等方面，都存在着极大的差异，是完全不同于农业生产的另一类生产劳动。畜牧业生产所具有的流动性强，受季节和气候、天气影响小，劳动方式灵活等特点，影响了历史上曾长期从事畜牧业生产的西方民族的整体素质、性格特征，以及观念、意识和文化特征的形成，导致了西方民族与中华民族在观念意识和文化等诸多方面的差异，而这些差异又决定了西方社会走上了一条与中国不同的发展道路。

畜牧业生产所具有的特点，使人的主观意志得到充分的发挥。这一生产方式下的人们意识到，通过自己的主观判断，能将愿望和理想转化为现实。当放牧者感受到季节或气候、天气的变化会对牲畜的生长及生存不利甚至构成威胁时，就会有意识地采取措施，或迁徙或转移，即在畜牧业生产中，一切生产和生活方式，都是放牧者自主判断的结果，如是否外出或何时外出放牧、到何处去放牧，完全由放牧者自己考虑、决定，放牧者的情绪、偏好、需求等因素，都可以在其中体现出来。因此，畜牧业生产极有助于个人主观意志的发挥。

更重要的是，由于畜牧业生产与农业生产相比，受季节和气候、天气变化的影响较小，放牧者在与自然的关系中，拥有更多的主动性。而且在放牧时，往往只需一个人就能将一群牲畜赶走。牲畜是受放牧者驱使和支配的，它们听命于放牧者，服从放牧者的主观意志，这又更加强化了人的这种主动和主导的地位。在此基础上产生和形成的社会意识和观念是：人是自然界的主体和主宰者，是第一位的。他可以不受客观环境和自然规律的制约和束缚，凭借自己的主观意志，通过努力和奋斗，就能改变自己的命运，实现自己的理想和既定的目标。

由于受客观环境与自然规律制约和束缚较小，人的主观意志得到极大发挥，这又有助于人的冒险精神、开拓精神和进取精神的形成。

在世界航海史上，中国与西方都曾有过著名的航海活动，即郑和下西洋与哥伦布、麦哲伦、达·伽马等人的"地理大发现"。在航海技术和造船技术方面，郑和下西洋时，中国发展处于世界领先水平。但中西方的航海活动却取得了不同的结果，在世界航海史上占据着不同的地位。

哥伦布、麦哲伦等人的航海活动是在资本主义开始在欧洲兴起，进入资本原始积累时期的背景下进行的。新兴的资产阶级为了积累更多的资金，以便扩大再生产，迫切需要寻找海外原料产地和商品销售市场，用黄金来扩充资本。自中世纪以来，欧洲的一些商旅就曾长途跋涉来到东方，来到中国。他们返回欧洲后曾向世人介绍东方、介绍中国。如在

《马可·波罗游记》（又译为《东方见闻录》）一书中，东方被描绘成遍地铺满黄金的"人间天堂"。在这种背景下，欧洲兴起了一股"寻金"的热潮，渴望到东方去实现"黄金梦"。于是便出现了意大利人哥伦布于1492年、葡萄牙人达·伽马于1497—1499年、葡萄牙人麦哲伦于1519—1522年的航海活动。被称为"新航路开辟"和"地理大发现"的这一系列航海活动，虽未找到西方人心目中铺满黄金的"人间天堂"，却在人类的航海史上取得了卓越的成就：哥伦布开辟了通往美洲的新航路，并发现了新大陆——美洲；达·伽马开辟了从海上绕行非洲西南端的好望角，直通印度的新航路；麦哲伦的船队则首次穿越大西洋、太平洋、印度洋，又返回欧洲，完成了环绕地球的航行，证实了地圆学说。

畜牧业生产的特点，对游牧民族的整体素质及观念、意识还产生了许多其他的影响。由于流动性强、迁徙不定、地域观念比较淡薄，西方家族式的辈分关系也不像中华民族那样明确和受重视，人与人、人与社会以及人与地域、环境之间的关系也不稳定、不牢固。又因为西方民族的祖先们在游牧生活中到处迁徙，所以他们的眼界比较开阔，见多识广，接受新鲜事物快，较少保守，且思维方式呈现出多样性的特点。

不过，西方民族也因此而产生主观意识浓厚、自我中心意识极强的性格弊端。在处理人际关系时，常将自己的主观意志强加于他人，希望周围的一切服从自己的意志。由此而形成的民族特性是争强好胜、极富挑战性和劫掠性。在世界历史上，许多战争的爆发都源于游牧民族特有的习性。

在西方传统文化中，由畜牧业生产特点而产生的游牧民族特有的观念、意识——人是自然界的主体，是第一位的。如欧洲历史上人们信奉的神，就多为人文神。即使是自然神，也是人性化极强的神。在古希腊、古罗马以及欧洲各地流传的神话中，有天神宙斯，太阳神阿波罗，月神狄安娜，春神伊童，冬神乌勒尔，海神尼普顿，阳光和雨神弗雷，雷神托尔，黎明之神厄俄斯，花神芙罗拉等自然神。这些自然神在神话传说中，都被描绘成具有人性特征的、有情感和个性的神。而这些自然神中有许多还同时兼管人间事务，即兼有人文神的职责。如海神尼普顿兼有财富之神、稼穑之神之职，月神狄安娜兼有狩猎女神之职，阳光和雨神弗雷则兼有和平之神之职等。不仅如此，在西方民族流传的神话中，还有一批"专职"的人文神。这些神的职责与人世间的诸多事务和人们的理想、追求是直接联系的。如智慧女神雅典娜，爱神厄洛斯，美神维纳斯，战神阿瑞斯，不和女神（亦称争吵之神）厄里斯，胜利女神尼姬，复仇三女神提西福涅、阿勒克托、墨该拉，自由神弥涅耳瓦，光明之神巴德尔，黑暗之神厄瑞玻斯，丰产女神德墨忒尔等。

西方民族赋予这些人文神的职责，实际上是人的主观意志的体现，即人可以凌驾于自然之上，去改变自然，创造人们所需的客观环境和事物。因此，在西方的传统文化中，就出现了预言和预言家。人们将自己的意志和愿望作为奋斗目标，以预言的形式表达出来，再通过自己的主观努力，使预言变成现实。

在畜牧业生产中，当放牧者需要食物来充饥时，无须等待牲畜"成熟"便可随时屠宰牲畜，而这种生活方式，更加强化了西方民族的自我中心意识，导致他们更加注重现实和关注既得利益。因此西方民族在日常消费中，是依据需要来决定消费。这在现代消费理念中体现为"超前消费"。

西方民族在畜牧业生产特点基础上养成的民族素质和产生的观念意识，都表现出强烈的自我中心意识：在人与自然的关系中，人是主体；在与他人的关系中，个人意志是第一位的。这种观念和意识，对社会的发展也产生了直接的影响。

在公元前6世纪时，古希腊时代的雅典便开始尝试建立民主政体。此后的封建社会也未形成专制主义中央集权的统治，其存在的时间只有1000余年。这在一定程度上对人的自我中心意识起到了强化和促进的作用。所以，当欧洲兴起"文艺复兴"运动时，社会上便开始流行"以人为本"的思潮，由此诞生了"人本主义"的思想。

近代资产阶级产生后，在"人本主义"的基础上，又发展出自由、民主的社会思潮，即一切以个人的意志为前提，强调和突出个人在社会生活中的自由权力，要求个人的意志和愿望得到社会及他人的尊重，而不希望其受到约束。1762年，法国思想家让-雅克·卢梭在其所撰写的《社会契约论》一书中，针对当时的英国王权专制主义"人是生而不自由的"的观点，明确指出："人是生而自由的，但却无往不在枷锁之中。"① 他认为，人的这种共同的自由来自他的本性。他的第一法则是自己的存活，他的第一要务是自己的利益。人，一旦明白事理，就是自主的；对自身的生存手段，他拥有唯一的决断权，他因此成为自己的主人。

但如果人人都强调以自我为中心，都凭自己的主观意志行事，社会就会进入无序和不稳定的状态。所以，卢梭又提出：设计一种人类的集合体，用集体力量来保护每一个加盟的个体和他的财产。在这一集体中，个体虽然和整体联系在一起，但依然自由如初，只听从自己的意志。这就是社会契约要解决的根本问题。在这一方式下，集体的协约包含了公私双方的相互责任，不妨说，每个人是和他自己约法三章，有着双重义务：作为主权者一员对其他个人的义务和作为国家一员对主权者的义务②。在社会契约中，每个人都放弃天然自由，而获取契约自由；在参与政治的过程中，只有每个人同等地放弃全部天然自由，转让给整个集体，人类才能得到平等的契约自由。卢梭主张建立一种符合"公共意志"的"约定"，即通过建立宪法、法律制度来约束每个人的行为，以维护社会的稳定。卢梭的这种主张集中体现了西方人民主权思想，成为现代西方民主制度的基石。西方资产阶级革命后建立的国家体制和制度，就体现了卢梭《社会契约论》的人民主权思想。

出现于19世纪四五十年代美国西部"淘金潮"时期的牛仔，一直是西方人崇拜的英雄偶像。以美国西部牛仔为题材的影视剧作品，长期称雄于西方娱乐圈。自20世纪40年代以来，美国西部牛仔已发展成为一种文化。由与西部牛仔相关的美国西部乡村音乐、牛仔服与牛仔裤，以及文学作品、牛仔形象的装饰品等组成的牛仔文化，在西方社会备受人们的喜爱。这种文化现象的出现，就在于牛仔及其文化表现出的剽悍、勇猛、无所畏惧，以及我行我素、放荡不羁的精神。极富冒险精神和刺激性的个人英雄形象，以及随意性强、个性鲜明的性格特征，无疑是在表现人的自我中心意识和对自由权力、个性化的追求。牛仔文化鲜明地反映了西方社会的观念和意识，与人们的希望和追求是一致的，所以才会受到西方社会的普遍欢迎和推崇、效仿。

畜牧民族所具有的冒险精神、自我中心意识和对自由权力的崇尚，对个性化的追求，

---

① 卢梭. 社会契约论. 北京：商务印书馆，2003：4.
② 同①19-20，22-24.

还促成了西方民族"难耐沉寂"、不习惯平庸生活的性格特征。他们喜欢别出心裁、标新立异，寻求冒险刺激，充分表现自我。所以西方的娱乐方式多冒险、刺激，多彰显个体的价值，这也是其社会心态的一种显现。

但极强的自我中心意识和突出强调个人的自由权力，也给西方国家造成了严重的社会问题。美国社会的高犯罪率、高离婚率、高堕胎率"三高"现象，以及枪支泛滥、校园枪击事件不断，都与之相关。

畜牧业生产的特点和西方社会发展的特性决定了西方各民族所特有的素质、观念、意识，以及整体民族性格，而这些又制约和影响着传统文化的发展，使西方的传统文化具有现实性强、个性化鲜明、写实性突出的特点。

正是因为在公元前 8 000 年，人类对生产工具制作技术的改进，使中西方开始走上两种不同的经济生产道路，产生了以种植业为主的农耕文明和以畜牧业为主的游牧文明，中西方的民族才由此产生观念、意识和文化传统以及生活习俗的差异。

小结论

中西方在原始社会的旧石器时代都采用打制技术制作石器工具，从事采集和狩猎劳动，并无实质性的区别。进入新石器时代后，磨制技术的问世，提高了工具的性能，劳动产生剩余产品。人类逐渐从采集劳动转变为种植业生产，从狩猎劳动转变为畜牧业生产。

农业生产具有的季节性强、作物生长规律性强、受气候和环境影响大、劳动地点固定等特点，决定了自然（"天"）在生产劳动中占据着主导地位；畜牧业生产具有的受自然因素的影响相对较小、流动性强、放牧的方式灵活等特点，决定了人在生产劳动中占据着主导地位。这些特点直接制约、影响着中西方民族的观念、意识和文化传统，导致中西方文化差异的产生。

课后思考

1. 如何理解中西方观念、意识差异的根源？
2. 农业生产对农耕民族产生了哪些积极的影响？
3. 畜牧业生产对游牧民族产生了哪些积极的影响？

第二章 中西方教育观念的差异

内容提要

1. 中西方不同的经济基础和政治统治方式、不同的民族文化传统、不同的哲学观以及不同的思维模式都对各自的教育观念产生了深远的影响。

2. 中西方为培养未来能适应国际竞争和社会发展的人才，都结合自身实际厘定了各自的学生发展核心素养体系。这些不同的核心素养体系既有各国自身特色，也存在许多共通之处。

学习提示

本章共两节，主要从"中西方的教育传统"和"中西方学生发展核心素养"两个角度来比较中西方教育观念与教育实践的不同。

其中，需要理解和把握的关键点如下：

一、在中国教育思想史上，儒家和道家的教育价值取向构成了我国传统教育价值观念严整而独特的形态：重调和社会与自我，重知识的应用价值。在西方教育发展史上，主要存在着两种鲜明对立的教育价值观：重个性自由和主体意识，重教育的宗教性。

二、中西方立足于自身人才的社会需求及时代特征对核心素养的内涵进行了新的构建，应该注意对中西方核心素养框架进行分析比较，清晰地认识核心素养在培养人才方面的功能和作用。

第一节　中西方的教育传统

中西方教育观念均源于各自的文化传统，不同的传统对中西方的教育产生了深远的影响。教育传统是教育发展过程中积淀下来的对当今教育影响至深的思想、观念和行为等要素，它既是一种过去的形态，同时又与现代教育活动紧密相关。中西方教育传统历来存在许多差异，而教育传统上的差异必然体现在教育实践中。

一、中西方教育观念的特点

在中国教育思想史上，有众多的学术流派，但产生重大而持久影响的，主要是儒家和道家。儒家和道家的教育价值取向，构成了我国传统教育价值观念严整而独特的形态。

纵观2 000多年的教育发展史，儒家的教育价值观主导了中国传统教育的历史流向，成为古代确定教育方针政策、选择教育内容和评价教育价值的主要标准与基本依据。

儒家文化作为封建政治构架的符号化象征，其教育价值取向带有明显的工具化色彩，突出体现在从国家和社会的视角来审视教育价值。《礼记·学记》曰："古之王者，建国君民，教学为先"，"君子如欲化民成俗，其必由学乎"。孔子提出了"庶-富-教"的施政大纲，也把教育作为治国安邦的一个重要条件。孟子从仁政和德治角度，阐释了教育的价值，认为欲得天下，必得民心；欲得民心，必须善教。这就明确肯定了教育既要为统治阶级培养人才，又要履行重塑社会道德风尚、维护社会秩序的职能。

中国教育传统注重入世，强调学以致用。一方面，在儒学影响下，中国古代教育承载着为国家教化民众的任务，服务于国家的统治，这也要求教育培养入世的政治人才。《论语》曰："学也，禄在其中矣"。在中国历史上，人们把读书作为跻身上层社会的一条重要途径。金榜题名、加官晋爵是读书人一生梦寐以求的"光宗耀祖"的大事。另一方面，中国教育传统还重视学以致用。《中庸》曰"博学之，审问之，慎思之，明辨之，笃行之"，表明学习内容最终落实到"行"。"格物致知"亦在强调学用结合。在注重伦理道德的大背景下，儒学的"学以致用"更多的是强调将习得的伦理纲常运用于实际生活之中，将修身的要求落到实处。

中国教育传统重视人与社会的协调，强调社会本位。儒家思想所主张的价值观是一种整体文化所体现的群体意识和精神，强调在看待人与社会和自然关系时，把个体的人融于自然和社会的整体之中，把人的个体价值归结为人的社会价值，强调人的社会义务与责任，强调人对社会的服从。《礼记》曰："古之欲明明德于天下者，先治其国；欲治其国者，先齐其家；欲齐其家者，先修其身；欲修其身者，先正其心；欲正其心者，先诚其意；欲诚其意者，先致其知，致知在格物。"表明教育首先要作用于社会，而非个人。受教育者在这种价值观念指导下会自觉抑制个人需求，自觉服从社会整体。在这种背景下，社会的整体和谐能够得到保证，但这种教育观念忽略了受教育者的个性差异。

中国教育传统重视伦理纲常观念，强调尊师重道。从孔孟先贤提出"父子有亲，君臣有义，夫妇有别，长幼有序，朋友有信"的"五伦"概念，到汉代演变为"三纲六纪"即"君为臣纲，父为子纲，夫为妻纲"和"诸父有善，诸舅有义，族人有序，昆弟有亲，师长有尊，朋友有旧"，再到后来流传的"五常"即仁、义、礼、智、信，通过伦理纲常的要求规范个人行为，最终达到天下大同是儒学教育思想的核心。注重伦理纲常的观念落实在师生关系上又呈现出尊师重道的特点。加之"道之所存，师之所存"，不尊师，"修齐治平"便会陷于空谈，故《礼记》曰："凡学之道，严师为难。师严然后道尊，道尊然后民知敬学。"尊师重道对于治国平天下至关重要。因此，在教育过程中往往强调学生要绝对服从教师，在学问上多半是唯书唯上、师云亦云，使学生不敢违背师道。

道家教育价值取向产生影响和作用的时间与范围远不及儒家。可以说，道家的教育价值观几乎没有与中国封建社会的官方教育接轨，道家教育价值观的影响主要体现在"私学"中。从先秦老庄到魏晋玄学，都是在隐士退居讲学时才使其教育价值观念体现并发扬的。道家比较重视从个体发展角度来阐释教育价值，道家的教育价值取向具有鲜明的本体论倾向。在道家的教育价值观中，个体内在价值重于个体外在价值。

与中国传统文化是其教育传统形成和生长的土壤一样，西方的文化传统也是其教育传统形成和生长的土壤。在西方教育发展史上，一直存在着两种鲜明对立的教育价值观。一种是从人类自身需求出发，认为教育的价值应当由人的本性需要来决定，教育的目的只在于启发人的天性、启迪人的智慧、完善人的个性，使人成为完人。以人为中心的教育价值观在西方源远流长。古希腊的先哲们认为教育家的责任不仅是为特定的国家培养公民；为了公正地对待人的天性，教育家还要培养青年为美好的生活做准备的能力，并且认为后者才是"教育的最高目的"[①]。因而，他们把教育看成逐渐实现人的本质规定与自身和谐发展的最有效手段。而教育的价值、目标、理想就在于使人的本质规定与人的和谐发展得以实现。

到了中世纪，教育的功能和价值在于拯救灵魂。文艺复兴时期，人文主义教育运动一反中世纪对人性的摧残，倡导人性的尊严和自由，把学校办成远离社会尘世的"快乐之家"，因而人文主义教育家认为教育的价值在于使人的天赋能力得到和谐发展。

到了近代，随着自然主义思潮的兴起，启蒙思想家卢梭主张社会和个人都应"归顺于自然"，提出了"必须在教育成一个人还是教育成一个公民之间加以选择"的命题，主张要"回到自然"，顺应儿童的自然本性。20世纪初，杜威试图把教育的个人价值和社会价值综合起来考虑，但实际上他对个人中心的强调似乎比他的前辈们走得更远。他认为"生活就是发展"，而"教育就是生活"，因此教育过程在它自身以外无目的，它就是它自己的目的[②]。这种教育价值观一直延续到今天，存在主义的教育价值观是这一观点在当代的典型代表。

与此相反，持另一种观点的人认为，教育价值不应该由抽象的人的需要来确定，衡量教育价值的标准在于它是否以及在多大程度上满足了社会需要。社会需要是教育的全部出

---

① 博伊德，金. 西方教育史. 北京：人民教育出版社，1985：40.
② 周川. 教育价值观的传统与变革. 苏州大学学报，1991（4）.

发点和归宿，他们主张为了社会而不是人自身来培养人。这种价值观的典型形式是以国家为中心，即把教育的一切方面全部纳入国家需求的轨道，使教育成为统治阶级进行统治的工具。西方以国家为中心的教育价值观是在近代随着德法两国的兴衰而抬头的，与救亡相关。1806年，普鲁士战败于法国，国家主义思潮深入人心。费希特痛感国难当头，高声呼吁教育的目的在于真正的"祖国爱"。1870年，法国反被德国打败，国家主义思潮同样盛行起来。这种以社会需要为目的的教育价值观，对于以后的教育理论和实践一直产生着重大的影响和作用。

西方教育传统，尤其是欧美一些发达国家的教育传统具有以下特点：

第一，重视个性独立，强调个人本位，注重个人的自由和权利。这表现在教育上就是教育过程中对受教育者的重视，将受教育者放在突出的地位，强调个性培养。

西方教育强调博雅教育。博雅教育起源于古希腊，是西方文化中最早的教育学说，是一种旨在解放思想和精神、避免专门化和"准备生存"的教育。这种教育的目标不是培养未来的专家、技师、教授，而是培养能够自由地对新的变化境遇独立做出正确判断的人。对于受教育者而言，它具有一种塑造心智的价值。

第二，重视宗教。进入中世纪以后，教会的权力超过了世俗王权，文化教育、道德伦理、感情意志、思想观念全部统一于教会，这使得西方文化灌注了系统的宗教精神。西方的宗教传统至今仍保留着强大的势力，渗透于教育活动的各个方面。

二、中西方教育价值取向的差异

从中西方教育的特点中不难看出，中西方教育存在着很大差异，主要反映在教育价值取向的差异上。造成这种差异的原因很多，但主要有以下四个方面：

第一，经济基础和政治统治方式不同。任何一个国家的教育制度都受其政治、经济制度及生产力发展水平的制约，同时又都服务于政治和经济。与此相适应，为不同的政治统治服务的教育就会折射出不同的教育价值观。中国传统的教育价值观是根植于中国传统社会的生产力发展水平以及相应的阶级关系之中的。在中国漫长的封建社会中，一方面，生产力的发展长期处在手工操作的水平，这种以经验和体力为主要构成要素的生产方式，客观上决定了当时生产力的维护和稳定对学校教育没有直接的要求。另一方面，与中央集权和严密的宗法制度相适应，我国古代文化体系是以儒学的纲常、伦理为核心的，政治与伦理道德结为一体，而教育则是实现德政和教化不可或缺的手段。

西方社会商品经济发达，虽然中世纪时期农业曾一度占主导地位，但中世纪后期，早期资本主义经济开始繁荣起来，不断扩大产品销路的需要驱使资产阶级奔走于全球各地。他们必须到处落户，到处开发，到处建立联系。资产阶级由于开拓了世界市场，使一切国家的生产和消费都成为世界性的了[①]。这样，资本主义世界展开了激烈的竞争，同时，为适应商品经济发展的要求，资产阶级提出了"法律至上""契约自由"等一系列统治的原则。资本集团为追逐更多的剩余价值，高度重视个人的教育，教育的经济价值备受

[①] 教育部社会科学研究与思想政治工作司. 马克思主义经典著作选读. 北京：人民出版社，1999：38.

关注。

第二，民族文化传统不同。从文化传承的规律来看，一种经过上千年时间沉淀于一个民族深层心理结构中的传统价值观念一旦形成，往往具有巨大的惯性、渗透性和裹挟力。中国人文主义传统精神导致了一种有价值的教育信念，即人能趋向完满，教育主要是修身养性的自我教育。儒家的"道德至上""政治至上"等教育思想对中国社会，包括意识形态、大众心理、社会治理方式等都有深远影响。儒家重视人与人的关系，重视仁、义、礼和个体内在道德，这致使中国形成了以道德理想主义为特征的传统人文主义的教育价值取向。

西方社会历来强调以个人为中心，运用理性以获得真理是西方文化自古希腊以来的一贯精神，是外在超越的西方价值系统的一种具体表现。这就使得西方的文化传统带有强烈的个人主义和对抗主义色彩。社会生活的各个方面充满了竞争，以竞争为特质的传统文化渗透于西方教育理念，从而决定了西方社会建立的是一套重视个体、重视权利、崇尚个人自由发展的教育体系。

第三，哲学观的不同。哲学是支配人思想的最深层观念，不同的哲学观会产生不同的教育价值观。中国传统哲学突显对人生意义与价值的体认，道、仁、心、理皆为伦理实体，儒家教育哲学的逻辑起点是本体论、人性论、道德论、教育论的统一。在儒家文化2000多年的发展过程中，儒家教育的哲学问题总是围绕道德展开，总是以教育来沟通天人关系，说明了教育与社会、教育与人、现实社会结构与封建道德原则的合理性与同一性、融通性。基于此，在教育领域的一切取舍均以儒家思想为标准，力求"依五经之法言，同圣人之是非"，谋求道德主体的完善，形成"圆融入我天地"的整体教育价值取向。

西方哲学的根本精神在很大程度上可以用理性主义来表述，这种理性主义概括地说就是把主客体分离开来，把人和自然对立起来，强调"天人相分"。在西方哲学看来，自然是人类征服的对象，人类存在的目的便是征服与改造自然。为了生存，人类无所不可为。物竞天择、优胜劣汰，不仅是自然界的规律，而且是人类生存的法则。实用主义强调通过经验的不断积累、人和周围环境的相互作用来创造世界。于是，崇尚实物、个人本位主义渗透于社会生活的方方面面，自然也成为西方教育的哲学指南。

第四，思维模式的不同。人类在改造客观世界的实践过程中，同时也在改造、提高和发展自身的认识和思维能力，并形成相对稳定的思维模式。思维模式是人类文化心理结构的重要组成部分，它有较大的相对稳定性和连续性，是某个民族文化最深层的内核。中国自古以来朴素的整体有机思维模式始终占统治地位，强调事物的普遍联系，重视整体思维，把事物、时空看成一个完整的整体，注重变化的统一性和整体性；重视思辨，强调变化的相对性、模糊性和对立统一性；强调权威理论对具体理论的统率性以及由一般向特殊的推演。思维中常渗透着情感因素，对事物的评价常受人们好恶的影响，情感因素常影响着思维结果的真实性。在这种思维模式影响下，中国传统教育把伦理道德教育看成全部教育的核心，教育始终围绕着人的社会道德问题而进行，形成了统一的教育价值观念和价值取向。

在西方，朴素的整体有机思维模式中蕴含着的形式分析思维模式得到了显著的发展，以至于其长期以来占据主导地位。在这种思维模式指导下，古希腊哲学家发明了形式逻辑。所以，西方人善于突破整体感，从事物的各部分和要素入手，注重对具体事物的深刻把握。他们通过理性即严密的、科学的、形式逻辑的纯知识性的推理、演绎及论证的程式，理智地抽象出教育的价值观，把教育放在帮助人发展自身理性潜力上，追求所谓的自由、民主、理性和个性的和谐发展。

通过上述分析，我们可以看出中西方教育价值取向的主要差异：中国注重调和社会和自我，重知识的应用价值，重教育的世俗性；西方则注重个性自由和主体意识，重知识的内在价值，重教育的宗教性。

第二节 中西方学生发展核心素养

进入 21 世纪后，教育的基础性作用和战略地位更加突出。在未来的国际竞争中，谁赢得了教育，谁就赢得了争取世界领先地位的主动权。为应对时代变化与未来发展的需要，西方国家或部分国际组织开始制定学生发展的核心素养框架，其中经济合作与发展组织（OECD）、欧盟和美国对核心素养的研究较为知名。自 2013 年开始，受教育部委托，由北京师范大学林崇德教授牵头，全国多所高校近百名学者组成核心素养研究课题组，也对核心素养进行了系统研究。由于各国社会经济发展阶段、文化特征的差异以及框架的实施对象各有不同，中西方的核心素养也体现着不同的现代教育观念。

一、西方学生发展核心素养体系

（一）OECD 核心素养框架——实现成功生活与发展健全社会

1997 年起，OECD 开始启动 21 世纪核心素养框架的研制工作，2005 年公布了研究报告《素养的界定与遴选：理论和概念基础》（Definition and Selection of Competencies： Theoretical and Conceptual Foundations，DeSeCo）。DeSeCo 对核心素养的界定是：个人实现终身发展、融入主流社会和充分就业所必需的知识、技能及态度的集合。核心素养是可迁移的，并且发挥着多样化的功能。DeSeCo 从三个维度对核心素养进行界定：其一，能互动地使用工具。每个人都能广泛地使用信息技术、社会文化等工具来有效地和环境相互作用，这就需要人们更好地理解、掌握这些工具。其二，能在社会异质团体中互动。在越来越相互依存的世界中，每个人都需要与他人交往，由于他们要遇到各种背景的人，从而能在异质社会团体中相互作用，对于每个人来说都是非常重要的。其三，能自主地行动。每个人都能管理好自己的生活，把自己置于广泛的社会情境下自主地行动。这三个维度都有自己的焦点，但三个维度之间是相互联系的，统一地形成识别核心素养和构建核心素养框架的基础（见表 2-1）。

表 2-1 OECD 核心素养框架

素养种类	关键素养
互动地使用工具	1. 互动地使用语言、符号与文本 2. 互动地使用知识与信息 3. 互动地使用技术
在社会异质团体中互动	1. 与他人建立良好的关系 2. 团队合作 3. 管理与解决冲突
自主地行动	1. 在复杂的大环境中行动 2. 形成并执行个人计划或生活规划 3. 保护及维护权利、利益、限制与需求

DeSeCo 界定的核心素养框架有三个根本特征。一是整合性。素养超越所教授的知识与技能。大部分 OECD 成员重视灵活性、创业和个人责任心，不仅期待个体具有适应性，而且期待个体具有创新性、创造性，强调自我导向并且自我激励。二是反思性。反思性思维需要相对复杂的心智过程，并要求思考过程的主体成为其客体。反思含有对元认知能力、创造能力的使用并持有批判立场，这要求个体达到一定的社会成熟水平，使他们远离社会压力，能从不同角度思考、独立判断及负责任地行动。三是统一性。环境的差异影响着不同核心素养作用的发挥，在不同情境中，各项核心素养各自发挥的作用不同，而素养的社会复杂性与联结性使各个维度的素养相互联系，形成一个共同的整体，共同地在具体情境中发挥作用。

（二）欧盟核心素养框架——指向终身学习

2005 年，欧盟正式发布《终身学习核心素养：欧洲参考框架》(Key Competences for Lifelong Learning: A European Reference Framework)，为欧盟各国教育政策的制定尤其是课程改革，提供了可供参考的框架和方向。

该框架制定的目标之一是："支持各成员国，确保它们所培养的年轻人在基础教育与培训结束时，具备一定水平的核心素养，使得他们能够应对成年后的生活，并为未来学习和工作打下基础；此外，还确保这些国家的成年人能够在人生中不断发展和更新自己的关键素养。"该核心素养框架主要包括：母语沟通能力、外语沟通能力、数学和科技基本素养、数字（信息）素养、学会学习的素养、社会与公民素养、创新与企业家精神、文化意识和表现等，并且每一素养又从知识、技能与态度三个维度进行具体描述。该框架还指出，基本的语言、文字、数学、信息能力是终身学习的基础，"学会学习"支持个体所有的学习活动，批判性思维、创造性、主动性、问题解决、风险评估、决策、情绪管理也是终身学习者必不可少的素养。从其素养框架的名称、目标与框架内容中可以看出，"学会学习"是欧盟基础教育阶段各门课程需要着力培育的素养，体现出这一框架"为终身学习服务"的主旨。

欧盟核心素养框架有三个主要特点：一是强调与终身学习的融合，二是个人资本、社会资本和人力资本三方面的共同体现，三是统领欧盟各成员国教育改革发展方向。

（三）美国核心素养框架——关注21世纪职场需要

2002年，美国21世纪技能联盟（Partnership for 21st Century Skills，P21）正式启动了"21世纪技能"研究项目，努力探寻那些可以让学生在21世纪获得成功的技能，建立"21世纪技能"框架体系，在世界范围内产生了广泛影响。这里的"21世纪技能"相当于OECD和欧盟的核心素养。

美国"21世纪技能"框架的核心技能主要包括"学习与创新技能"（创造力与创新、批判思维与问题解决、交流沟通与合作）、"信息、媒体与技术技能"（信息素养、媒体素养等）、"生活与职业技能"（灵活性与适应性、主动性与自我导向、社会与跨文化素养、效率与责任、领导与负责）三个方面。这三方面主要描述学生在未来工作和生活中必须掌握的技能、知识和专业智能，是内容知识、具体技能、专业智能与素养的融合。这三大核心素养通过核心科目和21世纪主题的学习来落实，核心科目主要包括英语、阅读和语言艺术、外语、艺术、数学、经济、科学、地理、历史、政府与公民等。美国的核心素养具有学科性，主要是使学生掌握核心学科的基础知识。同时，美国的核心素养具有跨学科性，着重培养学生的基本技能和跨学科意识，它并不要求单独设立学科而是与核心科目有机融合在一起进行教学。美国"21世纪技能"目标的实现、核心科目和21世纪主题的实施，依靠的是21世纪核心素养标准与评价、课程和教学、专业发展等构成的强大支持系统。在这个学习系统中，学习结果（21世纪核心素养）、学习内容、支持系统三个部分相辅相成、不可分割。没有21世纪核心素养，学习内容便失去方向，支持系统也就不能恰当地发挥作用；没有核心科目和21世纪主题的实施，核心素养的培养也就难以落实，支持系统也就没有存在的意义。当然，没有支持系统的保障，学习内容的实施便失去依托，核心素养的培养便流于形式。

美国核心素养框架有两个重要特点：一是体现素养教育过程与结果的结合，二是重视支持系统在"21世纪技能"框架中的作用。

二、中国学生发展核心素养框架

中国在借鉴国外核心素养研究经验的基础上，立足传统文化，结合中国当前经济社会发展实际需求，对核心素养进行了系统的研究，并于2016年9月发布了《中国学生发展核心素养》的总体框架和基本内涵。我国学生发展核心素养框架，以科学性、时代性、民族性为基本原则，培养学生必须具备适应个体终身发展与社会发展需求的关键品格与能力，这对提升我国国民素养和21世纪国家人才的核心竞争力有重要意义。

（一）中国学生发展核心素养总体框架

研究中国学生发展核心素养是我国落实立德树人根本任务的一项重要举措，也是适应世界教育改革发展趋势、提升我国教育国际竞争力的迫切要求。核心素养是关于学生知识、技能、情感、态度、价值观等多方面要求的综合表现，是每一名学生获得成功生活、适应个人终身发展和社会发展都需要的、不可或缺的共同素养，其发展是一个持续终身的过程。中国学生发展核心素养，以培养"全面发展的人"为核心，主要指学生应具备的能够适应终身发展和社会发展需要的必备品格和关键能力，分为文化基础、自主发展、社会参与三个方面，综合表现为人文底蕴、科学精神、学会学习、健康生活、责任担当、实践创新六大核心素养（见图2-1），这个框架充分体现了马克思主义关于人的本质属性是社会性的观点，与中国治学、修身、济世的文化传统相呼应，有效整合了个人、社会和国家三个层面对学生发展的要求。六大核心素养既涵盖了学生适应终身发展和社会发展所需的品格与能力，又体现了核心素养"最关键和最必要"这一重要特征。六大核心素养之间相互联系、互为补充、相互促进，在不同情境中整体发挥作用。

图2-1 中国学生发展六大核心素养

（二）中国学生发展核心素养的内涵和要点

1. 文化基础包括人文底蕴和科学精神

人文底蕴包括人文积淀、人文情怀和审美情趣。人文积淀指具有古今中外人文领域基本知识和成果的积累，能理解和掌握人文思想中所蕴含的认识方法和实践方法等。人文情怀指具有以人为本的意识，尊重、维护人的尊严和价值，能关切人的生存、发展和幸福等。审美情趣指具有艺术知识、技能与方法的积累，能理解和尊重文化艺术的多样性，具有发现、感知、欣赏、评价美的意识和基本能力；具有健康的审美价值取向；具有艺术表达和创意表现的兴趣和意识，能在生活中拓展和升华美等。科学精神包括理性思维、批判质疑和勇于探究。理性思维指尊重事实和证据，有实证意识和严谨的求知态度，能理解和掌握基本的科学原理和方法，并能运用科学的思维方式认识事物、解决问题等。批判质疑指具有问题意识，能独立思考、独立判断，能多角度、辩证地分析问题，做出选择和决定等。勇于探究指具有好奇心和想象力，能不畏困难坚持探索，积极寻求有效的问题解决方法等。

2. 自主发展包括学会学习和健康生活

学会学习指要具有积极的学习态度和浓厚的学习兴趣，正确认识和理解学习的价值，能养成良好的学习习惯，掌握适合自身的学习方法，不断地对自己的学习状态进行审视，能自觉、有效地获取、评估、鉴别、使用信息，主动适应"互联网＋"等社会信息化发展趋势。在学会学习的同时，要珍爱生命，掌握适合自身的运动方法和技能，养成健康文明的行为习惯和生活方式，自信自爱、坚韧乐观，能调节和管理自己的情绪，依据自身个性和潜质选择适合的发展方向。

3. 社会参与包括责任担当和实践创新

责任担当指：要具有国家认同、社会责任和国际理解意识；要了解国情历史，了解中国共产党的历史和光荣传统，认同国民身份，热爱党、拥护党，能自觉捍卫国家主权、尊严和利益；具有文化自信，尊重中华民族的优秀文明成果，能传播弘扬中华优秀传统文化和社会主义先进文化；理解、接受并自觉践行社会主义核心价值观，具有中国特色社会主义共同理想，有为实现中华民族伟大复兴中国梦而不懈奋斗的信念和行动；在社会责任方面，要从小自尊自律，文明礼貌，诚信友善，宽和待人，明辨是非，敬业奉献；了解人类文明进程和世界发展动态，能尊重世界文化的多样性和差异性，积极参与跨文化交流；关注人类面临的全球性挑战，理解人类命运共同体的内涵与价值；等等。实践创新主要指：要具有积极的劳动态度和良好的劳动习惯；具有动手操作能力，掌握一定的劳动技能；善于发现、提出和解决问题，理解技术与人类文明的有机联系，能将创意和方案转化为有形物品或对已有物品进行改进与优化；等等。

中国学生发展核心素养框架对信息意识、终身学习意识、全球意识等方面的强调充分体现了我国核心素养的时代性，这是国际上核心素养体系的共同特征。同时，中国学生发展核心素养框架也具有我国自身的鲜明特色，其中对人的主体性和实践创新能力的强调尤为突出。主体性和实践创新能力是人的全面发展的重要组成部分，因此，我国学生发展核心素养框架对它们做了突出强调，可以说，全面发展的人在框架中处于核心地位，而学生的主体性和实践创新能力作为我国学生全面发展的重要组成部分，其核心就在于创新性。也就是说，创新性是中国学生发展核心素养整体的核心。框架中对创新性的强调不仅突出表现在实践创新能力这一核心素养中，而且从框架对其他核心素养各个基本要点的描述中都可以发现，创新性的培养与发挥也渗透、贯穿于其他核心素养，如：审美情趣要点中强调发现美的意识和基本能力，批判质疑要点中强调要具有问题意识与多角度辩证地分析问题的能力，勤于反思要点中强调能根据具体情境与自身实际选择或调整学习策略和方法等。

三、中西方核心素养内涵的讨论

从以上分析中可以看出，世界上不同的国家或组织结合自身实际对核心素养的概念和框架进行了时代性的理解与建构，它们厘定的核心素养内涵既有自身特色，也存在许多共通之处。

（一）核心素养的内容构成及其功能发挥

各国的核心素养具有综合性。第一，核心素养是知识、技能、态度等多方面的综合，它包含知识、技能、态度，又超越了这几个方面，且这几个方面不是孤立地、单独地存在，而是彼此之间相互联系、相互促进，共同构成整合的核心素养。第二，核心素养是一个多维度的核心素养。这些核心素养框架都包含多个维度的核心素养，每个核心素养又包含若干个指标、要点。这些维度、指标和要点之间相互联系、相互整合，形成一个共同的核心。第三，核心素养的跨学科性。一方面，构成核心素养的知识、技能、态度往往要从多学科的角度进行整体考量。这种跨学科性不是各学科简单地累积叠加，而是要求各学科进行有机整合，对核心素养的建构形成一个合力。另一方面，核心素养的培养要通过各学科的教学进行落实，但各学科的教学并不是各自独立开展，而是要彼此相互融合进行。第四，核心素养的功能发挥具有综合性。核心素养中个体自主发展、社会参与功能的发挥不是独立的，而是扬长避短、彼此结合。基于以上分析可知，核心素养作为综合性的素养，既是以人的全面发展为基础的，又是以人的全面发展作为追求的最终目标。

（二）核心素养在素养体系中的作用

核心素养是关键性的素养，而"关键"一词在汉语中指事物必不可少的组成部分。国内外对核心素养的界定都强调其是必需的、重要的素养，这就是说，核心素养并不是素质教育、三维目标、全面发展、综合素质等概念的另一种表达方式，也不是指所有的素养、全面的素养，而是指人的素养中最为重要、必不可少的素养。核心素养作为关键素养不仅指其在人的素养构成体系中处于核心、关键地位，也指它在人的自主发展和社会参与中起关键作用。另外，由于核心素养在不同的情境中发挥的作用不同，核心素养中的"关键"也会因时、因地而有所变化，如相对于传统工业社会、农业社会，在信息时代，信息素养就发展成"关键性"素养。

（三）核心素养与其他素养之间的关系

核心素养是共同的素养。每个人在终身发展中都需要许多素养，以应对各种社会生活的需要，这些素养中既有所有人都需要的共同素养，也有为适应个人特定生活需要的特殊素养，如适应特定职业、行业需要的专业与职业素养，而所有人都需要的共同素养才是核心素养。当然，也并不是所有的共同素养都是核心素养，只是共同素养中最为关键的、重要的素养才是核心素养。

（四）核心素养在素养体系中的地位和层次

核心素养是高级素养。核心素养作为高级素养也不能等同于基础素养。基础素养是对人的生存与发展起基础性、根本性作用的素养。有些基础素养，如健康的身体与正常的感知等身心素质、读写算等基本的技能素养，虽然在人的生存与发展中是必不可少的，但由于其过于基础，往往就不被列在核心素养之中，属于非核心素养。当然，核心素养是不是基础素养，还要看对基础素养的具体界定，如把为适应个体终身发展所需要的学习方法、态度、习惯等界定为基础素养，则这些基础素养就是核心素养。总的来说，核心素养是那些不易被标准化的、程序化的，不易被计算机、人工智能等替代的素养，是体现人类的特质与人类高级心理技能的关键性素养，它们在人的素养体系中处于较高层次。简而言之，核心素养既不是"低级"素养，也不等同于基础素养。

小结论

教育是一种文化现象，不同的教育反映出不同的社会文化内涵。地域差异以及文化差异造就了不同的教育形式。当今世界，随着经济和文化交往的日益频繁和国际化，中西方教育传统也在冲突中相互融合。我们应该立足社会主义核心价值观，弘扬中华优秀传统文化，同时，学习和借鉴西方教育的精华，转变教育思想和教育观念，深入进行教育改革，更好地适应世界教育发展的潮流，培养出更多符合我国现代化建设所需的栋梁之材。

课后思考

1. 请简要分析造成中西方产生不同的教育价值取向的原因。
2. 请简要分析中西方学生发展核心素养体系的异同。

第三章 中西方文化风俗的差异

内容提要

1. 中西方之间在称谓习俗、问候方式、道别方式、送礼习俗等方面存在着显著的差异。
2. 中西方在饮食文化上有着明显的区别。
3. 中西方的传统节日文化各有丰富多彩的表现形式和鲜明的特色。

学习提示

本章共分三节，主要从中西方不同的社会风俗、饮食文化和节庆文化三个角度来比较中西方传统文化。

其中，需要理解和把握的关键点如下：

一、中国传统的亲属称谓，既表现出家族式生活的特点，也反映了中国传统文化中的伦理道德。由于西方社会的组织结构以原子式的个体生活为核心，因此在英语亲属称谓中没有尊卑之分。同时，中西方在语言问候、道别用语、送礼习俗等方面受各自传统文化的影响存在着较大差异。

二、饮食与文化密切相关，不同的民族缔造了不同的饮食文化，饮食习俗反映了民族的观念、意识和文化。中西方国家在对饮食的认识、饮食内容以及饮食特点与偏好等方面存在着显著的差异。

三、中西方在自身特有的文化传统和信仰、观念的基础上，逐渐产生了各自的传统节日。中西方的传统节日文化各有丰富多彩的表现形式和鲜明的特色。

第一节　中西方不同的社会风俗

一、各具特色的中西社交习俗

（一）称谓习俗

人们在交际中总要依据某种关系称呼对方。称呼他人是一种重要的社交礼仪。称呼用语即称谓语。称谓具有重要的社交功能，它是称呼者对被称呼者的身份、地位、角色和相互关系的认定，起着保持和加强各种人际关系的作用。每一种语言，经过长时间的发展和演变之后，都会形成各自独特的称谓体系和使用规范。

亲属称谓是指家庭成员之间的相互称谓。汉语亲属称谓语远比英语亲属称谓语复杂、细致。中国人特别重视亲属的称谓，辈分、性别指代清楚，本家族成员与外姓亲戚从称谓上就可以区分得一清二楚。区分血亲姻亲，如伯父、叔父、姨父和伯母、婶母、姨母；区分宗族非宗族，如爷爷、侄儿、孙子和外公、外甥、外孙等；区分父系母系，如叔叔、姑妈、堂兄和舅舅、姨妈、表兄等；区分长幼，如哥哥、姐姐和弟弟、妹妹；等等。

英语中并无如此清晰明了的差别，亲属称谓比较简单，本家族成员与外姓亲戚在称谓上混为一谈，仅用几个词就能全部概括。如"grandparent"指爷爷、外公、奶奶、外婆，"brother"指哥哥、弟弟，"sister"指姐姐、妹妹，"uncle"指伯父、叔父、姨父、舅舅、姑父。例如，"Linda's brother married Michelle's sister"这句话就很难准确地译成汉语，因为不知道"brother"是 Linda 的哥哥还是弟弟，"sister"是 Michelle 的姐姐还是妹妹。还有一些称谓如"cousin"，既可指堂兄、表兄，又可指堂妹、表妹。

中国传统的称谓，既表现出家族式生活的特点，也反映了中国传统文化及其伦理道德，如长幼有序等。在中国传统文化中，人们通常使用"伯、仲、叔、季"等字①来表示排行，"伯"排行老大，"仲"排行老二，"叔"排行老三。因受中国传统文化中"平衡"观念的影响，古人在称谓父辈时，便以自己的父亲为中心：年龄大于自己父亲者称"伯"，如大伯、伯父；年龄小于自己父亲者，则称"叔"，如小叔、叔父。此外，在中国传统文化中，为了体现对尊者、长辈的敬重，古人常采用"避讳"②的方法。在中国传统社会生活中，不仅父母的姓名需要避讳，其他长辈或地位高者亦要用尊称。即使是同辈之人，也应称字或其他固定的称谓，不能直呼其名。人们在与他人交往时，还十分强调彼此之间感情的融洽、和谐，因而往往把家庭本位向外推移，扩大到家庭以外的社会关系中去，于是又出现了亲属称谓的泛化现象。这一现象体现在言语交际中，就是亲属称谓常用于社交场合，以传递社交指示的不同语义信息。如在社会交往中，大伯、叔叔、老兄、贤弟、大

---

① 在中国古代社会，男子20岁时，家族或家庭要为他举行冠礼；女子15岁时，亦要举行笄礼，以示成年。届时，父母或其他长辈要为他起一个称谓，即为"字"。

② 避讳是中国古代社会特有的一种文化现象。讳，即长者、尊者之名。古时，凡对长者、尊者不能直呼其名，亦不能直接书写其名，称为避讳。口语交谈中提到人名时，为避讳即使用代称；书写人名时，常采用空字、缺笔、改字等避讳方法。

嫂、小妹等词语，常常用来称呼没有亲属关系的对方，其作用和目的不是区分身份，而是表达礼貌和亲切的含义。又如：无论是对街坊邻居、朋友熟人，还是素不相识的路人，人们均按年龄、性别称呼对方：大爷、大娘、大叔、大哥、大姐等；小朋友称军人为"解放军叔叔"等。这些称谓语用于社交场合和用于亲属之间在语义上有着本质的不同：用于后者表示的是亲属血缘关系，而用于前者表示的是人们之间"亲如一家"的良好人际关系。由于西方社会的组织结构不以等级身份为核心，因此在英语亲属称谓中没有尊卑之别，同辈之间不论年龄大小，均可直呼其名，以表示亲切友好。英美人宗族观念淡薄，不仅不会用亲属称谓称呼家族以外的人，甚至不会用其称谓家族以内的人。

中国古代的称谓有敬称与谦称之分。古人在社会交往中，常使用的敬称有陛下、阁下、殿下、足下等；常用的谦称更多，如愚、鄙、敝、卑、窃、仆、小生、晚学、在下、晚生、不才、不佞、不肖、下官、小官、末官、小吏、老朽、老父、老汉等。称谓自己一方或对方的亲属，也有敬称和谦称之分。称谓自己一方的亲属，常使用家、舍、先、亡①等字，如家父、舍弟等。"家""舍"二字，都体现了谦恭的态度，故为谦称。称谓对方的亲属时，则使用令、尊、贤等字。这三个字都含有善、美之意，意在赞美和敬重对方，故为敬称。谦称自己，敬称对方，也体现了中华民族和、善的品质与理念。而英语中虽然同样有敬称，但绝少有谦称。因为西方人崇尚自信，在他们看来，过分自谦反而是信心不足、懦弱的表现。

除亲属称谓以外，在职业称谓上中西方也存在着不同。中国的传统职业类别繁多，但不是每一个具体的职业都有一个称谓语。按照人们约定俗成的习惯，现在常用的职业称谓有师傅、大夫或医生、老师、司机、邮递员、门卫、民警、解放军、护士、售货员、售票员、列车员和服务员等。其中，最常用的有师傅、大夫和老师三种。和汉语一样，英语中也有职业称谓。常用的有 waiter（男服务员）、busboy（旅馆、餐厅的男服务员）、conductor（汽车售票员）、usher（剧院领座员）等。西方人很少用正式的头衔来称呼普通人。正式的头衔一般只用于法官、高级政府官员、军官、医生、教授和高级宗教人士等，如哈利法官、史密斯参议员、克拉克将军、布朗医生、格林教授、怀特主教等。西方人也不用其行政职务如局长、经理、校长等头衔称呼对方。在西方学术界，有职称者宁愿别人用"职称＋姓氏"的形式来称呼自己，也不愿意接受"先生＋姓氏"的称谓，这是因为"先生"一词是对社会上一般人或在学术界没有职称者的称谓语。

中西方在一些人物通称上也存在差异。在中国社会，伴随着经济的国际化、全球化进程，"先生"和"小姐"的称呼方式也日渐普遍。但我国还在沿用一个尊称，即"同志"，在我国特定的交往环境中，"同志"这种称呼男女老少皆宜，且更具有亲和力。英语像汉语一样，也有不少通用于社会各界人士、不分职务或职业、不分年龄的称谓语，例如"Sir（先生、阁下）、Madam（夫人、女士、太太、小姐）、Lady、Mr.、Mrs.、Miss、Ms."。Sir 和 Madam 是一组对应的敬称语，它们泛称社会上的男女人士，一般不与姓氏连用，它们表达的人际关系不亲密。具体来说，Sir 是下级对上级、晚辈对长辈、士兵对长官、老百姓对警察、学童对老师、商店店员对男顾客的通用称谓语。Madam 是对女性

---

① 家、舍用于在世的亲属；先、亡用于故去的亲属。

的尊称，多用于对女性客人或服务对象的称呼。Lady 是另一个用于女士的称谓语，我们经常在开会时听到主持人说"Ladies and gentlemen"（女士们、先生们）。Mr. 和 Mrs. 是英语中的一对敬称用语，可与姓氏或姓名连用，但一般不与教名连用。Mr. 是对于无职称者或不了解其职称者的称呼，语气正式，关系不密切。Mrs. 是对已婚妇女的称谓，和其丈夫的姓氏或婚礼后的姓名连用。Miss 一词是对未婚女子的称谓语，语气正式，关系一般，与婚前的姓氏连用，也可以和地名或某一活动连用，代表某一地区或某项活动中的妇女，如"Miss China"（中国小姐）。Ms. 一词是英语中后来出现的一个女性敬称词，由 Mrs. 和 Miss 两词合成而来，是妇女争取权利平等的产物，只和妇女本人的姓名或姓连用，不与其丈夫的姓氏和婚礼后的姓名相联系。

（二）问候及告别习俗

在社会交往日益密切的现代社会，相识或不相识的人见了面打招呼、问好是再寻常不过的事情。不管是在中国还是在英语国家，问候大致分语言问候和非语言问候两类。前者是通过语言行为进行的问候，如"您好""您最近怎么样"；后者是指人们见面或相遇时，由于各种原因，不能口头打招呼，而是通过点头、微笑或挥手致意等面部表情、体态动作表达问候。就语言问候来说，中西方问候方式都可分为祝愿式问候、关心式问候、交谈式问候、称谓式问候、称赞式问候五类，但在具体问候用语上存在一定的差异。

祝愿式问候基本上是一种期望对方平安无事、一切都好的良好祝愿。这种问候语在中英文中都有表现。比如，汉语中的"您好""新年快乐"等，英语中的"早上好""一天愉快""圣诞快乐"等也属于同类。关心式问候是打招呼者对对方身体或生活、工作等方面表示关心的体现。汉语中的"你吃了吗""你到哪儿去"，英语中的"How are you""How are you doing""How is your family""How is everything"等，都属于这一类。值得注意的是，"你吃了吗""你到哪儿去"等问候形式往往使初来中国的外国人感到不可思议。面对这样的问候，被问候者并非要给予客观的、实事求是的回答，问话者也不关注对方的具体回答，这是中国人特有的一种问候方式，并不是对他人隐私的干涉，而这种问候语直译成英文却是无法被欧美人士接受的。与汉语相比，英语中这类问候方式非常少。在交谈式问候中，中国人常以对方正在做的事情为话题进行提问，比如"出去呀？""回来了？""上班去？""打球呢？""搬家呢？"等。但英语国家的人尤其是英国人，常常通过谈天气来打招呼，比如，"It's a fine day today, isn't it?"这是由于英国的地理位置使英国人对天气特别敏感，更重要的是因为天气是与个人隐私无关的话题。中国人寒暄时可能谈起年龄、收入和婚姻等，体现了中国文化的社会家庭化和"四海之内皆兄弟"的交往准则，显示了对他人的关心。但若对一个西方人问这些，恐怕他会敏感地认为你要打探隐私，容易造成误解，引发不愉快。称谓式问候是指在人们见面或相遇时只以某种方式称呼对方，而不说或省略那些正式的问候语。在汉语中，人们只称呼对方的姓氏、名字或者用姓氏+通称来问候对方。比如，"小王""老张""李老师""孙大夫""刘处长""赵大爷"等。在英语中也有这类问候，只是数量较少，比如"Mary""Jim""Mr. Smith"等。称赞式问候在中英文中均有，但使用频率不高。比如在中国，两个老朋友经过很长时间再次相遇时可能会说"你气色不错"等。西方人，比如说美国人，在一段时间没有见面后偶尔在一个鸡尾酒会上再次相遇时，会用称赞语互相致以问候，以表达双方的喜悦心情。

非语言问候按照不同的体态动作可分为：举手致意、点头致意、欠身致意、脱帽致意和微笑致意等。除此之外，人们在语言问候时还常伴有一些形体动作，如中国人的鞠躬、作揖，英美等西方国家的拥抱、吻面，世界通行的握手礼等都是见面时必要的礼仪行为。

中西方在社交中道别的礼貌用语存在明显差异，主要表现在如下几个方面：

第一，英语国家的人在道别时很注意对双方接触的评价，以表达愉快相会的心情。例如："再次见到你，真令人高兴"，"谢谢你，今天下午过得很愉快"，"能与你交谈，感到非常高兴"，等等。中国人道别时注重相互表达关切之情。然而，因事求教于人或拜访受到热情的招待之后，客人会以感激的心情和尊敬的态度对当前的接触做出积极的评价，例如："今天的交谈很有收获，谢谢你的帮助"，"您的指点很有启发，谢谢您的教诲"，"你如此热情招待，真是过意不去"，等等。

第二，英语国家的人结束交谈或访问告辞时所提出的理由总是自己因故而不得不告辞，他们的文化心理是：愿意与某人相聚或交谈是表示对其有兴趣，是对他人的尊重；终止交谈或访问不是出于本人的意愿，而是因为有其他的安排不得已为之，因此总要提出不得不离开的理由，并表示歉意。人们为了找一个借口离去而不使主人难堪，常常不得不说一个谎话，这就是西方人人皆知的"white lie"（善意的谎言）。中国人的文化心理则不同。中国人着眼的是对别人的关心，所以，拜访人告别时会说"你还要早点休息，我就不多打扰了""你挺忙的，我就告辞了"等。

第三，西方人在道别时常常表示不得不告别并表示歉意。除了上文提到的"善意的谎言"，道歉是必不可少的，即使临时离开一下，也要说一句"Excuse me"（对不起）。中文道别语中道歉语的含义则不同，表达的是因打扰了别人或占用了别人的时间而内疚。所以中国人常常说"对不起，打扰了"或"对不起，占用了您不少时间"。西方人对这些话往往会产生有趣的误会："我并未感到你打扰了我，也未表现出受到了干扰，你为什么要这样说呢？""愉快地相处了两个小时，你怎么说浪费时间呢？"他们不明白，中国人这是出于对对方的关切，这类道歉语的意思是，如果不是因为自己去找他，他完全可以将时间用在自己的事情上。在这里，中国人的相互关切之情和西方人个人自尊与自主不受干扰的心理直接发生了冲突。所以，西方人就难以理解应邀做客的中国人告别语中的道歉形式了。

第四，关切与祝愿之别。中国主人在客人离去时喜欢说"慢走""一路小心""您走好"等，客人则不断对主人说"请留步""别送了""不必送了"，最后主人会说"那我就不远送了"。例如，中文中常用的"一路顺风"，是主人希望客人在路上注意安全的一种叮咛，其中蕴含的是关切之情。西方人注重的是直白的祝愿，所以英语告别语中祝愿语居多。最常用的告别语"good-bye"原意是"愿上帝与你同在"（wish God be with you），是一种典型的祝愿语。英语国家的主人也只是在住宅门口向客人道别，不会像中国主人送客至大门口，甚至一程又一程相送。

第五，表达再次相会愿望的形式也存在差别。中国人常这么说："有空常来呀"，"星期天没事儿就来我家吃饭"，"有空来我家吃饺子吧"。这类话与上述英语道别语一样，由于没有明确地约定时间，中国人都明白只是一种客套话而已。然而往往会被西方人理解成真诚的邀请。

第六，中文招呼式告别语的特殊含义。这是中文特有的告别语。客人要离开时向主人打声招呼说"我走了"或"走了"，主人会说："你走了？以后再来。"表示的是客人没有不辞而别，主人也没有对客人的离去不理睬。这一形式的文化特点是表达中国人相互尊敬和彼此关切之情，采用这种方式告别时一般先以称呼主人为礼貌。如"王老师，我走了""李叔叔，我走了""诸位先坐着，我不奉陪了"，表示的都是尊敬。如果客人只说"走了"或"我走了"，主人回答说"好，那下次有空再来"，则表明主客双方之间的关系密切，因此这种方法一般用于熟悉的同事和亲朋好友之间，体现的是亲如一家之情。关系密切者之间结束交谈的招呼形式在电话用语中也很普遍，如"没事儿了吧？那挂了啊！""没别的事儿吧？那就这样儿了！""那好，就这样儿吧！"

（三）送礼习俗

中外都有送礼的习俗，中西方对赠送礼物都很重视，而且都认为应该礼尚往来。中国有句古话："来而无往，非礼也。"但中西方文化中的送礼习俗还是有很大差异。

中西方送礼的观念不同。中国人往往注重礼品的实质意义，即它的实用价值。给新婚夫妇送礼，过去的礼物常常是被面、床单、桌布等；为新生儿祝生或抓周，常常送小衣服。即使是送高雅礼品，中国人也十分注重实用价值。而西方人往往注重礼品的纪念价值。应邀去西方人家里做客，可以给女主人送一束鲜花，给男主人送一瓶葡萄酒。还可以带上具有本国特色的小工艺品、一本自己或对方喜欢的书，或一张音乐专辑。

中西方送礼的目的不同。中国人历来重人情、重关系，维系人际关系、增进感情交流是中国人送礼行为最重要的目的。中国人送礼讲究礼尚往来、有来有往，逢年过节互赠礼品，或是出门旅行带回当地特产，是内在真诚情感的物化表现，并非出于功利性目的。因此，中国人送礼的目的往往重在巩固关系、拉近感情。而西方人以自我为中心，主张自我个性的表达，注重礼物的象征意义。他们的礼物一般都不贵，而且一般是在得到帮助之后用礼物来表达诚恳的谢意。

中西方接受礼物时的反应不同。在中国，接受别人礼物时，出于礼貌，往往会再三客气地婉拒，而且不会当面打开礼物。与此相反，西方人在接受礼物时，为了表示谢意，往往会当面小心地打开礼物并称赞一番，激动时还会拥抱送礼者，表达并分享收礼物的快乐。在结婚庆典上，有时主人还将客人送来的礼物展示一番，以增加喜庆的效果。

中国和西方在送礼上有如此大的文化差异，说明任何一种文化所表现出来的思维和行为方式都是在一定的客观环境和历史条件下形成的。我们需要提倡的是探究不同文化形成的原因，对不同的文化给予必要的理解。比如说，在送礼和收礼时，中国人和西方人对礼品所表现出的兴趣是一样的：送礼者都希望对方能喜欢自己送的礼品，而收礼者也都因为接受了对方的礼品而高兴。然而，中国人往往表现出来的是极大的自谦，在送礼时常常不提自己所送礼物的价值。即使送给对方的礼品价格昂贵，也要说一声"区区薄礼，不值一提"。西方人的表现却相反，他们总是对自己准备的礼品抱有赞赏的态度。他们会告诉你这是从哪儿买的、经过了多少周折，或者制作工艺多么复杂、多么不容易，总之是希望你能喜欢。在接受礼品时，要尽量表现得对礼品很感兴趣，对对方的送礼行为表示感激。

二、中西方文化禁忌

(一) 语言交际中的文化禁忌

1. 问候语

中西方在问候或招呼用语习惯上有着明显的差异。中文最常用的问候语"你吃了吗"等体现了"民以食为天"的传统思想，而在英语中这句话不能用于问候，更有甚者会导致交际冲突。因为这句话在英语中是一般疑问句，需要用"Yes"或"No"来回答。在中国，如果回答没有吃饭，问话者不回复"一起去吃饭吧"是很正常的事情，听话者也不会误解为问话者不想请他吃饭。如果跟一个西方人如此打招呼，西方人很可能会以为问话者要邀请他吃饭。倘若听话者在听到问话者打完招呼，就无所谓地谈起了与吃饭毫不相关的话题，就会很不理解，甚至会误会："如果是不请我吃饭，为什么要问我吃过饭没有呢？"

2. 称谓语

称谓语差异也是中西方跨文化日常生活交际中较为普遍的现象，尤以亲属称谓语差异为典型。在中西方文化中，亲属称谓有着不同的含义。中文亲属称谓是一种文化符号，是特定文化精神的载体，它丰富而复杂，在这些复杂的亲属称谓背后有潜在的深厚文化内涵。中文中的称谓禁忌主要涉及讳名的风俗，祖先或长辈的名字都不能直呼。而西方在称谓方式上并没有普遍的禁忌，只是有一些特别针对王室成员或地位很高的神职人员的严格称谓规则。在中国，家庭成员或亲属之间，往往严格按照辈分关系来确定称谓，这被视为一种基本的礼貌。而在西方国家，尤其是英语国家，以美国为例，对于关系较为亲近的人，即使是长幼辈分和上下级之间，依然可以直呼其名。这在中国是不礼貌、不敬的，是可能受到批评的。在中文里，用亲属称谓是非常普遍的，有时对不熟悉的长辈也可以使用亲属称谓表示亲切或敬重，如"叔叔""阿姨""爷爷""奶奶"等。

然而，这些称谓习惯一旦套用到英语中就会出现交际失误。比如，一名中国留学生称呼房东老太太为"Grandma"，这一称谓是不符合英语国家的基本礼仪的。其实，英语中称谓亲属的名词也有很多，但它们不能用作当面的称呼。又如"先生"一词，在中国文化中，"先生"多用于称呼学术界人士，主要是为了表达对高级学者的尊敬之情。早在春秋战国时期，"先生"一词便是对大教育家、大理论家及学者文人的尊称。"先生"一词沿用至今，更多的是表达对年长有德业者的一种尊敬和爱戴之情，比如"鲁迅先生"或"季羡林先生"这样的称谓。而在美国，"先生"是对一般人士的称谓，对有学识和有威望的教授或学者而言，则应按其学历或者职称称其为博士（Dr.）或教授（Prof.）。现今，跨文化交流的范围和内容不断扩大，国内外学术讲座交流也越来越多，在这样的场合更需要我们对跨文化交际中的语言禁忌有清晰的了解。

3. 客套话

中国自古就是礼仪之邦，"礼"的文化理念对中国人的言行举止有很大的影响。"不好意思，我浪费您的时间了""占用您的时间，真是不好意思""我的演讲仍然有很多不足，请大家多多指正""我该走了，您一定累了"等都是客套话。这些客套话在中国人看来，是非常谦虚和有礼貌的表现。如果换一个语言环境，或者将这些话直译为英语，则非常不妥。因为这些客套话在西方文化中是很不得体的，不仅会引起西方人的误解，还可能会造成非常危险的后果。以"You must be very tired"为例，这句话只有在知道对方生病的情况下才能使用，如果听者是年轻、能干、健康的人，听后必然会生气。中国人习惯给客人倒茶，表示礼貌与友好。但是这一行为在西方人看来是缺乏对对方意愿的尊重，英美等西方国家的习惯是先征询客人的意见。在英美文化中，客人喝不喝饮料、喝什么饮料都要先问清楚。另外，当西方人说"不要"的时候，是真的不要，而不是客套。为什么中国文化的谦逊、客套在西方文化中就变味了呢？这与称谓语差异的原因有相似之处。中国人认为"谦虚是人生最大的美德""谦虚使人进步"，含蓄、谦逊的文化习惯使客套话成自然。表现在言语行为上，总是尽可能保持谦虚，称赞别人。即使不赞同对方的意见，也不直接反驳，而要非常委婉地表达自己的意见。这正是中国人广泛认同的交际准则。而西方人更崇尚自我，显示个性和自信，更加喜欢"直来直往"，所以往往会坦率地表达内心的想法。

（二）词语与数字禁忌

在任何文化中，针对某些概念或事物，人们总是期望避免直接提及，人们这些"回避"的行为，就是语言中的禁忌现象，中西方文化中都有一些词语，以"回避"或"委婉"的方式体现出来。

1. "死"字禁忌

生老病死是自然现象，但中西方文化都忌说"死"这个字，而用大量委婉语代替"死"。"在世界各种语言中，关于'死'的委婉语词最多。英语中据说有102种。中文中有多少，众说不一，袁本良收录了130种，姜剑云列举了120种，易熙吾搜集了203个，张拱贵在《汉语委婉语词典》收录最多，达481个，然而，谁也没敢说囊括了'死'的委婉语词的全部。"[1]"死"或跟"死"有关的词语都被打上了禁忌烙印。人们把死亡看作不吉利的事情，忌讳说"死"字[2]。例如，古代天子死曰"崩"，诸侯之死曰"薨"，大夫之死曰"卒"，士死曰"不禄"，而民间常用"过世""辞世""作古""百年"等词语委婉表达。中国人关于"死"的词语禁忌体现了两方面的内容：一是中国人的生死观，二是等级森严的封建制度。英语中除了"die"这个是直接表示"死"的词以外，其实也有很多委婉的表达方式，如"pass away""expire""to go to heaven""to pay the debt of nature"等。

2. "老"字禁忌

语言本身承载着各自的文化意蕴，在中西方跨文化交际中，"老"字是容易引发冲突的禁忌词之一。在中国，"老"是一种资历、尊严和权威的象征，中文中有诸如"不听老人言，吃亏在眼前""姜还是老的辣""老将出马，一个顶俩"等俗语，因此与"老"有关的词语多表达尊敬之意。"老"字在中国文化中，除了表示年龄较长之外，还带有学识渊博、技能娴熟等多种褒义色彩，比如"老先生""老资格"。在西方文化中，"老"是一种忌讳。首先，在西方文化中，"老"从某种意义上就是无能、无用的意思。其次，对于西方人，尤其是对于西方女性而言，年龄是个敏感的话题，她们一般不会轻易透露自身年龄。对西方人言"老"是一种冒犯，也是一种很不礼貌的表现。因此，用"old man""old

---

[1] 孟国. 对外汉语实况教学研究. 北京：线装书局，2008：290.
[2] 常敬宇. 汉语词汇与文化. 北京：北京大学出版社，1995：36.

lady""old woman"等这些词称呼西方年长者是很不合礼仪的。西方一直强调个人的独立意识，即使是老年人也不轻易麻烦别人，有一种不服老的自尊心。

3. 数字禁忌

总结起来，数字禁忌主要集中于以下这些数字：4、6、9、13 和星期五。日本人忌讳4、6、9、13；德国、意大利、比利时、俄罗斯、美国、加拿大等西方国家普遍忌讳 13 和星期五。数字的产生最初是为了记录，为何会产生这样的数字禁忌呢？我们可以从以下几个方面做出解释：

（1）与一些禁忌词的语音相似。日本人忌讳 4 是因为 4 和"死"字同音，日语的 9 和"苦"字同音。语音相似造成了听者听觉上的条件反射，从而产生心理联想。前面我们已经提及"死"的词汇禁忌，由于"死""苦"给人们带来的心理印象很消极，因此人们把这些与之有关的数字也划入语言禁忌中。

（2）传统文化的影响。西方文化有对"13"和"星期五"的忌讳。传说在耶稣及弟子 13 人的"最后的晚餐"宴席上，第 13 位到场的犹大出卖了耶稣，耶稣被捕，并在 13 日星期五被钉死在十字架上。因此，西方人认为"13"是个不祥的数字，会给人带来灾祸。西方文化中对"13"的禁忌内容和范围较为广泛：不能 13 人同桌吃饭、开会等；高层建筑或旅馆房号、楼层号等刻意隐去 13；重大的活动也经常避开 13 日这天；宴会桌号避开 13 号等。

（三）话题禁忌

中西方隐私观念有着很大的差异，许多中国人对西方人所理解的隐私概念非常陌生。在中国，按照中国的文化习俗，初次见面时，会通过询问一些基本情况来了解对方，比如："How old are you?""Where are you going?""How much do you make?""What's your income?""How much did that coat cost you?""Are you married?"按照中国人的思维方式，以上问题主要是出于对对方的关切。通过此类"拉家常"的询问，也可以更好地了解对方，便于拉近彼此之间的距离，熟络情感。殊不知，西方国家的人在闲聊时往往避免谈及一些他们认为涉及个人隐私的问题，比如收入、年龄、家庭问题等。

在跨文化交际中，可以称赞对方的服饰或者发型之类的，但是交谈时绝不能谈涉及身体等的问题，"肥胖""秃顶""白头发"等词语更不能出现。西方人对有关身体的词语很敏感，他们认为这些词语在时刻提醒着他们年事渐高，逐渐失去魅力。"A man's home is his castle"，这句英语谚语的字面意思是说一个人的家庭就是他的城堡，言外之意是，一个人的家是神圣不可侵犯的，未经许可，不得入内。同理可知，个人的私事无须让别人知道，也不容许别人介入。由此可以明了西方人在交谈时为何不提及年龄、收入、家庭状况等问题。如果询问有关个人的年龄、财产、工资收入、婚姻、恋爱、宗教信仰等私人问题，就侵犯了他们的隐私。再举一例。在中国，看见别人不舒服，经常会直截了当地用"你生病了吗？""你哪里不舒服了吗？"等简单的问候来表示关切之情。但在跨文化交际中，碰到此种情况，直接问"Are you sick?""What's wrong with you?"是绝对不可以的，这样的语言只有医生在询问病人时或在非常亲密的人之间才能使用，关系一般的人只需通过"take good care of yourself"来表示一下关心问候就可以了。

（四）体态语与社交禁忌

同跨文化语言交际一样，中西方非语言交际也有着不同禁忌。文化背景不同，非语言交际行为和方式也有很大区别。

1. 体态语禁忌

"体态语和有声语言一样,也是文化的载体,在跨文化交际中会因文化差异而引起误解。"[1] 在跨文化交际中,文化误解或不小心触犯体态语交际中的禁忌,都会引起人们不愿看到的后果。"体态语可以细分为面部表情语、眼神语、手势语、身体接触语、气味语、副言语。"[2] 在不同的文化中,体态语的内涵和运用场合也存在差异。以眼神为例,在中国文化中,人们从礼貌原则出发,为了表示礼貌、尊敬或服从,尽量避免一直直视对方。同时为了让对方能舒服地谈话,要认真倾听,眼神不要长时间停留在对方身上。而英语国家的人在交流时往往眼神交流较多。他们认为缺乏目光交流或交流时间太短是缺乏诚意、为人不诚实或者逃避推辞的表现。因被赋予的文化含义不同,同一体态语可能使交际双方在跨文化交际中产生误解。以招呼某人"过来"的体态语为例,中国和西方的体态语选择是不同的。以年龄为区分标准,中国的召唤体态语是:对小孩的召唤手势为手心向上,对成年人则是手心向下;西方人有两种表示方式:手心向上朝某人勾起食指;向内勾起除拇指外的其他手指。差异的产生根源与文化心理差异有很大关系。中国人认为在正式场合手心向下是为了表示一种严肃的态度,手心向上则给人一种轻佻或戏弄的印象。与中国人的文化心理不同,西方人认为手掌张开意味着真实、诚挚,手心向下则暗示压抑。

身体接触语言差异是值得注意的,因为不同文化在身体接触的观念上有很大差别,尤其是异性之间的触碰。中国传统社会认为"男女授受不亲",因此将异性间的触碰视为禁忌。儒家学派把含蓄和节制视为高尚的品格,将公共场合身体接触禁忌规定得更为严格。西方个体意识重,他们认为表达出自己的真实感受非常重要。因此在很多场合并不忌讳身体接触。中国人看到可爱的小孩,会不自觉地摸小孩的头,表示对小孩的喜爱之情。但是在西方国家,随便摸别人的头是一种不礼貌的行为,因此也十分忌讳随便抚摸小孩的头。

2. 社交禁忌

社交禁忌包含的范围较广,拜访预约、寒暄礼节、送礼禁忌等都是社交禁忌应该重视的内容。在英语国家,拜访某人需事先预约,忌突然造访。否则,受访者会感到不快,因为突如其来的拜访会打乱工作安排,给他人造成极大的不便。约好的拜访一般要准时,但习惯上,尤其是宴请或聚会,人们习惯晚3~5分钟到,晚10分钟也是没有问题的,这是为了给主人留出准备的时间。如果去拜访别人,或者去别人家里吃饭,什么时候告辞就比较棘手。因为在英美文化里,在别人家吃饭或者别人谈完事情后马上离开,是很不礼貌的。如果是宴请活动,客人吃完饭后至少需要再待半个小时才能告辞。这种情况下,客人应该注意观察主人的反应并视交谈的情况而定,如果主人的身体语言表现出一些不耐烦,交谈出现中断,或者客人知道主人很忙,需要工作或休息时,应主动提出告辞。中国人送客一般送到大门外,甚至大街上、汽车站,而在英语国家,送客到门口为止,一般不出大

---

[1] 毕继万. 跨文化非语言交际. 北京:外语教学与研究出版社,1998:17.
[2] 王秋艳,李凤云. 跨文化非言语交际与文化语境分析. 辽宁广播电视大学学报,2008(1).

门。在社会聚会中，应该主动与其他人寒暄，表示自己的友好态度和性格，若独自坐在角落，本身就不礼貌。当别人主动来闲谈时，即使自己很害羞或者不认识对方，出于礼貌也应该做出回应。因为在西方，与人交谈是一个能带来乐趣的重要消遣方式。中国是一个很注重"礼尚往来"的国家，在跨文化交际中必然会涉及送礼礼节。各国因文化习俗、民族心理、宗教信仰不同，在送礼礼节方面存在着很多禁忌。比如，对西方人来说，花的数量、种类以及颜色都有明确的象征意义，送花时一定要根据送花对象和场合来选择。比如：赠送阿富汗人礼物的时候，千万不要送酒、雕塑等；日本人忌讳送夕阳风景图、圆珠笔、文化衫等东西；法国人不轻易送男人香水、送女人化妆品；意大利人忌讳送手帕；秘鲁人不喜欢把刀剑作为礼品。

三、中西方婚礼习俗比较

（一）婚礼礼仪

中国的传统婚俗有"三书六礼"的礼节。所谓"三书"，就是指聘书、礼书和迎书；而"六礼"是指纳采、问名、纳吉、纳征、请期、亲迎。按一般的情况，整个婚礼过程包括祭祖、出发、燃炮、等待新郎、讨喜、拜别、出门、礼车、掷扇、燃炮、摸橘子、牵新娘、喜宴、送客、闹洞房、三朝回门。现代的婚礼在保留中式传统婚礼习俗的基础上，受西方文化的影响，表现出中西合璧的特点。一般是男女双方在结婚公证处领取结婚证，在酒店里举行婚礼仪式，新郎新娘身着西装、婚纱，在喜宴上新娘要轮流向客人敬酒，不管男女老少，都要喝一口新娘敬的酒。喜宴结束后，大多数夫妻会去度蜜月。

在西方国家，婚礼有"旧""新""借""蓝"等习俗。"旧"是指母亲传下来的婚纱、头饰或首饰，代表承受美好的一切；"新"是指朋友送的礼物，如裙子、饰物，象征新的生活；"借"是指可向任何人借东西回来，据说从富裕亲友借来金或银放在鞋内，象征带来财运；"蓝"是指新娘的一些小饰物或花束用蓝色，意味着新娘的纯洁。而在进行婚礼时，西方亦有大量的习俗。现代的西方婚礼一般有以下步骤：（1）来宾入席。（2）奏结婚进行曲。亲友点上蜡烛，牧师领唱诗班进场，宣布婚礼开始，伴郎和新郎陆续进场。（3）女方家长入席。新娘挽着父亲的手，步入教堂，伴娘和花童一同进入，全体来宾起立，父亲郑重地把女儿交给新郎，女方家长就座，全体来宾就座。（4）牧师证婚。新人进行结婚宣誓，宣告愿意结为夫妻。（5）新郎新娘互戴婚戒，宣誓。（6）献诗。来宾在唱诗班的带领下，唱祝福歌。（7）礼成。奏乐，新郎站右边，新娘站左边，两人一起走出教堂，伴郎伴娘随后，家属以及来宾随后退场。（8）茶会或晚宴。

（二）婚礼文化内涵

中西方传统的婚姻礼仪存在极大差异的主要原因在于婚俗文化的根源不同。

中国古代传统婚礼价值观念的核心是儒家传统的宗法思想，是一种"夫为妻纲"、传宗接代的庆典，婚礼格外隆重奢华，各种仪式活动也渗透着"多子多孙多福寿"的观念意识。中国传统的宗教仪式主要是对祖先的拜祭。祖先被视为血源之本（"祖宗，人之本也"），祖先崇拜则是为了"报本"，祖宗祭祀是传统中国家庭重要的礼仪活动，在婚礼中也有明显体现。西方人通常认为，婚姻是神圣的，是由上帝赋予的，婚礼一般在教堂举行，并由牧师主持，婚礼是在父母、亲朋的见证下，领受上帝的祝福并许下誓言自愿结为夫妻、共度一生的仪式。

中国传统的婚姻观认为，婚姻是上天注定的，是人力所不能更改的。中国古人最早的婚神是伏羲和女娲，相传伏羲和女娲结为夫妻而繁衍了人类，他们既是人类的始祖，又是"制嫁娶"和"置婚姻"的神仙。中国古人还相信"赤绳系足"的天命观，认为人一生下来，就被月下老人以红绳系足，姻缘早已天定。因而，尽管古代婚姻存在诸多不合理的地方，却很少有人会主动进行反抗。在西方神话传说中，主持人间婚姻的爱神有很多，古希腊神话中的爱神是厄洛斯，古罗马神话中的爱神则是维纳斯之子丘比特，丘比特手中有爱之神箭，当射出的金箭射中青年男女的心时，两人就会产生美妙的爱情，进而缔结婚姻，但当射出的是银箭时，男女青年就不会有美满的结局。

中西方婚礼审美情趣也是不同的。中国传统婚俗崇尚喜庆、热闹，婚礼以红色为主色调。新娘穿红绣鞋，身着红嫁衣，头盖红喜帕，坐着红花轿，来到新郎家。新郎也穿着红色的礼服，并在家中贴上红对联，挂上红喜字，欢迎新娘的到来。在中国传统婚俗中，红色不但令人感到喜气洋洋，吉祥如意，而且也预示着以后的日子会红红火火、幸福美满。西方国家的婚俗崇尚纯洁、浪漫，婚礼以白色为主色调。新娘子身穿白色婚纱，手戴白色手套，头顶白色纱巾，不但美丽端庄，而且也象征着新娘的纯洁高贵。西方人的婚礼喜欢用鲜花来装扮，很多人在婚礼鲜花的使用上也偏爱白色，他们认为白色既纯洁无瑕，又浪漫温馨，与唯美的爱情正吻合。归纳起来，西方的婚礼神圣、庄重、浪漫，而又相对简洁；中国的婚礼隆重、喜庆，然而仪式十分讲究。

第二节　中西方饮食文化对比

饮食与文化密切相关，不同的民族缔造了不同的饮食文化，所以饮食习俗也反映了民族的观念、意识和文化。中国与西方国家在饮食观念、饮食内容以及饮食习俗等方面都存在着显著的差异。

一、中西方不同的饮食观念

西方早期传统的饮食习俗，并没有营养学这个概念。但自从发现生物生长和代谢所必需的微量有机物——维生素后，西方人很快便接受了这一研究的成果，并开始将其用于指导人们日常的膳食，以求营养均衡。在长期的生活实践中，人们认识到，缺乏某种维生素，既影响人身体的正常生长，又可能引发特异性病变，即维生素缺乏症。为了避免这一问题的发生，西方科学家经过反复实验，终于人工提取和合成出了维生素，以供人们在缺乏它时直接服用。而且还可以根据具体情况，做到缺乏哪一种维生素，就补充哪一种维生素，以达到迅速、直接补充的目的。西方自第一次工业革命以后，大机器生产和激烈的竞争，加快了人们生活和工作的节奏，方便、快捷的就餐形式——快餐，使人们无暇顾及均衡摄入维生素的问题。而维生素的人工提取和合成，无疑是一种针对现实需要、具有很强实用性的发明。此后，西方人又将自然科学的研究成果，用于指导人们日常的膳食结构和营养搭配。如根据各种食物的酸碱性等，合理、均衡地搭配和食用蔬菜、水果、谷物、肉类等，以利于人体健康。西方人从"微观"入手，达到迅速、实用的效果，切实解决了人们饮食中面临的实际问题。西方人在膳食营养方面的解决方法十分现实，具有针对性强、见效快的特点。

中国的传统饮食则具有"平衡"的特点，而且多为经验型。在古代，人们根据自己的亲身实践，将各种食物分为温、热、凉、寒四种属性，又称"四气"。还按味道分为辛、酸、甘、苦、咸"五味"。中国传统饮食的"平衡"，就是根据各种食物的属性和"五味"，对不同的食物进行搭配，实现"四气"和"五味"的"平衡"。《黄帝内经》中就提到各种食物相配的功能："五谷为养，五果为助，五畜为益，五菜为充，气味合而服之，以养精益气。"古人不仅将食物作为充饥之物，还根据食物所具有的属性，将其作为一种辅助治疗疾患的手段，也就是"食疗"。中国隋唐之际的医药学家孙思邈在《千金要方》一书中称："夫为医者，当须先洞晓病源，知其所犯，以食治之，食疗不愈，然后命药。"由于食物具有"四气"的属性，为使食用时于身体无害，在烹调时，需要特别注意主料与辅料、调料（佐料）三者之间的搭配，达到中和属性的目的。常用的调料，如葱、姜、蒜等，在一些传统的菜肴中经常被使用，往往就是利用它们的"四气"属性，发挥"调和"的作用。因这些调料大多性"温"，所以北方地区的菜馔中多使用。又如人们在吃螃蟹时常用姜末，也是因为蟹肉性"寒"的缘故。中国的传统饮食还注意季节、气候的变化，通过采用煎、炒、烹、蒸、烤、炸等加工制作方法，保持、改变或调和各种食物的属性，使之与季节、气候的变化相适应，以利于健康。同一种食物，在不同的季节和气候条件下采用不同的烹调方法，就是这个道理，这其中也是遵循了"平衡"的原则。如果外界的气候比较热，人们就多选择性凉或性寒的食物制作菜肴，如绿豆、豌豆、黄瓜、冬瓜、苦瓜、莴苣、番茄、茄子等。如果气候比较冷，则选用性温或性热的食物，如高粱米、南瓜、韭菜等。在传统的菜肴烹制方法中，"脍"与"炙"是两种历史十分悠久的食物加工方法。"牛与羊鱼之腥，聂而切之为脍。"脍，是将肉切成很薄的片，可生吃，但食用时，还需用调料拌肉；"切葱若薤①实之，醯以柔之。"用切得很细的葱与薤浸泡在醋里，用来拌肉，既可去除腥气，又能使肉更加鲜嫩。因此，脍这种烹调方法深受人们的喜爱。孔子就曾说："食不厌精，脍不厌细。"《诗经·小雅·瓠叶》中亦云："有兔斯首，燔之炙之。"炙，即烤鲜肉。脍与炙这两种传统的烹调方法，因其制作出的菜肴美味可口，故有"脍炙人口"之说。生吃与烧烤，因此也成为中国传统的菜肴制作方法，而且又可以根据气候冷暖，选择不同的烹调方法，这也是"平衡"在中国传统饮食中的一种表现形式。

通过冷、热处理过的食物，令人食用后感到舒适、爽口。中国传统的几大菜系，都以色、香、味、形俱全而深受国际友人的喜爱，并享誉全球。色、香、味、形俱全，是中国传统菜肴的一大特色，选择不同颜色的蔬菜、不同味道的调料相搭配，形成一种和谐的美感和美味（见图3-1）。通过人的视觉、嗅觉、味觉，刺激和增强食欲，以达到促进健康的目的。正是因为中国传统烹饪方法能给人以视觉、味觉和嗅觉上美的感受，进而才成为一种艺术。

---

① 薤，一种多年生草本植物，地下有鳞茎，性温，味苦辛。可食用，亦可入药。

图 3-1 中式菜肴

中西方在传统饮食和营养方面的差异，形成了风格和特色完全不同的两种菜肴体系。这其中也可以清楚地看出中西方在观念、意识上的差异。虽然在西方的传统饮食中，极少有精细的烹调方法，但在均衡营养方面却具有科学的意识。而中国的传统饮食虽追求"平衡"，但大多是经验的积累，所以现代的中国饮食已开始借鉴西方的饮食和营养学理论，为人们提供科学、合理的膳食。中小学生的"营养餐"，就是从均衡营养理念出发配备的。在饮食习惯上，建议"早餐吃好，午餐吃饱，晚餐吃少"，这也是从科学的角度，从人一天的工作和体力消耗的实际出发，产生的一种新的膳食观念。美国心理学家马斯洛将人的需求由低级到高级划分为五个层次，饮食则被划分在第一层，作为人类最基本的需求，在此之上还有安全需求、情感需求、尊重需求及自我实现的需求。林语堂先生曾说，西方人的饮食观念不同于中国，英美人仅将"吃"作为对一个生物的机器注入燃料的方式，保证其正常运行，只要他们吃了以后能保持身体健康、结实，足以抵御病菌、疾病的攻击，其他皆不足道[1]。

西方宴请的一般目的有：向提供服务者表示感谢，对刚刚达成的一笔交易表示庆祝，为了赢得客户的信任，请人帮忙，引荐他人，建议或讨论某些想法[2]。从中不难看出，"吃"虽然重要，但很多西方人只是停留在简单的交流、交际层面，所以便有了"工作餐"的概念。可以说，西方饮食的着重点更多的是原始的饮食的实用性；而中国饮食对色、香、味的追求，则是把饮食推向艺术的殿堂。在中国，"吃"远不是单纯为了充饥、为了营养。中餐以色、香、味、形俱全的菜肴，刺激人的感官，增加食欲。其实，中医也反对暴饮暴食，主张饮食有节。中医还主张入冬时节应增补营养，作为储备以保来年的旺盛精力和体力。中医的这些观点比西方一味反对超负荷饮食的主张更为辩证，更接近于科学的真理，而且已受到数千年中医实践的检验。中国人的饮食从古至今表现为感性对理性的超越，致使中国饮食文化充溢着想象力和创造力。中国饮食活动中的感性是升华了的感性，是渗透了理性的感性，是生命本能的实现。

---

[1] 林语堂. 生活的艺术. 北京：外语教学与研究出版社，1998：193.
[2] 胡文仲. 跨文化交际学概论. 北京：外语教学与研究出版社，1999.

二、中西方不同的饮食内容

饮食观念的不同，使西方饮食倾向于科学、理性，中国饮食倾向于艺术、感性。在饮食不发达的时代，这两种倾向都只有一个目的，即充饥。而在饮食文化充分发展之后，这两种不同的倾向就表现在目的的不同上。前者表现为对营养的重视，后者则表现为对味道的讲究。

中餐烹调倾向于艺术性，且因季节和各地气候、民俗的不同而异彩纷呈，由此亦形成鲁、川、粤、闽、苏、浙、湘、徽八大菜系。同样一种原料，不仅各菜系的烹调方式和方法各异，且厨师还会根据季节的变化，变换调料的种类或数量，烹制出口味有别的菜肴。如四川、重庆地区的麻辣菜肴是为了适应当地多湿热的气候，既能刺激胃口，又能发散人体内的湿热，有益于健康。

中餐每一种菜肴的制作，都有主料、辅料、调料和对烹调方法的具体要求，但烹制者也会因食客的需要做一些增补、省减。更重要的是，在烹制中，还有火候、时间等要素的掌握。所以，中餐的菜谱往往是"纸上谈兵"。而西方人认为西餐的菜谱是科学的，总是习惯于拿着菜谱去买菜、制作菜肴，显得很机械。中国烹调讲究艺术性，千变万化却又符合科学的要求。西方食品的营养成分一目了然和绝少艺术氛围的特点，明显地区别于中国饮食的艺术境界。西方不少国家的中小学校都有营养师，以保证青少年的营养充足和平衡，而在中国，营养师并不多见，即使是高级筵席也几乎从不孤立地去考虑营养组合。表面上看中国饮食对营养科学是一种直观的模糊的把握，其实它是建立在对食物营养成分及特性经验性的理解上的，只不过这种理解不是纯粹理性的理解。

中餐菜肴的原料种类繁多，甚至可以说是包罗万象。其中，以素菜的种类居多。据西方植物学家的调查，中餐中可以用到的蔬菜有600多种，比西方多6倍。这种饮食习俗与农耕文明有直接的关系。中华民族固有的主食、副食的观念，使得菜肴不仅要与主食相配，还要弥补主食的单一性，所以，中餐极重视菜肴的烹制。西方民族没有主食、副食的概念，所有食物的功能都相同，或补充营养，或充饥。因此，西餐的烹调方式单一，烤、炸、煎等烹制方法能适用于各种食物的制作。而且在烹制时，常将面食与肉类、蔬菜，甚至水果混在一起。

中华饮食文化内容丰富，迄今为止形成的最具代表性的八大菜系，每一菜系及其菜肴都体现了一个"精"字。这正是中华饮食内在的品质。随着社会的发展，这种精品意识已越来越广泛地渗透到整个餐饮活动中。从选料、烹调、配菜、器皿，乃至就餐环境，都强调和突出"精"。20世纪90年代，香港曾拍摄过一系列反映中华饮食文化博大精深的影片，其中最具代表性的当数《满汉全席》（又名《金玉满堂》）。相信看过此片的观众无不为影片中展示出的中华饮食精品所折服，尽管影片可能有些夸张的成分，但中华饮食的"精""美"无疑是世界公认的。

中西餐的差异还表现在餐具的使用上。中餐使用筷子夹食物，西餐则使用刀叉切割食物。这两种不同的餐具，实际上是与中西方传统的经济生产方式有必然联系的。同时，这两种不同餐具的使用也体现出中西方民族特有的习性和传统文化。

农耕民族通常以谷类为主食，倾向于安居乐业、和平与安定，强调以和为贵，反对侵略和攻击。而从事畜牧业生产的民族，常常是在残酷恶劣的环境下生存，他们善于捕猎，富于进攻性，形成了争强好胜和乐于冒险的性格特征。这两种近乎相反的民族特性反映在饮食中，就很自然地体现在餐具的选择以及食用方式上。中国人在使用筷子时，温文尔雅，很少出现戳、扎等动作。在餐桌上对待食物的态度是亲和的、温柔的。相反，西方人则使用刀叉对食物又切又割。法国著名的文学思想家、批评家罗兰·巴尔特在谈到筷子时，认为筷子不像刀叉那样用于切、扎、戳，因而"食物不再成为人们暴力之下的猎物，而是成为和谐地被传送的物质"[①]。

作为中国传统文化组成部分的中餐，也有许多文化的内涵。许多菜名中就包含了丰富的社会文化信息，有的菜名还与典故、传说有关。比如："东坡肉"，传说是根据宋代著名的大文豪苏东坡创造的食谱做成的；"宫保鸡丁"，相传是根据清朝一官员特制的食谱而做成的，因这位官员的官职就叫"宫保"而得名；"霸王别姬"，典出西楚霸王项羽和他的爱妃虞姬。还有一些菜名，则是以其独特的形、味冠名，颇具情趣，如"松鼠鳜鱼""鱼香肉丝"等。随着饮食业的不断发展，中餐菜肴的内容也在不断推陈出新，菜名也出现一些新的变化。

与中餐相比，西餐中的菜名要简单得多，往往一目了然。以风靡全球的"肯德基"（Kentucky Fried Chicken）餐厅为例，仅看英文店名就知道这是一家炸鸡店。而店中的食品如炸鸡腿、香辣鸡翅、炸薯条、汉堡包以及墨西哥鸡肉卷、海鲜汤等，无一不是以原料加上烹饪方法或地名来命名的。其他一些西餐厅里经常出现的菜点，如意大利面、意大利比萨、烤牛排、蔬菜沙拉等也是如此。这对中国人而言，似乎少了一些文化的"味道"，但却符合西方人的"口味"，适应了西方社会快节奏的工作和生活方式，省去了不必要的思考时间，简化了用餐的过程。

中餐和西餐的差异，还包括宴请的方式。中国传统的宴请，常以丰盛的菜肴表现主人的热情好客；西方的宴请则十分注重实际。中餐和西餐存在的诸多不同之处，正体现了中西方民族的观念意识及文化的差异。

三、中西方不同的饮食习俗

据文献记载，至少在周代，饮食礼仪就已形成一套相当完善的制度。作为汉族传统的古代宴饮礼仪，自有一套程序：主人折柬相邀，届时迎客于门外。宾客到时，互致问候，引入客厅小坐，敬以茶点。客齐后导客入席，以左为上，视为首席，相对首座为二座，首座之下为三座，二座之下为四座。客人依次坐定，由主人敬酒让菜，客人以礼相谢。席间斟酒上菜也有一定的讲究：应先敬长者和主宾，最后才是主人。宴饮结束，引导客人入客厅小坐，上茶，直到辞别。这种传统宴饮礼仪在中国大部分地区保留至今，在许多影视作品中有所体现。

与传统的中国家庭同桌用餐，须尊重他们的文化、礼仪及习俗，用餐时注意不要触犯禁忌，因为中国人认为饮食与个人命运息息相关。用餐时犯了禁忌，便会带来厄运。例如在香港吃鱼，当吃完一面鱼身，不要用筷子把整条鱼翻转至另一面，他们认为若翻鱼时

---

① 巴尔特. 符号帝国. 北京：商务印书馆，1994：25.

弄破鱼身，便意味着"渔船会翻沉"，这是由于香港在开埠初期是一个渔港，渔民很关注船只的安全航行。此外，中国人从不会端上七碟菜肴用饭，因为葬礼后的"解慰酒"须有七碟菜肴；不可用筷子垂直插入碗饭的中央，因为这样有点像在拜祭祖先；用饭后不可说"我吃完饭了"，而应该说"我吃饱了"，因为"完"意味着结束、死去，不吉利；吃饭时避免筷子触碰饭碗而发出声音，这不单是不礼貌，亦意味着无饭吃；要培养吃光碗中饭的习惯，一粒饭也不可剩在碗里，否则将来的太太或丈夫会是痘皮脸，也不尊重辛劳耕种的农夫。这些饮食习俗流传至今，或多或少仍然影响着中国人的饮食观念。

餐桌礼仪在现代中国人的完整生活秩序中占有非常重要的地位。他们认为，用餐不只是满足基本生理的需要，也是重要的社交经验。为此，掌握某些中式餐饮礼仪知识便显得特别重要。无论是主人还是客人，都必须掌握一些礼仪。西方家庭素有"把餐桌当成课堂"的传统。从孩子上餐桌的第一天起，家长就开始对他们进行有形或无形的"进餐教育"，帮助孩子学会良好的进餐礼仪。西方孩子一般两岁时开始系统学习用餐礼仪，四岁时就学到用餐的所有礼仪，五岁左右的孩子都乐于做一些餐前摆好所有餐具、餐后收拾餐具等力所能及的事。在儿童的餐桌礼仪中，美国人还注重进行环保教育。五六岁的孩子应知道哪些是经过再生制造的"环保餐具"，塑料袋可能成为污染环境的"永久垃圾"。外出郊游前，他们会在家长指导下自制饮料。尽量不买易拉罐装的现成食品，并注意节约水电，因为他们懂得"滥用资源，即意味着对环境的侵害"。

中国和西方在餐桌上的要求存在很大差异，并各有特色，体现了不同的餐桌礼仪。

（一）座次安排

在中国的餐桌礼仪中，人们往往先请客人入座上席，再请长者入座。入座时要从椅子左边进入，入座后不要动筷子，更不要弄出响声来，也不要起身走动。如果有什么事要向主人打招呼。客人应该等候主人邀请才可坐下，主人必须注意不可叫客人坐在靠近上菜位置的座位，此为一大忌。主人应以和缓的动作，指向某张椅子并对客人说："请坐这里。"客人则应等主人示意坐下时再坐下。如果主人径自坐下而没有示意你坐在哪里，你就坐在最靠近他的位置。要是坐圆桌子，对着大门的是主座。档次高一点的饭店，会用餐巾予以区分，餐巾造型最醒目的位置不能随便坐，除非你准备请客。现代较为流行的中餐宴饮礼仪是在延续传统与参考国外礼仪的基础上发展而来的。其座次借西方宴会以右为上的法则，第一主宾就座于主人右侧，第二主宾在主人左侧或第一主宾右侧，门边面对主人的位置，自然是跑腿招呼的陪客坐的。斟酒上菜应由宾客右侧进行，先主宾，后主人，先女宾，后男宾。

在美国的餐桌礼仪中，女主人宣布晚宴准备就绪后，男主人便会引领客人依次入座，而女主人则走在最后面。有些细心的主人也会在餐桌上放置姓名卡，以示座次，如果没有这项安排，那么座位安排原则一般为：以男女分隔而坐为原则，男主客优先入座，其位置在女主人右边，而女主客在男主客右边，其他夫妇则以对角方式就座。男女夫妇分坐显示出了美式宴会的开放及活泼，希望能借由宴席上座次的安排来增进彼此间的熟稔，同时也可使用餐话题多样化，气氛和乐。入座原则是客人先入座，长者先于年轻人入座，已婚者先于未婚者入座，陌生人先于熟识客人或家人入座。

（二）上菜顺序

中餐上菜顺序是：先上冷菜、饮料及酒，后上热菜，然后上主食，最后上甜食和水果。宴会上桌数很多时，各桌的每一道菜应同时上。上菜顺序依然保持传统，先冷后热。热菜应从主宾对面席位的左侧上；上单份菜或配菜和小吃时要先宾后主，上全鸡、全鸭、全鱼等整形菜，不能头尾朝向正主位。上菜的方式大体上有以下几种：一是把大盘菜端上，由各人自取；二是由侍者托着菜盘逐一给每位分让；三是用小碟盛放，每人一份。在正式宴席上，菜式的吃法很像放映的幻灯片，每一次一道菜。先叫一个冷盘以刺激食欲；接着叫一锅热汤，热汤有助于暖胃；喝过热汤后便开始品尝主菜，通常按照自己的口味叫主菜，但有必要叫一碟辣味十足的菜肴，才算得上一顿合宜的中式饭，以辣味菜肴配清淡的白饭，使菜肴辣而温和，白饭淡而香浓；一顿饭的压轴食品是甜点，通常是甜汤，如红豆沙、芝麻糊等，亦有其他种类，如布丁、班戟、雪糕等，同样香甜可口。这些程序不仅可以使整个宴饮过程和谐有序，更使主客身份和情感得以体现和交流。因此，餐桌之上的礼仪可使宴饮活动圆满周全，使主客双方的修养得到全面展示。

美国上菜程序通常是：面包黄油→冷菜→汤斗海鲜→主菜→甜点心→咖啡和水果。冷菜、汤，同时就着面包吃。冷菜也叫开胃小菜，作为第一道菜，一般与开胃酒并用。汤分渍汤和奶油浓汤。主菜有鱼肉、牛肉、鸡肉等。甜食常有冰激凌、布丁等。然后是咖啡或红茶。至于水果，可上可不上。

（三）餐具

中餐的餐具主要包括筷子、勺子、碗和盘子、水杯等。在正式的宴会上，水杯放在菜盘左上方，酒杯放在右上方。筷子与勺子可放在专用座子上或放在纸套内。公用的筷子和勺子最好放在专用的座子上。要备好牙签和烟灰缸。

（1）筷子。筷子是中餐最主要的餐具。使用筷子，通常必须成双使用。用筷子取菜、用餐时，要注意下面几个小问题：一是不论筷子上是否残留食物，都不要去舔。用舔过的筷子去夹菜，是不礼貌的。二是和人交谈时，要暂时放下筷子，不能一边说话，一边舞着筷子。三是不要把筷子竖插在食物上面。因为这种插法，只在祭奠死者时才用。四是严格定义筷子的功能，筷子只是用来夹取食物的，用来做夹取食物之外的事情都是失礼的。

（2）勺子。它的主要作用是舀取菜肴、食物。有时，用筷子取食时，也可以用勺子来辅助。尽量不要单用勺子去取菜。用勺子取食物时，不要过满，免得溢出来弄脏餐桌或自己的衣服。在舀取食物后，可以在原处"暂停"片刻，汤汁不再往下流时，再移回来享用。暂时不用勺子时，应放在自己的碟子上，不要把它直接放在餐桌上，或是让它在食物中"立正"。用勺子取食物后，要立即食用或放在自己碟子里，不要再把它倒回原处。而如果取用的食物太烫，不可用勺子舀来舀去，也不要用嘴吹，可以先放到自己的碗里等凉了再吃。不要把勺子塞到嘴里，或者反复吮吸、舔食。

（3）碗和盘子。稍小点的盘子就是碟子，主要用来盛放食物，在使用方面和碗略同。盘子在餐桌上一般要保持原位，而且不要堆放在一起。碟子的主要作用，是用来暂放从公用的菜盘里取来享用的菜肴的。用碟子时，一次不要取放过多的菜肴，看起来既杂乱不堪，又不礼貌。不要把多种菜肴堆放在一起，因为它们会相互串味，不好看，也不好吃。不吃的残渣、骨、刺不要吐在地上、桌上，而应轻轻取放在餐碟前端，放的时候不能直接从嘴里吐在碟子上，而是要用筷子夹放到碟子旁边。如果碟子放满了，可以让服务员更换。

（4）水杯。水杯主要用来盛放清水、汽水、果汁、可乐等软饮料。不要用它来盛酒，也不要倒扣水杯。另外，喝进嘴里的东西不能再吐回水杯。

（5）餐巾。中餐用餐前，比较讲究的话，会为每位用餐者上一块湿毛巾。它只能用来擦手。擦手后，应该放回盘子里，由服务员取走。有时候，在正式宴会结束前，会再上一块湿毛巾。和前者不同的是，它只能用来擦嘴，却不能擦脸、抹汗。

（6）牙签。尽量不要当众剔牙。非剔不可时，用另一只手掩住口部，剔出来的东西，不要当众观赏或再次入口，也不要随手乱弹、随口乱吐。剔牙后，不要长时间叼着牙签，更不要用牙签扎取食物。

西餐餐具主要有刀、叉、匙、盘子、玻璃杯等。摆放方法比较复杂，高级的西式宴会摆台是基本统一的。共同原则是：垫盘居中，叉左刀右，刀尖向上，刀口向内，盘前横匙，主食靠左，餐具靠右，其余用具酌情摆放。酒杯的数量与酒的种类相等，摆法是从左到右，依次摆烈性酒杯、葡萄酒杯、香槟酒杯、啤酒杯。

西餐中餐巾放在盘子里，如果在宾客尚未落座需要往盘子里放某种食物时，餐巾就放在盘子旁边。餐具的取用应由外而内，切用时可以使用法式方式，即左手拿叉右手拿刀，边切边用；也可用英美式，即右手拿刀，左手拿叉，切好后再改用右手拿叉取用。美国较偏好后者，但也接受法式方式。谈话时有肢体语言或传菜时，应将刀叉放下，不要手拿刀叉在空中挥动。用完刀叉后，应将其横放于餐盘中央，而不是放在盘边或餐桌上；放置方式为刀口朝着自己，叉齿朝左，以便于取走时的安全性。用完餐盘后，不应往外推，将其留在原处便可。

有一个例外是当沙拉和主菜同时上桌时，吃沙拉所使用的刀叉应放在最靠近餐盘的位置，也就是主菜刀的内侧，沙拉盘则在主菜所用的刀叉的左方。主菜叉子的位置在餐盘的左方，而餐盘右方为主菜刀子。如果没有沙拉盘上桌，那么沙拉用的刀叉会和沙拉一起上桌。还有一个例外是，吃蚝所用的叉子放在餐盘右方，也就是餐具的最外侧，汤匙的位置在所有刀子的右方，最外面的用于喝汤，介于刀和汤匙之间的小匙，则是用于吃甜点的，而甜点叉放在餐盘的最左方。但平常为避免混淆，一般会把吃甜点所需的餐具置于餐盘的上方，以示区别。

喝汤时应该是由碗盘外缘舀至内侧，喝完后汤匙不可留在碗中，应放在碟子上。如果喝汤所用是深盘，就应将汤匙放在深盘中，汤匙柄朝右。在喝茶或喝咖啡时，用完调匙后应放在碟子上，直接拿起咖啡杯就口，而不是以调匙舀用。喝酒时则应拿高脚杯的杯脚，而不是杯身，如果喝的是白酒或香槟，这样做可长保其冷却，如果喝的是红酒或其他酒，则可欣赏酒色。

（四）停餐方式

在中国餐桌上，用餐完毕，筷子应整齐地搁在靠碗右边的桌上，并应等众人都放下筷子后，在主人示意散席时方可离座，不可自己用餐完毕，便扔下筷子离席。

在西方餐桌上，用餐结束后餐具的摆置方式有两种：用餐结束后中，可将叉齿朝下，刀子的刀刃侧向内与叉子并拢，平行放置于餐盘上，尽量将柄放入餐盘内，这样可以避免因碰触而掉落，服务生也较容易收拾。出席结婚餐宴时，不论是否将餐具摆成"用餐中"

的位置，只要主要宾客用餐结束，就应立即把所有的料理收起。所以宴会时，切记皆以主要宾客为中心进行。在宴会中，每吃一道菜用一副刀叉，对摆在面前的刀叉，是从外侧依次向内取用，因为刀叉摆放的顺序正是每道菜上桌的顺序。刀叉用完了，上菜也结束了。中途需要谈话或休息时，应该将刀叉呈八字形平架在盘子两边。刀叉柄朝向自己并列放在盘子里，则表示这一道菜已经用好了，服务员就会把盘子撤去。对于前菜或是甜点等可以直接用叉子叉起食用的料理，没有必要刻意地一定使用刀子。没用过的刀子，原样放在桌上即可，服务生会自动收走。虽说将刀与叉放在餐盘上并拢代表用餐结束，但是没有必要把干净刀子特地放入弄脏的餐盘内。没有用过的餐具保持原状放在原处即可，硬要追求形式上的规则反而显得奇怪。

（五）肢体动作

在中国，平时吃饭时，家长会告诫小孩不要用筷子敲打碗盆。在家里请客吃饭时，尤其不可用筷子胡乱地敲打碗盆。这究竟是为什么呢？有人认为这种礼仪规范与乞讨的忌讳有关。就是说，只有乞丐讨食时才会用筷子敲打碗盆。这种解释被广泛接受。

暂停用餐时，双手如何摆放可以有多种选择。你可能喜欢把双手放在桌面上，以手腕底部抵住桌子边缘，或者喜欢把手放在桌面下的膝盖上。双手保持静止不动，在同桌的人看来，可能比用手去拨弄盘中的食物，或玩弄头发要好得多。吃东西时手肘不要压在桌面上。在上菜空当，把一只手或两只手的手肘撑在桌面上，并无伤大雅，因为这是与人热烈交谈时自然而然会摆出来的姿势。不过，在吃东西时，手肘最好还是要离开桌面。

西方就餐礼仪不允许进餐时发出声响，不允许替他人取菜，不允许吸烟，不允许向别人劝酒，不允许当众脱衣解带，不允许议论令人作呕之事。用餐时不应将手肘镇在桌子上妨碍他人进餐，而且也不美观，更不可晃动椅子发出怪声。当口中有食物时，不可喝水、喝汤或讲话，如果不小心犯了此错，应说"Excuse me"，待食物吞下后，再继续话题。进餐时应尽量参与话题，不要保持沉默或只与邻座讲话，而忽略其他宾客。如果对某些食物过敏或不喜欢，可以只取一些或根本不拿，并婉转地向女主人解释。进餐期间如果咳嗽，应以餐巾掩口，并致歉。但如果太严重，则不妨先离座，等缓和后再返回座位。在餐桌上不可用牙签剔牙，女士不可在餐桌上补妆。有事须先行离席，应向在场的人致意。

（六）就餐氛围

中国人请客吃饭时，摆在餐桌上的菜品花样繁多。如果是盛宴，主菜则会更多，越丰盛、越昂贵，越能显示主人的殷勤和客人的身份。而在宴请结束时，主人往往会说"今天没什么好菜招待大家""菜做得不好，请多包涵""怠慢了您"等。中国人就餐，图的是一个热闹。中国有句古话"民以食为天"，中国人以食为人生之至乐，其场面之宏大热闹，常常令人叹为观止。中国人在一起就餐，常常相互劝酒、划拳，在古代还行酒令，这样方能显示主人的热情与真诚。这也正显示了中国人家庭和睦、邻里团结的文化氛围。

西方盛宴一般只有4~5个菜，以恰好吃完或者稍有剩余为最佳。如果在家里，最好吃完所有的菜，这样女主人会很高兴，认为这是因为大家喜欢她做的菜，是对她烹饪手艺的一种认可。面对丰盛的宴席，主人会说已经倾其所有来招待大家。西方人坐在餐桌上一般会静静地享用自己面前的盘中餐，喝汤时不发出声响。如果汤太烫，也不能用嘴吹，只能待汤稍凉再喝。这也显示了西方人好静的特点。从餐桌话语上，不难看出中西方文化差异，中国人遵循"贬己尊人"的原则，而西方人强调效率和实用主义价值观。例如，西方人在宴会上常用文雅的词来代替令人作呕之事。问厕所在哪会说："Where can I wash my hand?""I wonder if I can go somewhere?"

中西餐桌礼仪有不少相似和不同之处，了解西方餐桌礼仪不仅有助于理解西方文化，而且对于我们提高自身的素质有很大的帮助，在全球化潮流下，对中国文明的发展和跨文化的交流互鉴也能起到积极的导向作用。

第三节　中西方节日文化对比

不同地区和民族在自身特有的文化传统、信仰和观念的基础上，逐渐产生了许多传统的节日。这些节日的产生，有的源于古老的传说，有的与一些重大事件相关联，有的与曾遭受的严重灾难有联系，还有的出自宗教庆典或活动。人们通过在这些节日里举行的活动，或作为纪念，或作为警示，或寄托情感，或表达意愿。经过年复一年的发展和演进，因袭成规，最终成为具有不同民族特色的传统节日。

一、中国的传统节日

中国的传统节日形式多样、内容丰富，是中华民族悠久历史文化的一个重要组成部分。

春节，在农历正月初一，俗称"过年"。这是我国民间最隆重、最热闹的传统节日。春节的历史很悠久，由上古时代祭祀百神的"腊祭"发展而来。在过去的传说中，"年"是一种能给人们带来坏运气的神兽。"年"一来，树木凋敝，百草不生；"年"一过，万物生长，鲜花遍地。"年"如何才能过去呢？须用鞭炮轰，于是有了过年燃放鞭炮的习俗，这其实也是烘托热闹场面的又一种方式。千百年来，人们使年俗庆祝活动变得异常丰富多彩，从农历腊月二十三到年三十，民间把这段时间叫作"迎春日"，在春节前扫尘搞卫生，是我国人民素有的传统习惯。然后

图 3-2　春节剪纸

就是家家户户准备年货。节前要在住宅的大门上贴对联，屋里张贴色彩鲜艳、寓意吉祥的年画、剪纸（见图 3-2），门前挂大红灯笼或贴福字及财神、门神像等，福字还可以倒贴，寓意"福到"。春节是个欢乐祥和的节日，也是亲人团聚的日子，离家在外的人们在过春节时都要回家欢聚。过年的前一夜，也就是除夕夜，又叫团圆夜，全家老小一起熬夜守岁，欢聚酣饮，共享合家欢乐。北方地区在除夕有吃饺子的习俗，南方有吃年糕的习俗。各民族过节的形式各有其民族特色。

正月是农历的元月，古人称夜为"宵"，所以称正月十五为元宵节。正月十五是一年中第一个月圆之夜，也是一元复始、大地回春的夜晚，人们对此加以庆祝，也是庆贺新春

的延续。元宵节又称为"上元节"。按中国民间的传统,这天夜晚要合家团聚,人们出门赏月、燃灯放焰、喜猜灯谜、共吃元宵。元宵节也称灯节,除燃灯之外,还放烟花助兴。"猜灯谜"是元宵节的一项特色民俗文娱活动,自宋代延续至今。民间有过元宵节吃元宵的习俗。元宵,亦称"汤团"或"汤圆",取团圆之意,象征全家人团团圆圆、和睦幸福,人们也以此怀念离别的亲人,寄托对未来生活的美好愿望。随着时间的推移,元宵节的活动越来越多,不少地方节庆时有耍龙灯、舞狮子、踩高跷、划旱船、扭秧歌、打太平鼓等传统民俗表演。这个传承已有2 000余年的传统节日,不仅盛行于海峡两岸,在海外华人的聚居区也年年欢庆常兴。

清明节,又叫踏青节,时间在每年的4月5日前后,正是春光明媚、草木吐绿的时节,也正是人们春游的好时节,所以古人有清明踏青以及开展一系列体育活动的习俗。清明是我国的二十四节气之一。由于二十四节气比较客观地反映了一年四季气温、降雨、物候等方面的变化,所以古代劳动人民根据它来安排农事活动。《淮南子·天文训》云:"故曰春分,则雷行,音比蕤宾。加十五日指乙,则清明风至,音比仲吕。"按《岁时百问》的说法:"万物生长此时,皆清净明洁。故谓之清明。"清明一到,气温升高,雨量增多,正是春耕春种的大好时节,故有"清明前后,种瓜点豆""植树造林,莫过清明"的农谚。可见这个节气与农业生产有着密切的关系。但是,清明作为节日,与纯粹的节气又有所不同。节气是我国物候变化、时令顺序的标志,而节日则包含着一定的风俗和纪念意义。清明节是我国传统节日,也是最重要的祭祀节日,直到今天,清明节祭拜祖先、悼念已逝亲人的习俗仍很盛行,人们大多在清明节扫墓。唐代诗人杜牧有诗《清明》:"清明时节雨纷纷,路上行人欲断魂。借问酒家何处有,牧童遥指杏花村。"写出了清明节的特殊气氛。而关于清明节的绘画作品更是不胜枚举(见图3-3)。

图3-3 《唐人诗意图》之《清明》(华三川)

农历五月初五，是中国民间的传统节日——端午节，它是中华民族古老的传统节日之一。端午也称端五、端阳。此外，端午节还有许多别称，如午日节、重午节、五月节、浴兰节、女儿节、天中节、地腊、诗人节、龙舟节等。虽然名称不同，但总体上说，各地人民过节的习俗还是同多于异的。关于端午节的由来，说法甚多，诸如纪念屈原说、纪念伍子胥说、纪念孝女曹娥说、三代夏至节说、恶月恶日驱避说、吴越民族图腾祭说等。以上各说各本其源。据闻一多先生的《端午考》和《端午的历史教育》列举的百余条古籍记载及考古考证，端午的起源是中国古代南方吴越民族举行图腾祭的节日。但千百年来，屈原的爱国精神和感人诗词已广泛深入人心，人们"惜而哀之，世论其词，以相传焉"，因此，纪念屈原之说影响最广最深，占据主流地位。在民俗文化领域，中国民众把端午节的龙舟竞渡和吃粽子等风俗，都与纪念屈原联系在一起。

农历八月十五是传统的中秋佳节。这时是一年秋季的中期，所以被称为中秋。在中国的农历里，一年分为四季，每季又分为孟、仲、季三个部分，因而中秋也称仲秋。八月十五的满月比其他几个月的满月更圆、更明亮，所以中秋节又叫作月夕、八月节。中国在古代就有"秋暮夕月"的习俗，夕月，即祭拜月神。明清以来，中秋节的风俗更加盛行，许多地方形成了烧斗香、树中秋、点塔灯、放天灯、走月亮、舞火龙等风俗。中秋节的习俗很多，形式也各不相同，但都寄托着人们对生活无限的热爱和对美好生活的向往。中秋节有悠久的历史，和其他传统节日一样，也是慢慢发展形成的。

古代帝王有春天祭日、秋天祭月的礼制，早在《周礼》一书中，已有"中秋夜近寒"的记载。后来贵族和文人学士也仿效起来，在中秋时节，对着天上又亮又圆的一轮皓月，观赏祭拜，寄托情怀，这种习俗就这样传到民间，形成一个传统。到了唐代，这种祭月的风俗更为人们所重视，中秋节于是成为固定的节日，《新唐书·太宗本纪》中有关于"八月十五中秋节"的记载。中秋节于宋朝盛行，至明清时，已成为非常重要的节日。

农历九月九日为传统的重阳节。因为古老的《易经》中把"六"定为阴数，把"九"定为阳数，九月九日，日月并阳，两九相重，故而叫重阳，也叫重九。古人认为这是个值得庆贺的吉利日子，并且从很早就开始过此节日。庆祝重阳节的活动多彩浪漫，一般包括出游赏景、登高远眺、观赏菊花、遍插茱萸、吃重阳糕、饮菊花酒等活动。九九重阳，与"久久"同音，九在数字中又是最大数，有长久长寿的含义，秋季又是一年中收获的黄金季节，重阳佳节，寓意深远，人们对此节日历来有着特殊的感情，唐诗宋词中有不少贺重阳、咏菊花的诗词佳作。今天的重阳节，被赋予了新的含义。1989年，我国把每年的农历九月九日定为老人节，传统与现代巧妙结合，使重阳节成为尊老、敬老、爱老、助老的节日。

冬至是我国农历中一个非常重要的节气，也是一个传统节日，至今仍有不少地方有过冬至节的习俗。冬至俗称冬节、长至节、亚岁等。冬至是二十四节气中最早被观测出的一个节气，古人曰："阴极之至，阳气始生；日南至，日短之至，日影长之至，故曰冬至。"现代天文科学测定，冬至日太阳直射南回归线，阳光对北半球最倾斜，北半球白天最短，黑夜最长，这天之后，太阳直射位置又逐渐北移。我国古代对冬至很重视，冬至被当作一个较大的节日，曾有"冬至大如年"的说法。现在，一些地方还把冬至作为一个节日来过。北方地区有冬至宰羊，吃饺子、馄饨的习俗；南方地区在这一天则有吃冬至米团、冬至长线面的习俗。有的地区在冬至这一天还有祭天祭祖的习俗。

二、西方的传统节日

情人节是西方的传统节日之一，起源于古代罗马，在每年的 2 月 14 日，现在已成为欧美各国青年人喜爱的节日。有关情人节的起源有众多说法，但一般以瓦伦丁殉难、后被视为"情人节"较为普遍，又称"圣瓦伦丁节"。在西方，情人节不但是表达情意的最佳时机，也是向自己心爱的人求婚的最佳时机。值得注意的是，情人节不仅仅是年轻人的节日，也是一个大众化的节日。情人节之夜的化装舞会也别具特色。

复活节是西方的重要节日之一。公元 325 年，将每年的春分月圆后的第一个星期日定为复活节，所以，复活节每年的具体日期不确定。但因为复活节总是在星期日，所以它的英文说法可以是 Easter、Easter Day，也可以是 Easter Sunday。复活节这一天要举行宗教仪式和活动，人们互赠彩蛋，小孩吃兔子糖，讲兔子的故事。按西方国家的习俗，彩蛋和兔子是复活节的典型象征和吉祥物。

每年 4 月 1 日是西方的民间传统节日——愚人节。愚人节起源于法国。1564 年，法国首先采用新改革的纪年法——格里历（目前通用的阳历），以 1 月 1 日为一年之始。但一些因循守旧的人反对这种改革，依然按照旧历固执地在 4 月 1 日这一天送礼品，庆祝新年。主张改革的人对这些守旧者的做法大加嘲弄。聪明滑稽的人在 4 月 1 日就给他们送假礼品，邀请他们参加假招待会，并把上当受骗的保守分子称为"4 月傻瓜"或"上钩的鱼"。逐渐地，人们在 4 月 1 日互相愚弄便成为法国流行的风俗。18 世纪初，愚人节的习俗传到英国，接着又被英国的早期移民带到了美国。愚人节最典型的活动是大家互相开玩笑，用假话捉弄对方。按照西方国家的习俗，在愚人节这一天，人们可以任意说谎骗人，愚弄他人。骗人的本事越高，越受到推崇。愚人节的活动可以活跃气氛，为人们的生活增添一些乐趣，本不是件坏事。但是开玩笑或愚弄人应该有分寸，适可而止。

母亲节起源于古希腊，古希腊人在这一天向希腊神话中的众神之母赫拉致敬。在 17 世纪中叶，母亲节流传到英国，英国人把封斋期的第四个星期天作为母亲节。现代意义上的母亲节起源于美国。1906 年，美国人安娜·贾维斯的母亲去世，她遂提出设立"母亲节"的提议，并在费城组织了庆祝母亲节的活动。后在她的积极倡导和社会各界的支持下，1913 年 5 月 10 日，美国国会通过了一份议案，将每年 5 月的第二个星期天作为法定的母亲节。母亲节创立后，也得到了全世界各国人民的支持。安娜·贾维斯在世时，设立母亲节的国家已达 43 个。时至今日，庆祝这个节日的国家就更多了。

父亲节是每年 6 月的第三个星期日，主要在美国和加拿大流行。美国人布鲁斯·多德夫人首倡设立该节。她幼年丧母，兄弟姐妹六人全靠父亲抚养成人。父亲的这种既为人父又为人母的自我牺牲精神极大地感动着她。长大后，她积极倡导父亲节。1910 年，她在她的家乡华盛顿州斯波坎市举行了一次特殊的礼拜仪式，向父亲们表达敬意。1966 年，约翰逊总统签署总统公告，宣布当年 6 月的第三个星期日为美国的父亲节。1972 年，美国国会正式将每年 6 月的第三个星期日定为父亲节，从此父亲节便成为美国的一个传统节日。按照习惯，父亲节这一天，孩子们通常一大早就起床给父亲做一顿丰盛的早餐，端到父亲的床头，感谢父亲的养育之恩。另外，父亲节这一天，孩子们还向父亲赠送礼物，一般是父亲喜欢的衣服或爱喝的酒。

每年的11月1日是西方的传统节日——万圣节，庆祝活动一般从万圣节前夕即10月31日的夜晚开始。在美国，人们制作"杰克灯"或叫"南瓜灯"。小孩们身穿古怪的服装，头戴面具，装扮成鬼怪的形象，手里提着一盏南瓜灯，从一家走到另一家，在大门口大声叫着"不给糖就捣乱"。这时若主人不请客，这些顽皮的孩子就会动真格地捣乱，有的在主人的门把上涂上肥皂或往玻璃上洒肥皂水，有的干脆把主人的门给卸下来，有的还顺手拿走主人放在门口的日常小用品等。但人们对这些天真可爱的小客人通常还是欢迎的，并且事先都准备好糖果或零钱。听到这些小孩来到时，他们马上迎出来，给孩子们分发糖果或零钱。

11月的最后一个星期四是感恩节。感恩节是美国人民独创的节日，也是美国人合家欢聚的节日。感恩节的由来要追溯到美国历史的发端。开始时感恩节没有固定日期，由各州临时决定，直到美国独立，感恩节才有了固定日期并成为全国性的节日。每逢感恩节这一天，美国举国上下热闹非凡，城乡市镇到处都有化装游行、戏剧表演或体育比赛等。分别了一年的亲人们也会从天南海北回家与家人团圆。感恩节的食品富有传统特色。火鸡是感恩节的传统主菜，通常是在火鸡肚子里塞满各种调料和拌好的食品，然后整只烤出，由男主人用刀切成薄片分给大家。此外，感恩节的传统食品还有甜山芋、南瓜饼、红莓苔子果酱等。多少年来，庆祝感恩节的习俗代代相传，无论在岩石嶙峋的西海岸还是在风光旖旎的夏威夷，人们几乎都以同样的方式欢度感恩节，感恩节是不论何种信仰、何种民族的美国人都庆祝的传统节日。

圣诞节是西方国家的重要节日，公认的日期是12月25日。圣诞节本是一个宗教节日，后来逐渐演变成一个具有民族特色的全民性节日。在美国、英国、加拿大、德国、意大利、澳大利亚等西方国家，甚至非洲、东南亚一些国家都很盛行。圣诞节可以指圣诞日或圣诞节节期，即12月25日至第二年1月6日这段时间。另外人们把12月24日的夜晚称为平安夜。圣诞树可以说是圣诞节最重要的装饰点缀物。圣诞树上挂满了闪闪发光的金银纸片、用棉花制成的雪花和五颜六色的彩灯、蜡烛、玩具、礼物等装饰品。按照习俗，过圣诞节时人们都互赠圣诞贺卡和圣诞礼品。圣诞餐是圣诞节当天的主餐，这餐饭主要是家人聚餐，一般不邀请客人。

三、中西方节日习俗对比分析

节日是指一年中被赋予特殊社会文化意义并穿插于日常生活中的日子，是人们丰富多彩生活的集中展现，是各地区、各民族、各国家的政治、经济、文化等现象的总结和延伸。

中国传统节日的时序构成规律，体现了中国历史发展中农耕文明的主导地位；西方节日的时序反映了西方人的宗教信仰在生活中的地位以及文艺复兴之后对人性回归的呼唤。长期以来，中国以农为本，农作物的耕种与收获有着强烈的季节性特征，于是中国人十分重视季节气候对农作物的影响，在生产力和科学技术不发达的情况下，人们在春种、夏长、秋收、冬藏的过程中认识到了自然时序变化的规律，总结出四时、二十四节气，形成

第三章 中西方文化风俗的差异

了以岁时节日为主的传统节日体系。这一节日体系萌芽于先秦时期，成长于魏晋南北朝时期，定型于唐宋时期。到宋代，陈元靓的《岁时广记》所载一年中的节日有春节、立春、人日、上元、正月晦、中和节、二社日、寒食、清明、上巳、佛日、端午、朝节、三伏、立秋、七夕、中元、中秋、重九、小春、下元、冬至、腊日、交年节、岁除等。明清时期基本沿用这个节日序列，并向礼仪性、娱乐性、养生性发展，逐渐演变为民间真正意义上的佳节。

中国早期的社会结构建立在以自然崇拜与人文精神相结合的基础之上，其基本的哲学理念和理想的希望是主张自然与人之间相互的协调、平衡，如：七夕节观星，人在宇宙中，企盼天上人间共美好；中秋节观天赏月，天上人间共享团圆；重阳登高望远，天高地厚，秋高气爽，天人和谐。

中国的传统节日常以饮食为主题，许多节日有相应的节日食品，如端午节的粽子（见图3-4）。中国人对生命的追求以健康长寿为目的，主要通过饮食来实现，即"民以食为天"。中国人的饮食观特别重视饮食与自然时序相对应，认为只有如此，作为自然一部分的人才会健康长寿，所以节日习俗不仅以饮食为主，而且以特定的节日食品为这些观念注解。西方人对生命的追求是以健康快乐为目的，除必需的饮食营养外，更主要的是通过宗教和娱乐活动来实现。

图3-4 粽子

中国传统节日传承了厚重的伦理道德价值，而西方节日则凸显感恩情结，追求精神愉悦。以父系家长为中心的家族制度，正是中国传统文化依托的社会结构，它包含敬祖、祭祖、寻根、报本、孝道、团圆、奉献、责任和继往开来等孝亲元素。重阳敬老，端午敬贤无不显示着中华民族所崇尚的美德。西方主流文化根植于基督教，普遍接受传统的原罪说。刻骨铭心的罪孽深重感与对上帝之子的博爱的感恩，使基督教徒对博爱有独特的理解，对上帝及耶稣心存无限感激。

中西方不同的观念意识和传统文化，也在各自的节日中得到较多的体现。中国的传统节日突出共性的特点，强调人与人、人与社会、人与自然之间的和谐。活动多以家庭或家族为单位，而且在情感的表达方面多具含蓄、委婉的特点。而西方的节日，多具有人文内涵，主题鲜明，适于表达个人的特定情感，有较强的娱乐性。

近年来，西方的一些节日逐渐在中国流行，而中国的传统节日在西方一些国家也被定为法定节日。这一现象表明，随着中西方社会经济和文化的交流、交往日益频繁和密切，各自的节日文化正逐渐为对方所学习和吸收。西方的一些节日，诸如母亲节、父亲节等，因人文色彩浓厚、主题鲜明、适于表达情感的特点，比较适宜现代社会强调"以人为本"的理念和生活节奏快的现实，所以在中国日渐流行。同样，中国的一些传统节日因其具有欢乐、祥和的气氛和强调和谐、和睦的内涵，也受到西方社会的欢迎。

审视中西方的传统节日，不仅需要了解节日的由来和活动的形式、内容，更要发掘节日的文化内涵和寓意。只有这样才能正确理解中西传统节日的积极意义，使节日更好地发挥其社会作用。

小结论

　　随着社会经济的日益发展，全球化发展的趋势也越来越明朗，各个国家的文化习俗作为自己国家的标志走上了世界舞台，走进了其他国家的视野，渗透到其他国家的文化中。渗透的过程总会伴随冲突与不协调，因此我们必须处理好这些习俗文化差异，认真区分它们与中国文化的差别，感受它们的特点，做到知己知彼。

课后思考

1. 中西方传统的称谓习俗有什么不同？
2. 中西方饮食文化的差异有哪些具体表现？
3. 请简要分析中西方节日文化在哪些方面存在不同。

第四章 中西方文化特征对比

内容提要

1. 中西方的文化特征各异，平衡是中国传统文化的重要特征。平衡作为一种观念，既反映在治国安邦、社会人际交往中，也体现在中国的传统建筑、书法、绘画和音乐等艺术中。

2. 现实主义是西方文化的重要特征。现实主义的观念，既反映在西方民族审视社会、处理人际关系以及日常生活等方面，也表现在西方传统的绘画、音乐、戏剧和文学艺术作品中。

学习提示

本章分为两节，分别围绕中国传统文化中的平衡观念、西方传统文化中的现实主义阐述中西方文化的不同特征，揭示中西方文化特征在社会生活和文化艺术中的具体表现。

其中，需要理解和把握的关键点如下：

一、平衡特征在中国传统文化中的体现：强调中庸、平和、稳重、和谐、协调。

二、现实主义在西方传统文化中的体现：强调时代特征，真实感强，注重和表现现实，感情色彩浓厚。

中西方民族不同的素质和观念、意识以及性格特征，在社会生活的各个方面都有鲜明的表现，在文化艺术方面表现出的差异尤为明显，因此也极大地丰富了世界文化宝库，使之更加丰富多彩、绚丽多姿。

第一节　平衡——中华传统文化的精华

平衡是近代物理学中的力学原理。中华民族很早就认识了这一原理，并将它运用于生活中。中国人用平衡的原理，来指导日常生活中的为人处世，并把它作为审视自然与社会的一种特定的标准。这也成为中国传统文化中最具特色的一种现象，而且是一种共性的文化特征。

一、"平衡"在中国古代社会生活中的应用

考古资料证明，我国最早使用的称重量的计量器具，是一根木制或金属制成的横竿，中间有一根作为中心支点的提绳，横竿的两端各悬挂着一个作为容器的盘。称重时，一端的盘中放入须称重的物件，另一端的盘中则放入砝码。最早的砝码是石制的，后亦用金属制作。待横竿呈水平状态时，计算砝码的累计重量，就可以知道物件的重量了（见图4-1）。因为这种计量器具是根据平衡的原理制成的，所以在中国历史上一直被称为"衡器"。公元前221年秦始皇统一中国后采取的具体的统一措施中，就包括度、量、衡的统一。

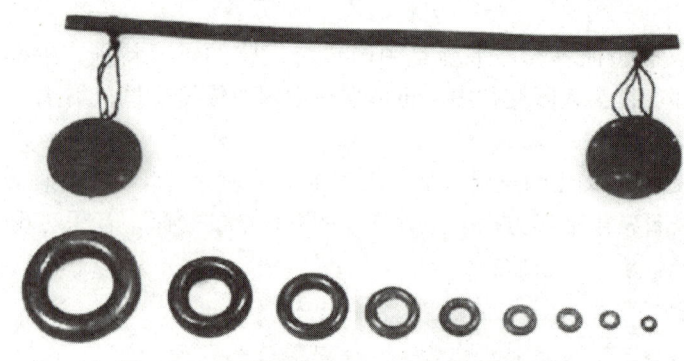

图4-1　天平和砝码（湖南长沙战国墓出土）

砝码在中国古代也叫"权"。使用权（砝码），利用平衡的原理，便可以知道被称物件的重量，这种原理不仅用于计量，也用于人们审视社会和自然，于是中文中就有"权衡""衡量"等与"衡"有关的词汇。

这种传统的计量器具，在古代又叫"天平"。古人使用的这个名称，也反映了人们对自然的一种认识。要准确称得物件的重量，必须使横竿处于平衡的状态，但古人不以"水平"为参照，而以"天"为参照，反映了古人的一种自然观，认为"天"，即自然，对天下的任何人，不分贵贱、富贫，都是最公平、公正的，"天平"实际就蕴含此意。

天平，作为中国古代社会经济生活中进行交易时使用的一种计量器具，也反映了中华民族的一种重要的传统观念，即力求平稳。这种"平衡"的传统观念，对中国社会的发展，特别是对为人、治世，乃至哲学思想、建筑、医学、绘画、书法和音乐，以及生活习俗都产生了巨大的影响。

孔子在"为人之道"的问题上提出了"中庸"的思想："君子中庸，小人反中庸。"宋

代理学家朱熹对"中庸"做了解释:"中庸者,不偏不倚,无过不及"①,即为人处世不能偏激,也不能滞后,而须沿着正直的方向发展和前进。激进、保守等行为和现象,就是依据"中庸"的原则判定的。这种为人处世须恪守的宗旨和原则,成为中华民族的一种共识,也由此形成"温良恭俭让"的社会风尚。

中国古代,人们常用伯、仲、叔、季来表示成员的排行。由此也产生了"伯(伯父、大伯)""叔(叔父)"的传统称谓,即运用平衡的原理,以自己的父亲为基点,大于父亲者称"伯",小于父亲者称"叔"。

平衡的观念在中国古代的社会生活中无处不在。古代人们在日常生活中,遇有招待或宴请宾客时,特别重视主宾间的座次排定。这实际上也反映了人们的"平衡"心理和用"平衡"来处理主、宾间关系的原则。古时,座次的排定有室内和堂内两种方法(见图4-2)。将宾客或德高望重者安排在位尊之座,既表现了主人与宾客间的友善、和睦,又使所有在座的人在"平衡"的原则下,恰当地处理长幼、尊卑的关系。

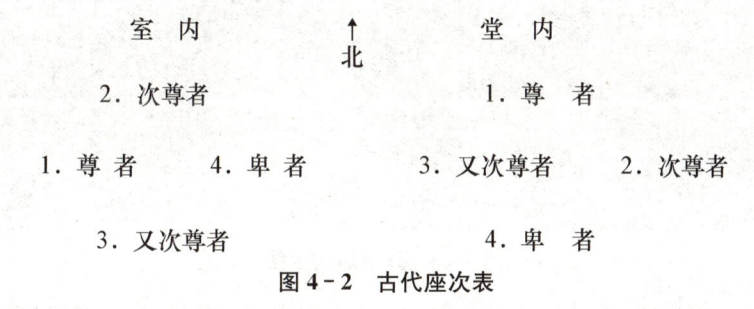

```
        室 内         ↑          堂 内
                      北

       2. 次尊者                  1. 尊  者

  1. 尊者    4. 卑者       3. 又次尊者    2. 次尊者

       3. 又次尊者                4. 卑  者
```

图4-2 古代座次表

平衡在中国古代的日常生活中还表现在许多方面。如饮食菜馔中的主料与辅料之间的寒热、温凉属性处理,人们日常的修身养性等,都与"平衡"的原则和标准有密切的联系。

二、"平衡"在中国传统文化艺术中的体现

平衡既是自古以来中国社会的传统观念,又是人们审视社会和自然的一种原则和标准,也必定会在文化艺术中得到体现。

从先秦时期的《周易》"八卦",到汉代的阴阳五行学说,从孔子、老子等先秦思想家,到宋明时期的理学思想,中国古代的哲学思想无一不与"平衡"有联系。因此,平衡的观念也影响到人们的审美观、伦理道德观和人生观。这在文化艺术中也有所反映。

在中国的传统建筑中,无论是单体建筑,还是建筑群落的布局,乃至于城市的格局,都鲜明地突出了平衡的特点。

中国传统建筑、建筑布局及城市布局,是通过对称的形式来实现平衡的。传统的单体建筑面阔开间均为奇数(单数),即1、3、5、7、9间,而没有偶数(双数)间建筑。这就如同天平一样,以中间一间房屋为中心,左右间数相等,这种对称的结构能够产生平衡、稳定的视觉效果。

---

① 中庸. 北京:中华书局,2006:49.

这种左右对称的建筑手法，也同样应用于建筑群落的整体布局，如宫城、寺庙、官衙，以及民居四合院等。在设计和建造时，先考虑主体建筑，再以其为中心，左右对称布列配套建筑。待建成后，便形成由一组主体建筑构成一条中轴线，两侧建筑对称分布的格局。宫城、寺庙、官衙及四合院的中轴线，就是在人们的平衡观念的基础上形成的（见图4-3）。

图4-3　紫禁城俯视图

中国古代的城市布局也是如此。在街道和市、坊的设置上，都遵循对称的原则，因此城市建成后，便形成了一条纵贯城市南北的中轴线。明清时期的北京城，就是根据一条中轴线，左右（东西）对称布局的。这条中轴线，南起北京城的南大门——永定门，经前门、天安门（明代称承天门）、端门、午门、前三殿（太和殿、中和殿、保和殿）、后三宫（乾清宫、交泰殿、坤宁宫）、神武门、景山万春亭、地安门、鼓楼，至钟楼止。所以北京的地名便出现了有"东"便有"西"，有"左"便有"右"的名称特点。

平衡的特点在书法和绘画中也有鲜明的体现。中国传统的绘画及书法作品，无论是山水、花木、虫鸟等题材，还是楷、篆、隶、草、行书等字体，作品完成后，不论是条幅，还是横幅，其画面和字面都会给人以布局协调、平衡的感觉。

作者在绘画和书写时，不完全采用对称的方法，也不是每一笔都考虑平衡，但会在作品的主体部分完成后，再采用一些特殊的方法，对失衡的画面或字面进行纠偏，使之平衡。这些方法主要有补白、题记、印鉴等。

中国的汉字，是世界上唯一的方块文字。在汉字的间架结构中，偏旁与部首间的比例，也正是依据平衡的原理，以平稳为标准确定的。

中国的古典音乐也有平衡的特点，即乐曲的旋律轻缓、平和。音域上高低差别不大，力度上强弱对比不明显，节奏上快慢变化极小。整首乐曲以清新、舒缓、悠扬的风格表现出平稳的韵律，这也正是中国古曲所体现出的平衡特点。

事实上，中国传统文化所具有的稳重、平和、和谐的特征，也是一种平衡的表现方式。

追求平衡，是中华民族在长期的农业生产中形成的特定观念。农业生产受季节变化和农作物生长规律的制约，需要稳定的社会秩序；农业生产随时面临自然灾害的威胁，需要人们团结合作，建构一种稳定、和谐的人际关系；农作物生长需要的自然气候条件是风调雨顺，各种气象因素，如光照、温度、降水等，都要适宜，保持一种平稳的态势。这些因素促使中华民族形成了强烈的求稳的心理，因而产生了"平衡"的观念，并以此为标准来审视社会和自然，处理人际关系，故而"平衡"成为中国传统文化中的一种共性原则。

第二节 现实主义——西方传统文化的特色

西方民族受畜牧业生产的影响，形成了许多特有的观念，其中最突出和重要的是现实主义。一般认为，现实主义贴近并注重现实和实际，从而与古典的、理想的非现实的内容区别开来。"现实主义"不仅适用于文学、绘画、哲学等领域，而且成为国际关系理论的一个重要组成部分。

一、现实主义在西方社会生活中的反映

现实主义的观念在西方的社会生活中的表现是十分明显的，反映在西方民族审视社会、处理人际关系以及日常生活等方面。

西方民族的"超前消费"理念，即先消费、后还贷（款）的做法，就是从现实出发，先考虑眼前的实际需要，满足人们对现实的需求。至于下一步是借贷还是还贷（款），也是根据现实的需要决定的。所以西方人常出现重复借贷的现象。2008年国际金融危机即始于信贷危机。

西方民族在审视问题、处理人际关系时，常表现出随意性强的特点。审视、判定事物的角度多样，处理的方式、方法多变，经常出现双重原则、双重标准的现象，这也是从现实和既得利益出发的必然结果。同时，由于客观事物是在不断变化的，依据现实来审视问题，思维不易陷入僵化，而表现出极强的灵活性。

现实主义的观念在西方民族及社会的文明发展史上，也发挥了重要的作用。世界近代历史上的一系列重大发明，近代自然科学学科体系的建立，大部分也是西方人的贡献。这些发明都具有极强的实用性，有许多是与人们的生活密切相关的。而这些发明都是通过观察、认识发生在身边的某些现象后，在灵活、多变的创造性思维的指导下，经过反复试验问世的。

西方国家的外交政策也体现了现实主义的观念。圆桌会议最早便出现在欧洲的政治舞台上。在举行国际会议或国内各政治派别的谈判时，用圆桌可以避免座次的尊卑、贵贱，亦无主次之分，使与会各方感到地位平等。

在现代国际关系上，西方国家尤其是美国的对外政策也表现出极强的现实主义特点，即注重现实利益、既得利益，从本国的实际出发，来考虑和处理与他国的关系。而我国则往往从长远利益考虑，倡导与他国构建"面向未来的合作伙伴"关系。

二、现实主义在西方传统文化艺术中的表现

现实主义的观念在西方传统文化艺术中体现得十分充分,其具体的表现是西方的文艺作品具有很强的时代特征,即注重现实、表现现实,作品多取材于现实生活,感情色彩浓厚,真实感强等。

在西方的文学作品中,真实、直接反映作者所处时代和社会生活的内容很多。如法国作家雨果的《悲惨世界》,大仲马的《基度山伯爵》《三剑客》,小仲马的《茶花女》,英国作家狄更斯的《老古玩店》《双城记》等著名文学作品,以及丹麦作家安徒生、德国作家格林等创作的童话故事,都以现实为题材,对现实进行讴歌、赞美,或批判、讽刺。

戏剧作品也是如此。英国剧作家莎士比亚创作的四大悲剧(《哈姆雷特》《奥赛罗》《李尔王》《麦克白》)、挪威剧作家易卜生的《玩偶之家》等,都具有现实主义的特点。

西方文学艺术中的现实主义,还表现在作品真实地、直接地抒发感情上,人的喜怒哀乐直接流露于作品中。西方的诗歌及音乐作品极富感情色彩,诗歌中多感叹词汇等。

在绘画、雕塑等艺术样式的作品中,现实主义的表现形式则是对现实生活中真实景象的再现,即具有很强的写实性。以人为绘画、雕塑作品的造型参考——模特,就是在西方最先出现的。在绘画、雕塑作品中,西方艺术家所描绘或刻画的人物和神,都是以现实生活中的人为参考的,人的性格、情感都被形象地表现出来。所以,西方的艺术作品,即使是宗教题材的作品,也具有生活化、世俗化的特点。

中西方民族不同的文化特征,即平衡与现实主义,实际也反映了民族间观念、意识的差异。而这两种基本的文化特征,在各自的文化现象和文学艺术作品中,又有具体的表现形式:中国传统文化以稳重、平和、和谐及写意为特色;西方传统文化则以个性化鲜明、写实性强为特点。

中西方文化特征的差异,还在其他的许多文化方面及社会生活中反映出来。如戏剧中的布景及道具:西方的话剧等艺术形式多采用实景、实物。而中国的京剧等则多使用象征性的景、物。比如:京剧中的人物挥扬马鞭,则是"骑马"的象征(见图4-4);武将出征时,一般有四位兵卒跟随,或于颈后部插四面小旗,代表千军万马等;都是写意特征的反映。

西方的外露式服装,如低领衫、超短裙(迷你裙)、比基尼等在西方社会的流行,反映了西方人彰显个性、表现自我的心理。而中式服装,如长衫、旗袍、长裙等,则体现了含蓄内

图4-4 京剧中的"骑马"形象

敛的民族性格,在一定程度上反映了中国人不希望"锋芒毕露",而愿意"不显山、不露

水"的心理。

中西方的娱乐活动也有很大的差异。西方民族追求富有个性、能体现人的力量和胆识的娱乐活动，因此其娱乐活动多富于刺激性、冒险性，甚至喜欢"挑战极限"。中国的娱乐活动多具有安静、平和、益智的特点。

此外，由于中西方民族观念、意识上的差异，人们在处理人际关系时会采用截然不同的两种方式。西方的"决斗"方式与中国传统的"和而不同"原则，就是鲜明的对比。

在中西方广义的传统文化中，差异是随处可见的。我们在分析和认识这些差异时，绝不能简单地冠以"对"或"错"，应从中正确地分析其对人自身和社会发展有积极作用的因素和成分。充分利用这些"差异"在培养人文素养、提高自身的文化修养和心理素质等方面所发挥的不同作用，进一步弘扬中华传统文化中积极、优秀的成分，同时吸收和借鉴外来文化中合理的、有益的成分，使自身既能传承优秀的民族素质和文化传统，又能吸收和借鉴其他文化中符合时代进步和发展的观念、意识。这既是社会的进步与发展给我们提供的一个有利于人的素养提高的客观环境，也是生活在当今社会中的人应该具备的基本素质和修养。

小结论

中国传统文化的平衡特征，体现为传统的中庸思想、求稳的意识、传统建筑中的对称、传统绘画及书法作品的布局和结构协调、古典音乐旋律的轻缓和平和，以及传统菜肴中主料与辅料的属性配比等。

西方传统文化的现实主义特征，体现为西方的消费观念、注重实用性的发明，特别是文学和戏剧作品中的现实生活主题、绘画及音乐作品中的写实性，以及其他传统文化中的个性化等。

课后思考

1. 中国传统文化的平衡特征根源何在？
2. 西方传统文化的现实主义特征根源何在？

第五章 中西方建筑文化差异

内容提要

1. 中西方传统建筑的风格和艺术特色，存在着鲜明的差异。中国的传统建筑不仅讲究对称，还以木构架框架、起脊式的屋顶，以及建筑的轮廓线条，体现了稳重、平衡的特征。西方的传统建筑与中国的建筑形制不同，即使是同一类型的建筑，也具有多样性，富于变化和个性化鲜明的风格和特点，由此形成造型各异、风格不同的西方传统建筑。

2. 中西方园林艺术在造园的目的、布局和手法等方面存在的差异，体现了中西方民族在人与自然关系上的观念差异。中国的传统园林表现了人对自然的崇尚和赞美，寄托了主人的情感、理想和追求；采用灵活多变的布局，叠山理水，营造一种诗情画意般的景致。西方古典园林则凸显实用性的功能，采用对称、几何形的布局和人工修剪绿色植物的方式，追求娱乐性。

学习提示

本章共分为两节，主要围绕中西方的建筑艺术和园林艺术阐述中西方在建筑和园林方面的差异表现。

其中，需要理解和把握的关键点如下：

一、中西方艺术的差异在中西方传统建筑上表现为，中国传统建筑在形制和风格上体现了稳重、平和、和谐的传统文化特征，西方传统建筑则体现了多样性、富于变化和个性鲜明的传统文化特征。

二、中西方园林艺术的差异，是受各自的观念和意识影响的结果。其表现为，中国传统园林艺术源于自然、高于自然，西方古典园林突出自然受人的控制和改造的特点。

中西方文化的不同特征使得中西方在广义的文化范畴内呈现出不同的艺术形式及表现手法。

第一节　中西方的传统建筑艺术

建筑是人类在原始社会时期的一项发明。中西方建筑的基本功能和作用都是为人们提供能遮蔽风雨的、安全地休息和活动的空间环境。但在建筑的形制、装饰和风格上，却存在着明显的不同，这正是文化特征差异的体现。

一、中国传统建筑的风格及艺术特色

中国的传统建筑除对称这一特点之外，更以其独特的形制和风格，体现了稳重、平和、和谐的民族传统文化特征。

中国的传统建筑主要为木构架（砖木结构）。其主体结构为柱、梁、枋、檩等木构件组成。由于木构件之间采用榫卯结合，十分牢固，所以木构架整体十分坚固，抗震性能好，故有"墙倒屋不塌"之说，中国的传统建筑因此具有很强的稳定性。

中国传统建筑的屋顶是很有特色的。除有单檐、重檐之分外，还有许多具体的形制。常见的屋顶形制有：

庑殿式。庑殿式为中国古代规格最高的建筑形制，多用于建造宫廷的主殿或正殿。建筑由一条正脊和四条斜脊组成屋顶结构，呈四面斜坡状，屋面略有弧度，故又称为"四阿顶"或"五脊殿"（见图5-1）。

图5-1　庑殿式建筑（故宫太和殿）

歇山式。歇山式为中国古代在规格上仅次于庑殿式的一种建筑形制（见图5-2）。它融庑殿式、硬山式建筑特点为一体，多用于王府、官署、寺庙、城门等主体的建筑，以及宫廷内次于主殿的重要建筑。屋顶由一条正脊、四条垂脊和四条戗脊组成。有前后两个大坡面和侧面左右两个小坡面。在正脊两端两条垂脊间形成垂直的三角形墙面，下接短檐，这个区域称为"山花"。

悬山式。为中国古代普通民居建筑形制。屋顶有一条正脊和四条垂脊，呈前后两面坡

图5-2 歇山式建筑（北京地安门，现已不存）

式，屋面两侧悬伸在山墙之外，因此又称挑山或出山（见图5-3）。

图5-3 悬山式建筑

硬山式。为中国古代普通民居建筑形制，是四种基本形制中等级最低的。屋顶与悬山式一样有一条正脊和四条垂脊，呈前后两面坡式，其特点在于两侧山墙与屋面齐平或略高于屋面，造型简单朴素（见图5-4）。

此外还有卷棚、攒尖式建筑等形制，只在屋脊和房屋形状方面与前面几种屋顶形制有所区别。

图5-4 硬山式建筑

中国传统建筑的这几种形制有一个共同的特点，即房脊或屋顶中心高于前后屋檐或四周屋檐，所以这类建筑俗称为"起脊式"建筑。又因起脊后，形成了大斜坡屋顶，故称"大屋顶"或坡式建筑。

中国传统建筑还有一个共性特点：建筑的轮廓线条和正脊、檐的线条平直，垂脊线条柔和、平缓，没有起伏、错落的变化。

正是因为中国传统建筑具有对称、大屋顶和线条平直、柔缓的特点，所以产生了"四平八稳"的视觉效果，给人以平稳、稳重的感觉。这也是中华民族的求稳意识在建筑上的体现。

此外，中国传统建筑的屋顶高度，无论是单檐，还是重檐，与整座建筑的高度比例适宜，既无过大、过重的感觉，又不显过小、过轻，两者匀称而和谐（见图5-5）。

图5-5 攒尖式建筑（北京天坛）

在中国古代，无论宫殿建筑、官衙建筑，还是寺庙建筑或民居，都采用这种"大屋顶"式的建筑。中国的传统建筑也被移植到外来宗教的建筑中。汉传佛教建筑即采用了中国传统建筑的对称布局。由此也形成中国传统建筑的一种共性现象，只是受中国古代社会等级观念的制约，为不同地位的人所修筑的建筑在具体的屋顶形制上有所差别，如庑殿式用于皇宫和庙宇的大殿，歇山式用于宫廷中的次要建筑，攒尖式多用于面积较小的建筑，其余几种屋顶形制，则多用于民间建筑。

二、西方传统建筑的风格及艺术特色

西方的传统建筑，亦称古典建筑，始于古希腊时期。由于古希腊境内多山，盛产大理石，石材不易腐蚀、燃烧，故自古希腊，西方古典建筑便使用石材建造。与中国的传统建筑不同，西方的传统建筑清楚地表现出多样性、富于变化和个性鲜明的风格和特点。欧洲大陆历史上民族众多，本身就具有文化多元性的特点。在漫长的历史进程中，在游牧民族特有的观念意识的影响下，文化更具有多样性。其在传统建筑上的表现，即为建筑的形制和风格异彩纷呈。西方古典建筑的主要形制有：

古希腊式。主要形制为方形环柱式建筑（见图5-6）。中央为厅堂或大殿，周围环布巨型立柱。建筑平面多为长宽比为1:1.618或1:2的矩形。古希腊式建筑最大的特点是采用四种柱式：(1) 陶立克柱式又称多立克柱式；(2) 爱奥尼柱式；(3) 科林斯柱式；(4) 女郎雕像柱式。

陶立克柱式形态简洁，其柱高是直径的6倍。石柱比较粗壮，显现出雄健、威武的气势，象征着男性的阳刚之美（见图5-7）。

图5-6　古希腊式建筑（帕特农神庙）

图5-7　陶立克柱式（帕特农神庙局部）

爱奥尼柱式纤巧修长、纤细秀美，柱高是直径的8～9倍。柱头用涡卷装饰，富有曲线美，象征女性美，故被称为女性柱。柱身有24条凹槽，柱头有一对向下的涡卷装饰（见图5-8）。与陶立克柱式相比，爱奥尼柱式更具有优雅高贵的气质，因此被广泛用于古希腊的大型建筑，成为一种具有装饰性的建筑构件。如雅典卫城的胜利女神神庙（见图5-9）和伊瑞克先神庙。

图5-8　爱奥尼柱式柱头装饰

图5-9　爱奥尼柱式（胜利女神神庙）

科林斯柱式形态更为复杂、修长（见图5-10）。柱头上部是藤蔓状的涡卷，下面是曼妙的花纹，更具女性美（见图5-11）。

女郎雕像柱式是将立柱雕刻成神话中的女神或女性形象。因柱形为站立的人物形象，出于人体比例的需要，女郎雕像柱受到高度的限制，一般不会很高（见图5-12）。

图 5-10　科林斯柱式（宙斯神庙）　　　　图 5-11　科林斯柱式柱头

罗马式。罗马式建筑因其借鉴古罗马时期的建筑造型、结构，又加以变革、发展而得名。罗马式建筑的风格与特色是以"圆"为主，广泛采用半圆形拱券式结构（见图 5-13）。屋顶造型为"穹拱"式顶。这是它与古希腊式建筑最明显的区别。在平面结构上，常采用十字拱与筒形拱、穹隆相组合，覆盖复杂的内部空间。罗马式建筑墙壁厚实，圆拱顶厚重；窗窄且小，主体建筑内部狭小、阴暗（见图 5-14）。公元 12 世纪后，罗马式建筑厚重的风格开始改变，且多富于装饰。

图 5-12　女郎雕像柱式　　　　图 5-13　万神庙（意大利罗马）

拜占庭式。拜占庭原为古希腊与古罗马的殖民城市。拜占庭式建筑是集古代西亚建筑的砖石拱券风格、古希腊建筑的柱式风格和古罗马建筑风格于一体的一种别具特色的建筑。拜占庭式建筑的特点：(1) 屋顶造型普遍采用穹隆顶。(2) 整体造型突出中心。体量高大的圆穹顶，成为整座建筑的中心。公元 7 世纪后，拜占庭建筑向高度发展。中央不置大穹隆，而改为几个小穹隆群，平面面积缩小，高度增加，并着重于装饰。(3) 采用在独

图 5-14　罗马式建筑（意大利比萨主教堂建筑群）

立方柱上支撑穹顶的结构和与之相应的集中式建筑形制。平面布局呈辐射状设计，中心为大穹隆（圆顶式）结构的主体建筑，即在方形平面的四边发券，在四个券之间砌筑以对角线为直径的穹顶，仿佛一个完整的穹顶在四边被发券切割而成，它的重量完全由四个券承担，从而使内部空间获得极大的自由。(4) 色彩装饰灿烂夺目。

哥特式。哥特，原为灭亡罗马奴隶制帝国的日耳曼民族一个支系的名称，其称谓含有粗俗、野蛮的意思。文艺复兴开始后，倡导反对封建神权，复兴古罗马文化，遂以"哥特"作为建筑形制和风格的代称，以表达对封建神权的否定。哥特式是 11 世纪下半叶起源于法国，13—15 世纪流行于欧洲的一种建筑风格，建筑以教堂为主。其风格一改罗马式建筑厚重、阴暗的特色和半圆形拱门的式样，代之以线条明快的尖拱券（见图 5-15）。哥特式建筑的特点是：空灵、纤瘦、高耸、尖峭。尖峭的形式是尖券、尖拱技术的结晶；高耸的墙体，则包含着斜撑技术、扶壁技术的功绩。造型秀挺的尖形拱顶（小尖塔），坡度很大的两坡屋顶，轻盈的飞扶壁，修长的束柱，以及用彩色玻璃镶嵌的花窗棂等，给人以向上、升华、神秘的感觉（见图 5-16），营造出空灵的意境和垂直向上的视觉效果。

巴洛克式。巴洛克为葡萄牙语的音译，意为"畸形（歪扭）的珍珠"。其艺术特点是怪诞、扭曲、不规整。巴洛克式建筑一反欧洲古典和文艺复兴建筑的风格，故以此名为称，含有贬、否之意。巴洛克式建筑的基调是富丽堂皇而又新奇，具有强烈的世俗享乐意味（见图 5-17）。巴洛克式建筑主要有四个特征：（1）炫耀财富。多大量使用贵重的材料，精细加工、刻意装饰，以显示其富有与高贵。（2）不拘泥于结构逻辑，常采用一些非理性组合手法，产生反常与新奇的特殊效果。（3）充满欢乐的气氛。表达的观念是提倡世俗化，反对神化，提倡人权和人性解放，享乐至上。（4）标新立异，追求新奇。这种建筑以矫揉造作、粉饰的手法来追求形式上的新奇，以获得特殊效果（见图 5-18）。多采用堆砌、装饰等方式，将建筑、雕刻和绘画融为一体。通过艳丽的色彩、华丽的装饰，给人以脱离现实之感。

除这些别具风格、特色的传统建筑外,西方的传统建筑还有巴西利卡式、欧洲文艺复兴式、洛可可式、古典主义式等风格的建筑。而随着历史的发展,又出现了各种不同风格的建筑相互借鉴、融合的趋势,使之在原有形制、风格的基础上,又派生出新的风格,由此构成了西方建筑的多样性和富于变化的特征。即使同是基督教建筑,也因建筑形制和风格的不同而造型各异。所以在世界上,很难找到两座完全一样的教堂。

图 5-15 哥特式建筑(意大利圣十字大教堂) 　　图 5-16 哥特式建筑(德国科隆大教堂)

图 5-17 巴洛克式建筑(意大利圣莫特教堂) 　　图 5-18 巴洛克式建筑(意大利耶稣会教堂)

第二节　中西方的园林艺术

园林,作为一种供人休息、游赏和文化娱乐的休闲场所,既是传统建筑的一种类型,也是传统文化的一种形式。在世界园林艺术中,中国传统园林和以古希腊园林、古罗马园林、法国古典园林、英国自然园林等为代表的欧洲园林，在园林的布局设计、景致的营造、造园的手法，以及建筑和装饰等诸多方面，均存在很大的差别。而这些差别，也正是中西方文化差异的一种体现。

中西方的园林都是为了营造优美的环境和景致，以表达人们的审美情趣和思想情感，但其中也蕴含着特定的哲学思想和人文精神，所以中西方的园林艺术也是精神文化的具体体现，这是中西方园林艺术的共性特征。正因为园林艺术受传统文化的影响，中西方的园林艺术才具有各自的特点，呈现出异彩纷呈的景象。

一、中国的古代园林

中国古代园林亦称中国古典园林，既是中国古代建筑的一种类型，也是中国传统文化艺术的一种形式。中国传统园林以自然界中的秀美山河为原型，寄托人们对大自然的向往与崇尚，表现了人们对大自然的赞美与热爱，蕴含着极其丰富的中国传统文化。

中国古代园林的历史十分悠久，早在商周时期，就已经出现被称为"囿"的早期园林。从甲骨文"囿"字（见图5-19）的结构可以看出，我国的早期园林四周有围墙围护，园林内种植有树木、花草等植物。另据文献资料记载，殷商时期的囿，多建在山林中，里面还要放养一些野兽，目的是供商王在此狩猎游乐。囿在后代亦被称作苑，或苑囿。园林具有的游乐功能被后代沿袭，同时其功能又得到进一步拓展。秦始皇统一六国后，就曾于渭水之南修建了上林苑。园内林木茂密，引渭水为池，池中堆筑岛山，名为蓬莱山；还建有阿房宫，以及饲养野兽的虎圈、狼圈等圈栏，成为一处集处理政务与休闲、游乐功能于一体的皇家园林。西汉建立后，又在秦上林苑的基础上进行修复、扩建，形成规模更加宏大的皇家园林。据《长安志》载："上林苑门十二，中有苑三十六。"上林苑内建有36处园中园。园中挖池、筑台，种植各种花木，畜养百兽，作为皇帝观赏、狩猎的游乐场所（见图5-20）。为了满足帝王观赏、游乐的需要，利用自然地势修建的秦汉皇家园林，不仅规模宏大，还修建了各种建筑，布设有各种景致，极尽奢华。

图5-19 甲骨文"囿"字

魏晋南北朝时期，政权的分立与更迭导致战争频繁，社会局势动荡。一些文人士大夫因此悲观厌世，极力追求精神上的解脱。他们或隐居山林，不过问政事；或藐视功名，寄情于大自然。所以这一时期出现了山水田园诗和山水画，亦有一些文人追求田园式的生活，在自己的住宅内建造园子。园内堆筑假山，引水挖池，种植花草树木，追求自然情趣，寄托情思。中国传统园林因此不再满足于借助自然地势与景致，亦不仅局限于游乐、狩猎的功能，而转向追求自然美的山水造景。

唐朝前期的太平盛世，诗坛的繁盛为园林的发展提供了物质和文化条件。社会经济得到迅速发展，国势强盛，文化繁荣，园林建筑亦得到极大的发展。唐都城长安（今陕西西安）内的宫城即采用宫、苑结合的方式，将园林附建于宫殿建筑中。如大明宫后就有太液

图 5-20 明·仇英上林图卷（台北"故宫博物院"藏）

池，池中堆筑神话传说中的蓬莱仙岛，岸边建长廊及亭、阁、楼、台，形成一个内廷园林区。兴庆宫、太极宫等宫殿附建的园林，也都颇具规模和特色。位于长安城西南隅的曲江，还被辟为一处公共游览区，成为京城民众的游览地。

　　这一时期的私家园林也得到较快的发展，上至达官贵人，下至文人士大夫，多喜爱建造园林。据文献资料记载，唐代的园林既有建在城市住宅内的宅园，也有建在郊野的别墅（别业）园林，还有建在丘陵或山间的山居园林。如长安城东郊的浐河、灞河流域，就多建有达官贵人的别业园林；南郊的樊川一带，邻近终南山，地形多为丘陵，亦分布着众多官宦和文人的园林，其中即有岑参的杜陵别业和终南别业、元稹的终南别业、杜佑的瓜村别业和杜城别业、王维的终南别业等。而东都洛阳城内外也曾建有千余座私家园林。与皇亲贵族、达官贵人的园林追求豪华的风格不同，文人园林更侧重于文化内涵。特别是唐中期以后，诗人、画家开始参与造园。他们运用诗画的表现手法，将诗画所描绘的意境、情趣，引入园景的创作中，从而使造园艺术逐渐从自然山水转向写意山水。白居易在洛阳履道坊的居所内就建有园林。在这座精心营造的宅院园林内，建有一个池塘，池塘中有三岛，有两座桥与岛相连，岛上置小亭；水中种植白莲、菱角、菖蒲。池岸曲折，四周筑有环湖的小路，穿行于竹林中。沿岸建有亭台、游廊、小楼等建筑，可用于宴饮、赏月、听泉、读书。园内种植竹林，有用湖石、石笋、青石砌筑的假山。白居易常与好友在园内饮酒、读书、赋诗。白居易在宅园内建造的每一处建筑与景致，都有其特定的寓意。"都城风土水木之胜，在东南偏，东南之胜，在履道里，里之胜在西北隅，西闬北垣第一第，即白氏叟乐天退老之地。地方十七亩，屋室三之一，水五之一，竹九之一，而岛、树、桥、道间之。初，乐天既为主，喜，且曰：'虽有台，无粟不能守也。'乃作池东粟廪。又曰：'虽有子弟，无书不能训也。'乃作池北书库。又曰：'虽有宾朋，无琴、酒不能娱也。'乃作池西琴亭，加石樽焉。……每至池风春，池月秋，水香莲开之日，露清鹤唳之夕，拂杨石，举陈酒，援崔琴，姜弹《秋思》，颓然自适，不知其他。酒酣琴罢，又命乐童登中岛亭，合奏《霓裳散序》，声随风飘，或凝或散，悠扬于竹烟波月之间。曲未竟而乐天陶然已醉睡石上矣。"① 白居易建造的宅园，以其超凡的意境和高雅的文人情趣成为文人写意园的典范。

宋代社会经济的发展，特别是城市经济的发展，以及尚文的社会风气，也为中国古代园林的发展提供了重要的社会基础。从皇帝、贵族官僚，直至平民，造园之风极为普遍。文人写意画的兴起及蔡襄、苏轼、黄庭坚、米芾等许多文人士大夫自己设计园林，又将自身的思想情感、意志及追求的人生理想融入园林的创作中，极大地拓展和深化了园林的意境和内涵，促进了文人写意园的发展和建造艺术的提升。园林艺术与绘画艺术相结合，也使得造园技法和艺术水平有了更大的提高。以画入园，营造诗情画意般的意境，成为造园的一种手法，也使园林更富于艺术性。

北宋文学家李格非撰写的《洛阳名园记》记载了北宋洛阳城内19座私家园林，其造园、置景手法各具特色。有的以花木为主，有的以水为主，有的以建筑为主。其中，司马光宅园名为"独乐园"。"园卑小，不可与它园班。其曰读书堂者，数十椽屋；浇花亭者，益小；弄水种竹轩者，尤小。曰见山台者，高不过寻丈。曰钓鱼菴、曰采药圃者，又特结竹杪落蕃蔓草为之尔。"② 司马光的独乐园虽然很小，但园内景致和建筑的设计极为精巧，独具匠心。园内以池塘、小渠为中心和主线，在设计上注重以形出奇，即通过形状、流经和分布，营造出奇特的景致。"堂（读书堂）南有屋一区，引水北流，贯宇下。中央为沼，方、深各三尺。疏水为五，派注沼中，状若虎爪。自沼北伏流出北阶，悬注庭中，状若象鼻。自是分为二渠，绕庭四隅，会于西北而出，命之曰'弄水轩'。"围绕池塘、小渠布列的建筑，造型各异，结构奇特。与各种植物交相辉映，构成不同的景致。"堂北为沼，中央有岛，岛上植竹。圆周三丈状若玉玦，揽结其杪，如渔人之庐，命之曰'钓鱼庵'。沼北横屋六楹，厚其墉茨，以御烈日。开户东出，南北列轩牖，以延凉飔。前后多植美竹，为清暑之所，命之曰'种竹斋'。沼东治地为百有二十畦，杂莳草药，辨其名物而揭之。畦北植竹，方径一丈，状若棋局。屈其杪，交相掩以为屋。植竹于其前，夹道如步廊，皆以蔓药覆之，四周植木药为藩援，命之曰'采药圃'。圃南为六栏，芍药、牡丹、杂花各居其二。每种止植二本，识其名状而已，不求多也。栏北为亭，命之曰'浇花亭'。"由于园林太小，司马光还采用借景的手法。"洛城距山不远，而林薄茂密，常若不得见。乃于园中筑台，构屋其上，以望万安、轩辕，至于太室，命之曰'见山台'。"③ 对"独乐园"名称的寓意，司马光的解释是："孟子曰：'独乐乐，不如与人乐乐；与少乐乐，不如与众乐乐。'此王公大人之乐，非贫贱所及也。孔子曰：'饭蔬食饮水，曲肱而枕之，乐在其中矣。'颜子一箪食一瓢饮，不改其乐。此圣贤之乐，非愚者所及也。若夫鹪鹩巢林，不过

---

① 白居易. 池上篇·序//全唐诗. 北京：中华书局，1960：5248.
② 李格非. 洛阳名园记·独乐园//丛书集成初编. 北京：商务印书馆，1936：14-15.
③ 司马光. 独乐园记//陈植，等. 中国历代名园记选注. 合肥：安徽科学技术出版社，1983：25-26.

一枝；鼹鼠饮河，不过满腹，各尽其分而安之，此乃迂叟之所乐也。"① 体现了他自食其力、知足常乐的志趣。而采用结竹梢的方法建造园内房屋，简单又不失古朴、典雅之韵，极具田园风光和野趣。

精通书法、绘画、音律的宋徽宗，于都城开封府（今河南开封）所建造的艮岳，就极具文人写意园的特点。这座"竭府库之积聚，萃天下之伎艺"的皇家园林，"穿石出罅，冈连阜属，东西相望，前后相续，左山而右水，沿溪而傍陇，连绵而弥满，吞山怀谷"。为了集天下各地名山大川之美景，表现峰峦叠嶂的自然景致，宋徽宗竟从各地强行搜集奇石名花。在造园方式上，一改堆土筑山的造园手法，采用堆石垒山。使用造型奇特的太湖石，堆砌成假山，或高峰峙立，或两峰并峙，列嶂如屏，或峰棱如削，无不显示出险峻、恢宏的气势。园内有溪谷、飞瀑和大方泽、雁池、凤池、研池等池塘，瀑布或"水出石口，喷薄飞注如兽面"，或"下入雁池，池水清泚涟漪，凫雁浮泳水面，栖息石间，不可胜计"。园内从各地引栽的名贵花木，亦被用于装点景观。"移枇杷、橙柚、橘柑、榔栝、荔枝之木，金蛾、玉羞、虎耳、凤尾、素馨、渠那、茉莉、含笑之草，不以土地之殊，风气之异，悉生成长养于雕阑曲槛。"② 艮岳内造型各异的亭、堂、楼、阁、厅、台等建筑，与周围的景致交相辉映，营造出浓郁、典雅的写意诗画般的意境。但这座集天下美景，极富诗情画意的艮岳，建成后不久就毁于金军的战火，后人已难觅其美景。不过，在宋徽宗的《溪山秋色图》中，还能寻觅到艮岳的一些景致。在这幅御制画的题跋中，乾隆帝写道："雨郭烟村白水环，迷离红叶间苍山。恍闻谷口清猿啸，艮岳秋光想像间。"可见宋徽宗所绘的这幅表现秋色的山水画，与艮岳的景致十分相似，由此亦可窥见艮岳一斑（见图 5-21）。

图 5-21　赵佶《溪山秋色图》（台北"故宫博物院"藏）

除文献资料记载的宋代园林外，今江苏苏州的沧浪亭、浙江绍兴的沈园等园林，都始建于北宋或南宋时期。其中苏舜钦修建的沧浪亭，"构亭北碕，号'沧浪'焉。前竹后水，水之阳又竹，无穷极。澄川翠干，光影会合于轩户之间，尤与风月为相宜。予时榜小舟，幅巾以往，至则洒然忘其归"③。虽这两座园林或经后代重修，或仅存局部，已难寻原貌，但从苏舜钦的《沧浪亭记》中，仍可感受到宋代山水园的特点。

在唐、宋造园传统的基础上，元、明、清三代的造园艺术更加成熟，以山水为主题的

---

① 司马光. 独乐园记//陈植，等. 中国历代名园记选注. 合肥：安徽科学技术出版社，1983：25.
② 张淏. 艮岳记//丛书集成初编. 北京：商务印书馆，1936：2.
③ 苏舜钦. 沧浪亭记//陈植，等. 中国历代名园记选注. 合肥：安徽科学技术出版社，1983：21.

园林特征逐渐定型。随着造园艺术的不断发展，对园林建造理论和方式、手法的研究也不断深入。明末计成撰写的《园冶》一书，就是一部全面总结江南地区的园林规划和设计、建造、施工，以及局部景致的处理等内容的理论性著作。全书共分为三卷：第一卷包括"兴造论"一篇、"园说"四篇（相地、立基、屋宇、装折）；第二卷专论"栏杆"；第三卷六篇（门窗、墙垣、铺地、掇山、选石、借景）。《园冶》涉及园林选址、总体规划和布局、个体建筑及结构、装修和装饰、山石选材、山水的堆砌、景境的营造等内容。计成在书中系统地阐述了园林建造的基本思想、原则、方法、用地、布景与审美情趣，论述了造园艺术的理论，提出"虽由人作，宛自天开"①、"巧于因借，精在体宜"② 的造园思想。作为中国历史上第一部论述造园的专著，也是世界上最古老的造园名著，《园冶》一书从造园的艺术思想到景境的匠意手法，从园林的总体规划到个体建筑的设计，从结构到细部装饰等诸多方面，都做了系统的论述，并辅以图样，反映了中国古代造园艺术的成就。

明、清两代的园林建造十分兴盛，尤以江浙地区最为著名。江浙地区建造的私家园林，不仅数量众多，而且多具文人山水园的特点。要在十分有限的空间模仿自然山水景致，很难做到"形似"而只能"神似"；追求写意式的山水意境，便成为这一时期造园艺术的特点。保存至今的江苏扬州、南京、无锡、镇江和浙江杭州、湖州、绍兴等地的诸多古代园林，既反映了这一特点，也代表了中国古典园林的最高成就。

中国的传统园林，亦称古典园林，是经人为加工、建造的模仿自然的山水风景式园林，主要作为休息、游赏和文化娱乐的休闲场所。按照园林的主人身份划分，可以分为皇家园林、私家园林和寺庙园林；按照园林的建造方式划分，可以分为自然园林和人工园林两大类。由于园林主人的身份及地位不同，园林也具有不同的风格，表现出不同的意境。

中国古代园林中的私家园林，主要为王公贵族、官僚、士大夫、富商，以及平民等修建的宅邸园林。私家园林的规模较小，主要通过对山、水、建筑、植物等园林要素，以及道路、室内布置等的设计、建造，构建出极富情趣、饱含艺术氛围的环境。现存的私家园林多为明清时代修建，大多集中在江浙及岭南地区，尤以江苏省的苏州、无锡、扬州、常熟、南京和浙江省的杭州、湖州等城市的私家园林著名。江浙地区出产黄石、湖石，气候、地理环境适于多种花卉植物生长，这为建造私家园林提供了有利条件。明清时期，这些地区商品经济发达、人文荟萃，为私家园林的建造又提供了物质和人文基础。

私家园林的面积小，只能在有限的空间"小中见大"，故以山水景观为主体，景物紧凑多变，以求营造出深邃的意境和空间感。特别是私家园林的造景，多赋予特定的内涵，或表现主人的追求与向往：祈盼富贵、不甘沉寂；或摒弃仕途，自寻乐趣；或感悟人生艰辛，命运多舛。凡此种种，无不在造园中通过置景、布景、造景的方式表现出一个鲜明的主题。这个主题，实际上就是主人追求的一种意境和情趣。因此，私家园林在造园手法和艺术表现形式上，更侧重于意境的营造，力求将诗情画意的情趣融入园林的诸要素中，使之成为一幅立体的山水画卷，极具观赏性。

郑元勋在《园冶》的题注中写道："古人百艺，皆传之于书，独无传造园者何？曰：'园有异宜，无成法，不可得而传也。'"③ 也就是说，中国古代在造景手法上，随形就势，

---

① 陈植. 园冶注释. 北京：中国建筑工业出版社，2009：51.
② 同①47.
③ 同①37.

变幻无尽。

在园林的布局上，具有因地制宜、灵活多变的特点。中国古典园林不采用传统的中轴对称建筑布局，而是根据园林的平面形状、主人的情趣和需要，灵巧地布列景区、景点和建筑，在有限的空间内，营造出"小中见大"的空间效果。中国古代私家园林多采用不规则的池塘，通过蜿蜒曲折的小径和廊，将分散在园内造型各异的厅堂、楼阁、亭台相互连接，形成主次有别的不同空间。每个空间都有自己独特的景致，或山或水，或花或竹，或亭或堂，或路或桥，给人奇妙无穷之感。

中国古代园林，主要包含山、水、植物、建筑四个要素。其中，前三个要素是表现自然，后一个要素则是人文景观。将自然与人文景观有机地结合在一起，且突出山水的主题，实际体现了一种顺应自然、天人合一的自然观。

山、水是园林的主体和布景的核心，也是体现园林意境的主要途径。明代诗人、画家邹迪光在所撰《愚公谷乘》中对园林中山水的功能和作用做了精辟的分析。"园林之胜，惟是山水二物。无论二者俱无，与有山无水、有水无山不足称胜，即山旷率而不能收水之情，水径直而不能受山之趣，要无当于奇，虽有奇葩绣树、雕甍峻宇，何以称焉？"园林中的山、水虽是模仿大自然中的美景，但绝非简单地再现大自然的原始形态，而是通过提炼、概括等艺术加工手法，营造出源于自然又高于自然的环境氛围。在中国古代园林中，山、水是园林的精华所在。由于中国古代的私家园林空间小，不可能像皇家园林一样借助天然山、水，而只能通过石砌假山、修筑池塘的方式，刻意表现山之美和水之秀。

私家园林在建造假山的材料选择上，主要使用太湖石和黄山石等石材。太湖石外形曲折、多变，表面起伏、多孔，具有瘦、透、漏、皱的特点，极富灵动之感，垒砌的假山尤显活泼，雄奇灵秀、变幻莫测（见图5-22）。黄山石一般加工成块状，多有棱角，垒砌的假山峰峦叠嶂，尤显雄伟浑厚。无论用太湖石还是黄山石垒砌的假山，都营造出沟、涧、洞穴等自然山所具有的形和景，使人仿佛置身于大自然中。园林中的假山通过营造出的形和景，实际表现出自然山体所具有的特征和神韵，或奇秀，或巍峨，或雄伟，或幽深，寓神于形，形神兼备。

私家园林的理水，也是再现大自然中的水景。园林中池塘的形状强调贴近自然，不采用规整的造型，而是通过曲折的池岸，或宽阔或狭窄的水面，蜿蜒迂回的河渠，浓缩大自然水的美景，刻意表现自然中水所具有的秀美和灵气，使人产生回归自然的感觉。

图5-22 冠云峰（江苏苏州留园）

中国古代园林中的花木包括地面、假山和水池内栽种的多种树木、灌木和花草。中国古代园林在花木的选择上，十分注重景色的配置。园内多种植梅、松柏、竹、藤、月季、荷花、菊花等花卉、树木,其中既有常绿树,也有落叶树,以求四季常青、色彩多变。除此之外,许多园林还常用盆花、盆景装点室内外,以增加美感。花木的种植,既有单株、单棵,也有成丛、成林,形成纵深层次感(见图5-23)。

图5-23 园林植物

中国古代园林中的建筑类型很多,有厅、堂、楼、阁、廊、亭、榭、舫、台、桥等。这些建筑的位置、形状、体积及艺术装饰等,均根据与周围景致相配的需要,随机变化、灵活设置。为了凸显园林的秀美,园内的建筑在造型上比较轻巧、典雅,成为园林的一种点缀。这些建筑多具有开敞、通透的特点。

其中,亭作为园内歇息、观景的建筑,多建在山上、水池或小河旁、林木中。这些亭或独立,或与廊相接,作为衔接和过渡;或作为障景,遮住墙角等一些不易装点的部位。园林中亭的造型最具多样性,平面有方形、长方形、圆形、半圆形、扇形、六角形、八角形、梅花形等;亭顶有攒尖、歇山等形制,造型有扇、斗笠、飞檐等(见图5-24)。

图5-24 扇亭(左:江苏苏州拙政园);笠亭(右:江苏苏州拙政园)

第五章 中西方建筑文化差异

园林中的廊，或倚墙而建，或攀缘假山，或依傍池溪，多用于连接建筑，也是游园的线路。廊的形式也是多种多样，有直廊、曲廊、复廊、回廊等。廊还具有划分空间、增加景深、衔接景区或景点的作用（见图 5-25）。

图 5-25　园林中的廊（江苏扬州个园）

为了扩展空间感，中国古代园林多采用建造曲径、曲廊、曲桥或拱桥的方式。曲径或曲廊迂回、弯曲，可以起到延长路径，增加距离的功能。在不宽的水面上架设的曲桥和拱桥也具有相同的功能。而漫步在曲径、曲廊、曲桥和拱桥上，随着方向和角度的改变，看到的景致和景物也发生相应的变化，产生一步一景、景随步移、步移景异的观景效果，犹如漫步在画卷中。

增加景致的层次，以获得景深，也是扩展园林的空间感的一种手法。为了能在有限的园林空间营造出深远的景致，在山水、植物和建筑的布局和置景上，多通过层次的变化延伸景观深度。在中国古代园林中，假山层峦叠嶂，水池曲折凹凸，植物远近高低、错落有致。由此形成丰富的层次，取得很好的景深效果，可使人感到景中有景。

借景，作为中国古代园林扩展空间的造园一种手法，在私家园林中运用得更为普遍和灵活。计成认为，"构园无格，借景有因"①。私家园林的借景，是充分利用园林周围的特色景物，将其"借"入园内，以扩大园林视野范围，增加空间层次感。借景有远近的区分：远借，即将距离园林很远的景致"借"入园内；邻借，是将与园林相毗邻的景致"借"入园内。在一些中国古代的私家园林中，或借远处的群山或山峰，或借较近的楼阁、塔等高大建筑，或借相邻的树木等景致，不仅给园内增添了更多的景致，更丰富了园景的层次，延伸了视野。在借景时，还有仰借、俯借等角度的区别。借景不仅扩展了园林的空间感，还为园林平添了许多情趣（见图 5-26）。

在中国古代园林的造园手法中，还有互为景致的对景；突出主题，点缀、装饰景观的

---

① 陈植. 园冶注释. 北京：中国建筑工业出版社，2009：243.

图 5-26 借景（拙政园借景北寺塔）

点景；利用漏窗、疏林等丰富景观层次或引入园外景致的漏景（见图 5-27）；将造型奇特的门窗作为画框，突显特定景致的框景等（见图 5-28）。这些体现中国古代园林艺术的造园手法，各具特色和功能、作用，不仅丰富了园林的景观，增添了情趣，还营造出富于变幻、多姿多彩的意境，给人以美的享受和自然可亲、可近的感受。

图 5-27 漏景（江苏苏州留园）　　　图 5-28 框景（江苏扬州瘦西湖钓鱼台）

中国古代园林虽不采用对称的布局，但也不失平衡的文化特点。中国古代园林通过山、水、植物、建筑诸要素，营造出表现自然的环境和景观，以此拉近人与自然的距离，表现人与自然的和谐。中国古代建筑及布局的对称，是一种静态的平衡表现形式。园林的布局和置景则通过对比、对应的方式，诸如山、水之间的高、低对比，花木、山水、建筑之间的动、静对比，水中倒影与实景之间的正与反、虚与实、动与静对比，各景观之间的色彩浓、淡对比，以及远近、阴阳等多种表现手法，实现一种动态的平衡，即和谐。

中国古代园林采用的各种造景和手法，多具写意特点。移天缩地，集奇观异景于园中，于小中见大，给人无限的遐想空间，感悟自然和人生的真谛。园林艺术是通过园林空间的分配和组合，各景区、景物的比例处理和色彩搭配，运用建筑的不同造型，构建出由山水、植物和建筑组成的山水画卷，体现特定的意境。所以，中国古代园林同其他形态的中国传统文化一样，都具有极高的艺术观赏价值和深刻的人文内涵，因而被誉为"诗情画意般的仙境"。

皇家园林是专供皇帝及皇室成员游乐休息及帝后居住、临时处理政务的园林。中国古典皇家园林不仅规模宏大、气势恢宏，集天下美景于一园，建筑装饰富丽堂皇，兼有听政、起居、观戏、拜佛、渔猎等功能，在整体布局上还充分体现皇权至上、囊括海内的思想，显示出王者独尊的气派和君临天下的意境。中国历史上的皇家园林，既有依傍自然山水修建的自然山水式园林，也有人工修建的园林。现存清代的皇家园林中，故宫内的御花园及一些宫室园林，均属人工园林。建在宫城以外的三海（北海、中海、南海）、颐和园，承德的避暑山庄，以及在第二次鸦片战争中被英法联军劫掠、焚毁的圆明园，都属于自然山水式园林。这些宫城以外的皇家园林是在吸收和借鉴江南园林设计手法和意境的基础上，通过对已有自然山水的改造、改建，并修建殿、堂、楼、阁、亭、廊、桥等建筑，以及修筑林路、设置景点、营造景观的方式建成的自然山水式园林。在整体布局上，皇家园林具有宫苑合一的特点。园内分布着不同用途和功能的宫殿建筑群，高大雄伟、威严壮观、装饰华丽、色彩艳丽，以此突出其在园林中的主体地位。尽管为了再现自然的美景，皇家园林在整体布局上没有采用对称的布局，但其宫殿建筑群依旧采用中轴对称方式体现皇权至上的思想。由于皇家园林占地面积很大，内部又划分出宫廷区（包括朝政区、生活区）、山区、湖区等不同的区域，既相互呼应，又相互融合，构成一个整体。在景区的设置上，既突出各自的特点，又通过在景区内设置独特的景点营造出景中有景的艺术效果，既丰富了景致，又增加了美感。园内的各景区则通过园路、长廊连为一体。在艺术风格上，清代的皇家园林吸收了中国各地园林艺术的精华，既有江南园林的秀美，又有北方山水的雄浑。

位于北京西郊的颐和园（原称清漪园，为清帝的行宫和花园），是现存清代京城地区最大的皇家园林。这座面积达2.9平方千米的皇家园林，其宫廷区位于东宫门，也采用前朝后寝的布局。朝政区是皇帝驻园期间临朝听政、接见臣僚及处理政务的场所，以仁寿殿为中心，由朝房（官员上朝前歇息及处理公务的场所）、值房（当值官员的临时办公场所）等建筑组成；生活区位于朝政区的西北，包括帝后的寝宫玉澜堂、宜芸馆及慈禧太后的寝宫乐寿堂、德和园戏楼，以及侍奉帝后起居的附属用房等建筑。这几组建筑均采用宫廷建筑的形制和对称的布局，充分显示皇权至上、尊卑有别的等级思想。

颐和园的主体部分万寿山和昆明湖，是这座皇家园林的主要风景游览区。万寿山为燕山余脉，山体呈东西较长、南北较狭状，东西两侧呈缓坡状，南北两侧相对较陡，分为前山前湖和后山后湖两个景区。万寿山的前山（南麓）前湖区是一个以建筑为主的风景游览区，分布着诸多景点。其中在前山中部建有一组对称式建筑：自昆明湖畔起，沿中轴线布列着"云辉玉宇"牌楼、排云门、二宫门、排云殿、德辉殿、佛香阁，直至山顶的智慧海。这组建筑随山势梯级上升。德辉殿后面的山坡上修建了一座高大的石砌台基，佛香阁就建在这座高21米的台基上。作为颐和园整座园林核心的佛香阁，通高36米，为八角三层四重檐的木结构塔式建筑。尽管佛香阁没有建在山顶，但在层层上升的殿宇和高大的台基衬托下显得尤为巍峨、挺拔，营造了一种佛国仙境的气氛，体现了对佛的敬重。在这条中轴线的两侧，分布着成组的建筑群。其中既有宗教性建筑，如转轮藏、五方阁等，也有游乐性建筑，如画中游、听鹂馆、景福阁等，以及一些供休息、玩乐的院落。它们与中轴线上的排云殿、佛香阁，共同组成万寿山前山的建筑风景带。这些建筑群的体量均小于中轴线上的建筑，且呈散状分布于山体的不同部位，对中轴线上的建筑起着反衬和烘托的作用。在绿树掩映的山体衬托下，这些建筑亦不失富丽堂皇、精巧别致之感。

万寿山的后山后湖区是一个狭长的地带。为了营造景致，造园者沿山脚开挖了一条宽窄不一的河道，引入昆明湖水，形成弯曲、狭长的湖面（亦称后湖），再将挖出的土在河的北岸堆积成山丘，既遮挡了北宫墙（颐和园北墙），又与南侧的万寿山相呼应，形成两山夹一湖的景观。后湖沿岸种植着茂密的树木，泛舟湖上，颇有幽深宁静、柳暗花明之趣。与前山前湖区景致的华丽风格不同，后山后湖区没有恢宏的建筑，除山上建有一组藏传宗教建筑"须弥灵境"外，主要是极富山林野趣的人造自然环境：山上林木葱郁，曲折的林间小路忽隐忽现，呈现了一种幽静深邃的景色。后湖中部则模仿江南水肆（苏州街），建有鳞次栉比、错落有致的各式店铺，布局紧凑，形成一条雕梁画栋、游廊相连的商业街式的景区带。在绿树掩映下，恬静的湖水、画廊式的街道，营造出古朴、典雅的水乡美景（见图5-29）。湖面东端尽头溪流潺潺，在此建有谐趣园。这座仿无锡寄畅园的小园，园内环水建有厅、台、楼、榭等建筑，并有游廊相连。曲水、复廊，极尽幽静、典雅之趣。后山后湖区精致深幽、婉转成趣的景观，与前山前湖区的开阔水域、极目天际的景观也形成一种鲜明的反差：古树参天，山脚下横卧的一湾湖水，岸边的曲折山路，幽深的环境，更富于自然山水之美感，也为这座皇家园林增添了野趣。

图 5-29　颐和园后山后湖区苏州街

昆明湖的湖区面积最大，水面约占全园面积的3/4（见图5-30）。湖区由湖堤分成三个湖，每个湖中各建有一座岛。名为涵虚堂、藻鉴堂、治镜阁的三座岛屿呈鼎足分布，象征着传说中的蓬莱、方丈、瀛洲三座海上仙山。岛上也建有不同形制的建筑，在湖水和绿树的衬托、掩映下宛如仙境。仿西湖苏堤建成的昆明湖西堤，分布着六座造型各异的拱桥，堤岸两侧桃柳成荫。蜿蜒曲折的西堤，宛如一条绿色的飘带，漂浮在烟波浩渺的昆明湖上。昆明湖的东南侧连接湖岸与南湖岛（旧称龙王庙岛）的十七孔桥，汉白玉的桥身洁净、典雅，犹如一条玉带横卧于碧波荡漾的湖面上（见图5-31）。

图 5-30 俯瞰昆明湖（局部）

图 5-31 颐和园十七孔桥

颐和园集天下之美景，将各地不同的园林风格集中于一园之中。在利用原有自然山水的基础上，颐和园还采用多种手法设置景点。其中，既有以各种造型的亭、桥、廊、阁、榭等建筑为主体的景点，也有以花木、湖石或山石点缀的景点，还有清晏舫（石舫）、铜牛等造型景点。这些景点不仅丰富了这座皇家园林的景致和美感，更平添了无尽的情趣。其中位于万寿山南侧、毗邻昆明湖的长廊，蜿蜒横亘于前山前湖区，既起着分隔山水的作用，又将宫廷区和前山各景点连接在一起。长 728 米的长廊，既是颐和园的一个重要景点，又是一条极佳的观景游廊。行走于长廊之中，一侧为山景和建筑群，一侧为水景，在视觉上形成一种反差。长廊还可以遮挡雨雪和烈日，便于在不同天气条件下观景，获得不同的景观效果和感受。长廊沿湖而建，呈弯曲状，行走其间，又因方向的改变而变换视角，产生一步一景、景随步移的观景效果。长廊上的每一根枋梁上均绘有精美的图画，题材有山水胜景、花鸟鱼虫、历史人物及典故等（见图 5-32）。由 14 000 余幅彩绘画装饰的长廊实际上也是一条画廊。在长廊中行走，不仅可以观赏两侧的景致，还可以欣赏精美的绘画，增加了观赏的内容，也增添了情趣。

尽管颐和园的山水景致已美不胜收，但它仍采用了借景的造园手法，以营造出更加开阔的视野和景深，也为这座皇家园林增添了更多的景致。西山的群峰与玉泉山的塔以及园外广袤的田园，均为颐和园重要的借景。无论从万寿山上，还是在昆明湖上，都能远眺西山群峰的雄姿和玉泉山塔的倩影（见图 5-33），湖光山色交相辉映，产生一种由近及远、错落有致、层次分明的景观效果。站在万寿山上则能眺望园外的农田和村舍，使园内与园外的景致、景色融为一体，也为园林增添了田园风光。

图 5-32 颐和园长廊内景

图 5-33 颐和园借景玉泉山塔和西山

中国古代园林，无论是私家园林还是皇家园林，在布局上均不强调整体规整和对称，刻意表现千变万化的自然形态。在造园时，均以自然界中的秀美山河为原型，在有限的空间内运用各种造园手法，将山、水、植物、建筑等要素组合成一个有机的整体，营造出源于自然又高于自然的景致。这种"师法自然"的造园艺术，"虽由人作，宛自天开"，寄托了人们对大自然的向往与崇尚、赞美与热爱，体现了人顺应自然和"天人合一"、人与自然和谐相处的思想和观念。崇尚自然，追求人与自然的和谐，正是基于农业生产中"天"是第一位的、占据着主导地位的认知，是源于农耕文明的一种自然观，也是儒家、道家等中国传统思想在园林艺术中的反映。

二、西方的古典园林

西方的古典园林，最早可以追溯到古埃及和古巴比伦的园林。

由于埃及地处北非沙漠地带，处于干旱少雨的自然环境中，所以人们需要建造比较舒适的生活环境，利用自然、改造自然便成为人们的一种意识和追求。在恶劣的自然环境下，树木尤显珍贵，被古埃及人视为神的象征。所以古埃及人利用尼罗河水栽种树木，用于遮挡炽热的阳光，营造出一个个凉爽的绿洲，古埃及园林即是在此基础上产生的。同时，古埃及人为了种植农作物，十分重视引水灌溉技术和土地的规划，土地的测量和数学计算水平不断提高。受此影响，古埃及的园林采用对称、规整的几何形平面布局。这种布局体现了按照人的意志改造自然的意识。古埃及的圣苑（亦称圣林，为神庙修建的园林）、法老墓园、贵族宅园等园林，均采用这种布局。园中种植大量的树木，排列井然有序，修筑有笔直平整的道路、几何形的水池，形成舒适、凉爽、湿润的小气候环境（见图5-34）。

图5-34 古埃及陵墓壁画《奈巴蒙花园》（大英博物馆藏）

古埃及宅园的建造在新王国（约公元前1567—前1085）前期极为兴盛，王公贵族的宅邸旁多建有园林。考古发掘资料和出土文物证明，新王朝时期的宅园平面均为正方形、长方形等几何形。宅园四周筑有围墙，入口处建有高大的门楼，称为塔门。宅园的内部空间被灌溉水渠及道路分隔为几个区域。在宅园内的中心位置，多挖有方形水池。水池四周整齐排列着棕榈、柏树及椰枣、石榴等各种树木，栽种葡萄等爬藤植物，其间或建有供歇息、赏景的凉亭、棚架，以及廊柱、雕像、塔门、人工河等建筑。虞美人、牵牛花、玫瑰、黄雏菊、蔷薇等花卉植物种植在矩形的花圃中，花圃四周栽种灌木作为篱栏。这种几何形的平面、对称式的布局，构成了主次分明、井然有序的园林景致（见图5-35）。古埃及的园林在功能上突出实用性和娱乐性。园内的水池可以划船、垂钓及捕捉水鸟；果树及葡萄可以收获果实。尤其是各种绿色的植物和色彩艳丽的花卉，与宅院外面的黄色沙漠形成鲜明的对比、反差，极富生命的活力，给人以清凉、静谧的视觉效果。正是由于受干旱的自然环境影响，古埃及园林形成了以水、树木为主的景观要素。尽管古埃及园林的造园手法单一，但其对称、规整的布局，特别是根据人的主观意愿布置花草树木和水景，创造人为的自然环境，体现出人能够改造自然、创造舒适生存环境的理性思想，更充分显示了人的主体地位。

位于两河流域的四大文明古国之一古巴比伦王国，也建造了园林。其中有利用天然森林建造的猎苑、在庙宇周围建造的圣苑，而最具特色的是被誉为世界古代七大奇迹的悬园"空中花园"。传说它是由尼布甲尼撒二世为其王妃建造的。由于历史的原因，当年修建的

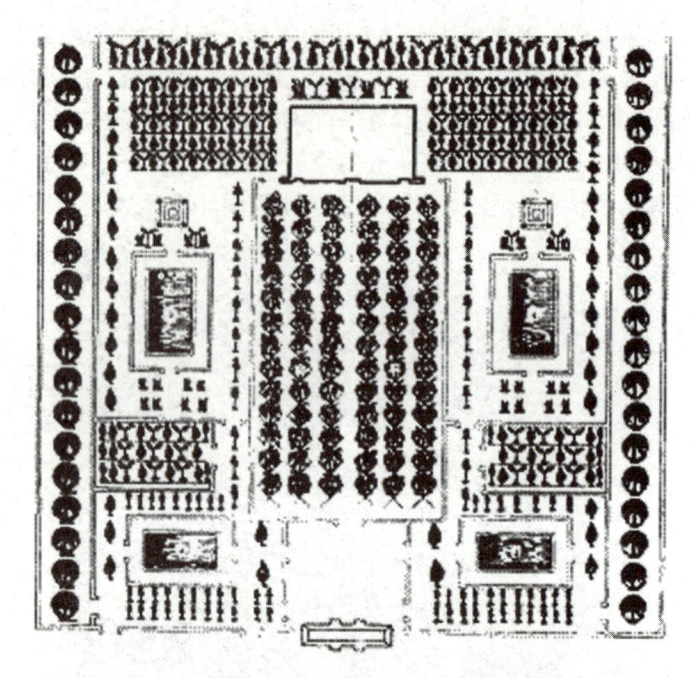

图 5-35　古埃及宅园平面图（石刻，埃及古墓出土）

"空中花园"早已不存，后人只能通过古希腊、古罗马学者的著作大致了解"空中花园"的修建方式和结构。所谓的"空中花园"，实际上是通过建造多级石砌平台的方式，从四周向中央逐级升高，而形成高低错落、层层叠叠的立体园林景观。每一层平台系由廊柱支撑，平台下部为拱券式外廊，外廊内建有各种不同用途的房间。平台顶部外缘砌筑石块，其内覆土，用于栽种树木花草。每层平台之间铺设台阶相通。在每层平台的拐角处设置有用于提水的辘轳，可以将水逐级提升到最高层，再逐层向下浇灌植物。由于平台内种植的各种花草和蔓生植物遮挡部分柱廊和平台墙体，远望似绿色掩映的金字塔，仿佛立在平原上空的花园，故称"空中花园"，亦称"悬园"（见图 5-36）。古巴比伦王国的"空中花园"是仿自然山地的人造景观，充分体现了人的主观意志。

图 5-36　"空中花园"想象图

北非、西亚的早期文明对毗邻的欧洲产生了一些重要的影响。以欧洲为代表的西方古典园林，即在继承古埃及园林及古巴比伦园林的基础上发展而成。特别是人在自然界中的主体地位，人的主观意志可以支配自然的观念和意识，在欧洲古典园林中更是得到充分的体现。

位于欧洲东南部巴尔干半岛和地中海东部爱琴海一带的古希腊，是欧洲文明的摇篮。而早在古希腊之前，这里就曾相继诞生过克里特文明①和迈锡尼文明②。巴尔干半岛的地理位置，为克里特人和迈锡尼人与古埃及、西亚等地的交往、交流提供了便利的条件，这也为古希腊社会的发展和文化的繁荣汲取到更多的文明成果，这在古希腊之前园林中已有鲜明的体现。在迈锡尼文明灭亡后古希腊的史料"荷马史诗"中，即有对迈锡尼国王阿尔基诺奥斯宫殿庭园的描述。其中的《奥德赛》第七卷《拜见国王，奥德修斯受到热情招待》就记述道：距宫门不远处有一座果园，果园的面积很大，四周修筑篱笆围护。果园中种植着各种果树，还有葡萄园、菜地。无论寒暑，果树始终常绿，芳香不断，一年四季都能收获果实。果园附近有两股泉水，一股用于浇灌果园及菜地，一股通过地下管道流入宫内，成为宫内生活和市民的饮用水水源。这座毗邻王宫修建的果园，实际上已超出种植园的范畴。一年四季树木常绿，枝头花团锦簇，芳香四溢，果实成熟不断，突显了观赏性和实用性兼备的特点，且水和树木仍然是两个重要的要素。这种植物的配置，充分表现出人对自然的驾驭能力，也体现了人在自然界中的主体地位。

由于受克里特文明和迈锡尼文明特别是迈锡尼人信奉神祇的影响，崇拜和祭祀神祇成为古希腊社会生活中的重要组成部分，许多重大的活动和宗教节庆都与祭祀神祇有关。在古希腊的文学艺术中，更是充满了神话，其中尤以《荷马史诗》最具权威性。绘画、雕塑艺术的题材亦多表现神祇。古希腊人崇拜的神祇都被赋予特定的职责和权力，实际上是人的意志的体现。此外，古希腊时期为了能赢得战争和发展生产，人们希望能拥有强健的体魄，因而重视体育锻炼和健身活动。这些因素都成为古希腊文明的主要内容，也为古希腊

---

① 克里特文明，亦称米诺斯文明，系公元前 2000—前 1400 年存在于地中海东部克里特岛上的一种青铜时代文明。考古成果反映了私有制的出现、社会内部的贫富分化、国家的建立和王权为中心的统治特点，以及发达的手工业、商业，兴旺的海上贸易和城市，出现了欧洲地区最早的文字（初为图形文字，后发展为线形文字，至今尚未释读）。这一时期在克里特岛上建立了许多小王国，各国均建有大规模的王宫，作为国家的政治、经济和文化中心。克里特文明时期，建筑技术已达到很高的水平。王宫建筑高大宏伟，极其富丽堂皇。宫殿内有彩绘壁画、陶制排水管、专门的储藏室和大酒窖等各种装饰和设施。克里特文明与古埃及存在着较密切的联系，在埃及新王国时期的一些墓室壁画中，即有克里特人的形象。而克里特人所消费的黄金、象牙等高级奢侈品也多由古埃及输入。公元前 1700 年前后，克里特文明曾遭受严重的破坏，原因不明；约公元前 1450 年，因地震、火山等自然原因，抑或外敌入侵，克里特文明毁灭。

② 迈锡尼文明是继克里特文明后，于公元前 1500 年前后，由自欧洲内陆南下的阿卡亚人在希腊本土创造的青铜时代晚期文明。因最初发现于迈锡尼王国都城迈锡尼城，故称迈锡尼文明。迈锡尼文明反映了希腊半岛君主制国家的建立、以金属冶铸业为代表的手工业的发展，以及海上贸易的兴盛和范围的扩大。迈锡尼人开始崇拜众神之王宙斯及其妻天后赫拉等神祇。迈锡尼文明与克里特文明既是承袭关系，又存在着明显的差异。迈锡尼文明也以王权统治为中心，王宫建筑位于城堡中心的最高处，规模宏大、楼宇雄伟。城堡四周建有居室砌筑的、坚固、厚实的城垣，具有很强的防御功能，表明这一时期的战争频繁。迈锡尼文明时期人们已在克里特文明时期的图形文字基础上创制并使用线形文字（称为线形文字 B，现已释读）。迈锡尼人的建筑技术水平有长足的发展，王宫殿堂使用上粗下细的圆形石柱支撑房顶，以增加内部空间。王宫拥有众多的房间，有门廊、曲折的过道和浮雕等附属建筑和装饰，结构复杂。约公元前 1200 年，迈锡尼文明被来自希腊北部内陆山区的多利亚人所毁灭。迈锡尼文明后为古希腊文明所承袭。

园林提供了丰富的素材和表现形式、手法。

古希腊的园林，特别是造园的方式和手法，不仅受到克里特文明和迈锡尼文明的影响，还受到被并称为"古希腊三贤"，即古希腊三大思想家的苏格拉底①、柏拉图②、亚里士多德③等人的美学思想，以及古希腊数学家毕达哥拉斯④的美学学说的影响。

在古希腊时期，美学已作为哲学的一个重要课题受到哲学家们的重视。一些古希腊哲学家对"美"的判定标准、内容和形式等阐述了自己的观点，如苏格拉底对"美"的判定标准，是依据其功能和用途。凡是对人适用的东西，都是美的。他认为，世上的一切事物都是按照理性，经过深思熟虑后安排的，均合乎一定的功用目的，因此都是美的。苏格拉底的这种美学思想被其弟子柏拉图继承和发展。柏拉图认为，事物的美不在于色彩和形式，而在于"美本身"。所谓"美本身"是先于事物而存在的，是事物美的原因和本质。这种"美本身"实际上是一种理念，是第一性的，决定着美的事物。亚里士多德的美学思想，则是基于人对客观事物的感受。他认为，美的事物可以给人以快乐的享受。美是外在的形式，应该是有秩序的、匀称的。只有比例与尺度和谐的事物，才是美的。毕达哥拉斯的美学思想则是基于"数论"思想。他认为，数的本原就是万物的本原。大自然中的数量关系，是先于现实世界而存在的。它为现实世界提供了原则、数据、模式和形式，使之产生和谐之美，即数量关系的和谐，是一切美的本原。

---

① 苏格拉底（公元前469—前399），古希腊唯心主义哲学家、教育家，西方哲学的奠基者。出生于希腊雅典一个普通家庭，其父为石匠，其母为产婆。早年曾随父亲学习雕刻技艺，后熟读荷马史诗及其他著名诗人的作品，并向智者普罗泰戈拉、普罗迪科斯等人求教，讨论有关社会和哲学的问题。苏格拉底认为哲学研究的目的不在于认识自然，而在于认识自己。在伦理学上，他最早提出知识与行为是有联系的论断。他在辩论时，采用所谓的"产婆术"，即通过对话和问答促使对方在观点上自相冲突，继而揭露对方的矛盾，使之逐步达到所谓普遍性的认识。后被奴隶主民主派以毒害青年之名判以死刑。他的学说和思想后被其弟子柏拉图继承。

② 柏拉图（公元前427—前347），古希腊客观唯心主义哲学家。出身于希腊雅典一个贵族家庭。青年时师从苏格拉底。苏格拉底被处死后，柏拉图与苏格拉底其他弟子离开雅典，于意大利、埃及等地游历。大约40岁时，他回到雅典，开办学园，从事讲学活动。柏拉图哲学思想的核心，是神秘的理念论和灵魂不灭论。他认为，理念是独立于物质和人的意识之外的实体，永恒不变的理念是个别事物的"范型"，个别事物是理念不完善的"影子"或"摹本"。在认识论上，柏拉图认为，真实的知识只是不朽的灵魂对理念的"回忆"；美也是善，纯粹的美是理念，绝不能为艺术表现出来；理念的世界是真实而完美的存在，现实世界只是人类感官对这个完美世界的不完美认识。

③ 亚里士多德（公元前384—前322），古希腊哲学家、科学家。青年时赴雅典柏拉图学园，师从柏拉图20年，后游历各地。近50岁时，回到雅典，在吕克昂创办了自己的学园，主要从事教学和科学研究活动。亚里士多德致力于哲学、逻辑学、政治学、伦理学、美学和物理学、生物学、生理学、医学等的研究。他在哲学上，动摇于唯物主义与唯心主义之间，认为物质是永恒存在的，不能被创造。他对柏拉图的理念论持批判态度，指出一般不能离开个别而存在，形式和物质不能彼此分开。认为具体事物由四种因素构成，即"四因说"：质料、形式、动力、目的。但同时又认为"形式"是积极能动的因素，最终会陷入唯心主义。在认识论上，他主张认识的对象是外在的事物，强调思维依赖于感觉。但又认为理性的知识是高贵的知识，纯思辨的生活是最幸福的生活，是人生的最高理想，从而片面地夸大理性的作用。

④ 毕达哥拉斯（公元前580至前570之间—约前500），古希腊数学家、唯心主义哲学家。年轻时曾赴埃及和巴比伦学习数学，后又于意大利南部地区传授数学和宣传自己的哲学思想。后与其信徒组建了一个政治和宗教团体，即毕达哥拉斯学派。毕达哥拉斯认为，数是万物的本源，万物按照一定数量的比例关系构成和谐关系。他运用数学来解释自然和世间万物，认为万物都包含着数，而万物本身即数，只要调整好数量的比例，就可以产生美的效果，并由此创立了毕达哥拉斯学派的美学思想和古希腊哲学的数学传统。毕达哥拉斯学派更将数学的作用绝对化，认为对几何和数学关系的沉思，能实现精神上的解脱。毕达哥拉斯及其学派的思想和观点，对后来的文艺复兴产生了重大的影响。

正是受到这些理性、美学思想的影响,古希腊园林采用几何图案式的平面布局,强调整体的和谐和秩序,注重对称、均衡,采用圆形、正方形、矩形或直线设计各种景观平面造型。

公元前 5 世纪,希腊在与波斯的战争中获胜后,国力日渐强盛,出现了繁荣昌盛的局面。古希腊人因此追求物质和精神生活上的享受,园林的建造随之兴起,兴建了许多不同类型和形式的园林。在园林的功能上,也开始由实用性向装饰性和游乐性转变。古希腊时期的园林,主要有宫廷庭园、宅园、文人园和公共园等类型。

其中,宅园作为住宅园林,经历了一个发展和变化的过程。由于最初的住宅是三合院式布局:正面设厅,两翼建有住房;在厅前和厅的对面建柱廊,合围成一个中庭,故称中庭园。中庭内铺装地面,用雕塑、器物造型、喷泉做装饰,以作为一个家庭日常活动的主要场所。随着城市生活的发展,宅园逐渐演变为四周环绕柱廊的庭院,亦称柱廊园。园内种植各种花草,用雕塑、喷泉作为景点和装饰。这种宅园在古罗马时期又得到进一步的发展。

古希腊的文人园,亦称哲学家的学园。古希腊的哲学家最初或选择景致优美的公共园,或在神庙周围的圣林聚众讲学。后又另辟学园作为讲学场所。在这些学园内,建有神殿、祭坛、雕像和凉亭、廊,设有林荫道、座椅,种植有悬铃木、齐墩果、榆树等树木及花草,成为一处集景观、建筑、装饰于一体,具有观赏性和娱乐性的学园。其中,最著名的学园是柏拉图在雅典北郊阿卡德美创建的雅典学园。

古希腊时期,在雅典民主政治的影响下,民主思想比较活跃,所以雅典建有一些公共活动场所,其中,在神庙外围建有圣林,即围绕神庙种植有树木、花草,布设青铜或大理石雕塑、器物造型等装饰,作为人们祭祀神祇时休息、聚会或游赏之所。竞技场园林,则是在竞技场旁边种植大量的树林,形成大片的林地。由于古希腊时期的体育竞技多与祭祀活动相联系,所以在林地内,亦建有祭坛、柱廊、亭等建筑,以及林荫道、座椅等设施,既可供运动员休息、活动,也可供观众在观看竞技比赛之余,在此休息和游赏。这一传统已为后代所沿袭,演化为后来的体育公园(见图 5-37)。

图 5-37 奥林匹亚祭祀场复原图

图片来源:郦芷若,朱建宁. 西方园林. 郑州:河南科学技术出版社,2001.

古罗马园林在继承古希腊建筑、雕塑和园林的基础上，又继续发展，也为以后文艺复兴时期的园林艺术奠定了基础。古罗马的园林主要分为宫苑园林、庄园园林、中庭式园林和公共园林四种类型。

古罗马共和时代后期，曾修建了许多宫苑园林，多集中于距罗马城不远的避暑胜地——梯沃里山谷。这里地形起伏，宫苑遂依山势而建。这为文艺复兴时期意大利台地园的产生奠定了基础。可惜这些宫苑园林因战争等原因，现已踪迹全无，仅存哈德良皇帝宫苑遗址和部分建筑遗存（见图5-38）。

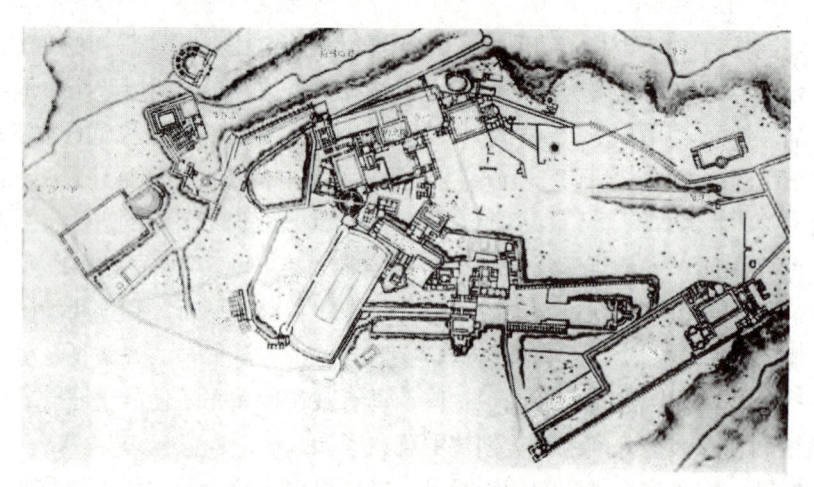

图5-38 根据哈德良皇帝宫苑遗址绘制的平面图
图片来源：郦芷若，朱建宁. 西方园林. 郑州：河南科学技术出版社，2001.

哈德良皇帝宫苑位于梯沃里的山坡上，建在狭窄的山谷间。宫苑整体平面极不规整，仅中心部分为规整式布局。其中建有宫殿群和图书馆、艺术宫、剧场、画廊、餐厅、浴室、庙宇、竞技场、游泳池等大量的建筑及其他附属设施。宫苑通过水系将溪流、小河、湖泊、水池及喷泉等连为一个整体。宫苑内的主要建筑还附有希腊式的中庭、柱廊园。其中的绘画柱廊园长200米，宽100米，由柱廊和围墙合围而成。园内中央置水池，北面为花园，建有凉亭、花架等装饰性建筑，点缀有雕塑（见图5-39）。在宫殿建筑群的后面，还建有观景台，可以眺望山谷和远处的平原。这里也建有柱廊和大理石水池，既作为景观，又能休息，同时使远景与近景交相辉映，更增添了美感。

古罗马时期，罗马贵族多居住在郊野，所以别墅庄园成为一种建筑形式，庄园园林也因此成为古罗马时期一种重要的园林类型。古罗马著名的哲学家、演说家、雄辩家西塞罗十分推崇别墅庄园，认为一个人除日常生活的家之外，还应拥有一个郊野庄园。罗马贵族的庄园多建在城外或近郊风景优美之地，规模或大或小。庄园多随地势而建，一般多采用规整布局。特别是建筑物附近，更是采用对称的布局，而在距离建筑物较远的地方，则多保持自然的原貌。园内除建有小楼、厅堂、餐厅等起居生活所需的建筑外，还有很宽敞的花园和果园、菜地。花园不仅是观赏精致植物的场所，还兼有散步、骑马和狩猎的功能。主要建筑旁边一般辟有林荫道、装饰性的植物篱笆、花坛或花池，种植着各种花卉，可供散步、观赏；园内由植物篱笆围绕的宽阔林荫道，则用于骑马。至于狩猎的区域，则被高

图 5-39 哈德良皇帝宫苑的建筑遗存
图片来源：郦芷若，朱建宁. 西方园林. 郑州：河南科学技术出版社，2001.

墙围护，里面种植着大片的树木，布列着纵横交错的林荫道，放养着各种供狩猎的动物。在一些豪华庄园的园林中，还建有游泳池或进行球类游戏的草地。可见，古罗马的庄园园林注重观赏性和娱乐性，旨在为主人提供休闲和娱乐的场所。

古罗马的中庭式园林和公共园林不仅是对古希腊宅园的继承，更有新的发展。

公元 79 年，因维苏威火山爆发，古罗马庞贝城被火山灰掩埋。人们在对庞贝城遗址进行发掘时发现，城内的宅园多为三进院落，即前庭（主要用于接待客人）、柱廊式中庭（家庭成员的活动场所）、后庭（花园）。其中的柱廊式中庭面积比较大，与古希腊的同类园林很相似。但与古希腊的中庭式园林相比，古罗马的中庭式园林又增加了一些景致，如多建有水池、水渠，在水渠上架设小桥；木本植物多栽种在大陶盆或石盆中，草本植物则栽种在方形花池或花坛内；柱廊的墙面上常绘有风景画。这些变化，更增加了柱廊园的观赏性。

古罗马虽然继承了古希腊竞技场的设施，但不再将之用于体育竞技。罗马人在这些竞技场的外缘修建了散步道，两侧种植悬铃木、月桂，还布设草地、花坛，成为供人散步和休息的场所。

在古罗马的公共园林中，还有在浴场和剧场等公共场所外围修建的园林。这些园林也成为人们休息、娱乐和举行社交活动的场所。

古罗马时期的园林，早期仍具有实用性的特点，如包含果园、菜园，可以骑马和狩猎。之后，园林的观赏性、娱乐性和装饰性特点逐渐突出。由于罗马城地处山丘，大多数园林建在山坡上，故常将坡地修整成阶梯状，逐级置景，这为文艺复兴时期的意大利台地园奠定了基础。

古罗马人对园林的布局，多采用建筑布局设计方式，讲究规整、几何形平面：如用灌木排列成低矮的绿篱，围合出几何形的花坛、花池、草地；呈几何形的水池，布列齐整的行道树、直线或放射状的道路等。在古罗马园林中，雕塑是一种重要的装饰手法。其中包括被称为绿色雕塑或植物雕塑的植物造型，大理石等石材的雕塑造型，以及柱廊、栏杆、墙面、桌椅等表面的浮雕、圆雕。园林中有被称为"园丁"的园艺师负责修剪各类植物。他们常将园内植物的外观修剪成各种几何形文字或图案，甚至人物或动物的造型。古罗马园林中的这些设计和装饰，无不体现出井然有序的人工美，也是对以理性、功利、实用著称的古罗马文化的直观表现（见图5-40）。

图 5-40　古罗马式柱廊园（葡萄牙柯宁布里加喷泉宫）

图片来源：郦芷若，朱建宁．西方园林．郑州：河南科学技术出版社，2001.

在古罗马的园林中，迷园是一种独特的园林形式。据传，在古希腊米诺斯修建的王宫里，曾建有内部通道复杂、常使人陷入迷途的迷宫。罗马人据此也在园林中修建迷园。迷园外形呈圆形、方形、六角形或八角形等，内有弯曲、迂回、曲折、复杂的小径，路边多以绿篱阻隔。人行走其中，迂回曲折、扑朔迷离，极具迷茫、猎奇、惊喜的娱乐效果。在以后的欧洲园林中，迷园一直十分流行，成为一种娱乐方式。

进入中世纪以后，来自欧洲北方地区的日耳曼人给西欧社会带来了封君封臣制度，封建领主制逐渐成为欧洲新的社会制度。这一时期以寺院庭园和城堡庭园为代表的欧洲园林，虽然依旧沿袭古希腊、古罗马时期的园林布局，但又表现出鲜明的实用性特点。

寺院庭园的主体是教堂及僧侣们的住房，由这些建筑围绕出的中庭是寺院园林的核心部分。凡面向中庭一侧的建筑都建有柱廊，并相互连接，围合成类似古希腊、古罗马的中庭式柱廊园。中庭内用十字形的道路分隔为四块草坪，间有果树、花卉和灌木。十字形道路中心建有喷泉、水池或水井。由于中世纪的欧洲基督教会掌握着文化、教育和医疗等权力，教堂附设有学校、医院、医生宿舍和病房，寺院庭园因此在整体布局上就出现不同功能的区域划分。各区域内均附设庭园，也体现出相应的功能。不过，由于基督教反对追求美观与娱乐，所以寺院园林极少有娱乐性和装饰性，更注重实用性。果园、菜园内种植的水果、蔬菜，是寺院重要的经济来源；草药园里种植的药草，则是医院治疗疾患所需；庭园内的水池，甚至还被用于养鱼、浇灌。

中世纪欧洲的城堡是封建割据、政权纷争的产物。为了增强防御能力，中世纪前期的城堡多建在山顶上，外围建有带木栏杆的土墙和壕沟。城堡的中心建有高耸的碉堡式建筑，作为住宅。高堡式的建筑外壁设有射孔。11世纪后，城堡又改为石墙围护，并开挖护城河。由于城堡建在山顶，面积有限，只能在城堡内的空地上修建庭园，因此多注重实用性。11世纪后，西欧人开始较多地接触到东方文化，感受到东方城市生活的繁盛和奢华，也了解和学习到东方的园林艺术，这促使欧洲园林逐渐发生变化。

尽管高堡式的主体建筑外观没有太大的变化，但其作为住宅的功能更加凸显；城堡内又出现装饰性的庭园；园内用大理石或草皮铺设道路，路的两侧栽种修剪的绿篱；果园内也种植其他树木，庭院内设置凉亭、座椅、喷泉等；花坛采用低矮的植物组成图案或几何图形、动物形象等；菜地改种花卉，成为花坛。这一变化，使欧洲园林再现装饰性、娱乐性的特点。

14—16世纪，欧洲兴起了文艺复兴运动。新兴的资产阶级出于维护自身的经济、政治利益的需要，要求打破教会的神权统治。为了与封建神权思想相对抗，建立资产阶级的新文化，他们提倡复兴古代希腊、罗马文化，提出以人为本的人本主义。文艺复兴运动开始于意大利，后扩大至英国、德国、法国、荷兰等国。这场由新兴资产阶级发动的反封建的新文化运动，涉及的领域极广，包括文学、艺术、史学、政治学和自然科学等诸多方面。在文艺复兴运动的推动下，欧洲逐渐摆脱中世纪的封建制度和神权统治的束缚，社会生产力和人性得到解放。特别是自然科学的发展，动摇了基督教的神学基础，改变了人们对世界的认识；古典文化的复兴和文艺的世俗化，更促进了欧洲社会文化的繁荣。在这种背景下，欧洲园林又得到新的发展。

位于欧洲南部亚平宁半岛的意大利，境内的亚平宁山脉贯穿南北，80%的国土为丘陵和山地。摆脱了"黑暗时期"的意大利恢复了对自然美的崇尚。古罗马时期的园林艺术等文化传统也回归到社会生活中。作为意大利文艺复兴运动中心的佛罗伦萨及托斯卡纳地区，聚集着大量的新兴资产阶级贵族。他们重拾古罗马时期的传统，特别推崇西塞罗提倡的乡间别墅生活，追求田园生活的情趣，在乡间大兴土木，建造自己的别墅和庭园。欧洲园林的兴建因此又进入一个高潮时期。

与此同时，文艺复兴的思潮也促进了美学思想的发展。如意大利人文主义者洛伦佐·瓦拉在其所著的《论快乐》一书中，论证了快乐的自然性，提出快乐是最高的善，是人存在的最终目的；美是能够带来快乐的东西。他在《论快乐》第1卷第22章中，针对中世纪的自然由神创造的美学思想，提出："不能赞叹美的人，在心灵和肉体上都是瞎子。"将审美与人的感受相联系，体现了人的主体地位。

意大利著名画家、雕塑家、作家和工程师达·芬奇认为，我们的一切知识来源于我们的感觉。在艺术模仿自然和艺术创造美的命题上，他认为，整个自然界都受到数量关系的支配，世界就是一个合理的数学关系，因此要艺术地再现自然就必须以这种数学关系为基础。数学关系的和谐统一是"美"的基本条件，而数学的规范性是艺术表现必须遵循的基本守则。至于何种数学关系才是美的，达·芬奇指出，只有那些符合和谐、均衡数学关系的比例才能被认为是美的，即匀称产生和谐，和谐产生美。

意大利著名建筑家、画家、作家、音乐家阿尔伯蒂继承毕达哥拉斯学派的观点，将和谐看作自然的绝对因素、客观的规律，认为和谐所体现的就是美。美作为一种现实，是人的感官可以感知的。但美作为和谐的体现，就只能通过理性感知。在《建筑论》一书中，他指出，和谐是通过特定的数和比例实现的。只要坚持数的和谐与协调，就能产生美。他认为建筑是一种形体，由轮廓和质料组成。前者由理智创造，后者由自然创造。在此，他将人的理性作为判定美的事物的标准。在这部著作中，阿尔伯蒂还阐释了自己对庭园的设想：在长方形的庭园中，采用直线形的道路将其划分成整齐的长方形小区；每个小区内为绿地，四周围以修剪的黄杨、夹竹桃或月桂绿篱；每隔一段距离将绿篱修剪成壁龛状，内设雕像，下面放置大理石坐凳；树木一行或三行呈直线形布列种植；在园内道路终端用月桂、桧柏、杜松搭建古典式的凉亭；棚架使用圆形石柱支撑，种植爬藤植物，形成绿廊；园路交叉点的中心位置用月桂修剪成坛。他认为庄园应建在可以眺望佳景的山坡上，建筑与园林应形成一个整体。他特别强调协调的比例与合适的尺度的重要作用。阿尔伯蒂提出的这些设想，为园林的设计和建造提供了参考与依据。他提倡的用绿篱环绕草地的做法，成为文艺复兴时期意大利园林及后来的规则式园林中常用的手法。

文艺复兴时期，人文主义者提出的各种美学观念和美学思想，都体现了人本主义的特点，强调现实的美，美是人的感受，是和谐的数学关系。这些人文主义的美学观点，对园林艺术也产生重要影响。被誉为文艺复兴时期文学三杰的但丁、彼特拉克和薄伽丘，以及拉斐尔等文艺复兴时期的艺术巨匠，或自己设计建造庭园，或通过小说的形式记述园林，都对意大利园林的发展做出过重要的贡献。

文艺复兴初期的意大利庭园多建在佛罗伦萨郊外的丘陵坡地上，那里风景秀丽，可以远眺美景。由于是坡地，庭园便随山势建造出相对独立的多个台层，成为台地园。此后，台地园便成为意大利园林的主要类型。这种台地园的主体建筑一般位于台地的最高层，以便于远眺。庭园一般没有明确的中轴线。庭园和建筑都注重处理比例关系，体现和谐的原则。喷泉和水池常作为局部景致或小区的中心，并有雕塑作为装饰。这一时期意大利园林的理水形式比较简单，多采用台地阶梯式跌水的手法。在庭园的类型中，还出现了植物园。园内栽种各种植物，更增添了园林的装饰效果，强化了园林的观赏和休憩功能。

16 世纪后，意大利园林的台地园风格更加鲜明，园内布局严谨，形成纵贯全园的中轴线；各台层之间相互联系成为一个统一的整体。在中轴线上，布列着水池、喷泉、雕像，以及各种造型的台阶、坡道，构成一条景观线（见图 5-41）。中轴线两侧对称布列景观、景物。理水已成为园林造景的一种重要手法。或以水作为景致的主题，营造出各种形式和特点的水景；或利用水形成与周围景致的色彩和明暗的对比、反差，以增加水的美感；或利用水流经不同的管道、跌水，以及驱动机械装置，产生各种奇妙的音响效果。甚至将喷泉用于戏谑，诸如秘密喷泉、惊愕喷泉等，常带给观赏者出其不意的感受，以增添奇妙、惊喜的艺术效果。对绿色植物的修剪，也是园林造景的重要手法。利用绿色植物修剪成的绿篱、绿墙或为背景，或为衬托，或为遮挡，高低错落，营造出各种景致。迷园的平面形状和路径更加复杂，园林的人文色彩也更加鲜明。

16 世纪末至 18 世纪初，欧洲流行的巴洛克艺术，也对意大利的园林产生直接的影响。巴洛克艺术不同于文艺复兴时期的严谨、规整、匀称的风格，反对古典主义简洁明快、强调整体美的建筑风格，而追求自由、奔放的风格。在形式上，倾向于奢华，强调繁复的细部装饰。常采用曲线轮廓，增强建筑的立面效果；或采用浮雕、圆雕的装饰手法，使建筑外观极具华丽之感。受此影响，这一时期的意大利园林也出现一些变化：采用夸张的表现手法，新奇、华丽的装饰成为时尚。园林内的建筑体量均较大，与周围景致构成明显的主次关系。园林中遍布各种形式和造型的雕塑，绿篱修剪得更是千姿百态。各种绿色雕塑和绿地的图案造型复杂、精细。这些新的变化，使得意大利园林更具观赏性，同时也彰显出奢华的风格（见图 5-42）。

图 5-41　意大利台地园（法尔奈斯庄园）

图 5-42　意大利巴洛克风格园林（阿尔多布兰迪尼庄园）

意大利的台地园较好地适应了丘陵、山地的特殊地形和降水量少、夏季炎热的亚热带地中海气候。意大利台地园常被视为住宅的外延部分，在设计上也是作为建筑的一种形式，所以常采用几何形轮廓。由于是在台地上建造园林，既要根据地形安排建筑物的位置，又要有效地利用台地构建景观，因此在设计时，还需要将平面与立面相结合，整合成一个整体。台地园的平面一般呈对称式布局，建筑及喷泉、跌水、水池等水景多位于中轴线上，形成层次感。整体布局均衡、稳定、主次分明，比例协调。为了满足美化居住环境的需要，台地园注重园林的实用性，对空间的利用率极高。台地园内的凉亭、柱廊、花架等建筑与周围的景致相融合。在景致的衬托下，突出建筑之美。出于遮阳、避暑的需要，意大利台地园多种植绿色的树木和草本植物，极少有色彩鲜艳的花卉。同时，绿色植物又成为园林装饰的重要材料，人工修剪的绿篱、绿墙、绿色雕塑以及各种绿色的造型，都成为园林的景观，极具观赏性。这种布局、景致及装饰，都具有人工美的特点。意大利的台地园对欧洲其他国家的园林产生过影响，在欧洲园林史上占有重要地位。

公元前 1 世纪，罗马征服高卢后，古罗马的园林传入法国。至中世纪时期，法国的园林主要为寺庙园林和贵族园林。园林四周建有很高的围墙，挖有壕沟，属于城堡园林。园林平面规整，用水渠分割出方形的地块。园内主要种植蔬菜、果树和草药，实用性很强。16 世纪上半叶，受意大利文艺复兴运动的影响，法国也出现了类似台地园的园林。法国园林的观赏性逐渐增强，采用古罗马园林的修剪技术，将绿色植物修剪成各种几何形、鸟兽形象及绿篱，还出现了雕塑、图案式花坛等装饰，并形成规则、对称的布局。但因法国地势平坦，不具备建造台地式园林的自然条件，所以在理水技术上多采用水池和水渠，极少有瀑布和跌水。

受自然环境和人文思想的影响，欧洲出现了不同类型的园林。除意大利台地式园林外，还有法国勒诺特尔式园林、英国风景式园林。

17 世纪上半叶，波旁王朝的路易十四将法国的君主专制推向了顶峰。为了加强君权专制，路易十四极力推崇古典主义文化，借此建立一种"理性"的社会秩序，古典主义园林艺术随之在法国得到发展。法国的古典园林包括林园和花园两部分。法国的园林由于建在地势平坦之处，规模远大于意大利的园林。因为规模大，法国的园林较意大利园林更为复杂华丽。

17 世纪下半叶，随着法国资本主义经济的发展、物质生活的丰富，崇尚豪华舒适的生活成为社会时尚，又促进了园林修建的兴盛。出生于巴黎园林世家的安德烈·勒诺特尔所设计建造的园林为法国古典园林注入了新的气象。勒诺特尔 13 岁时，曾师从巴洛克绘画大师伍埃习画，并结识了著名的古典主义画家勒布朗和建筑师芒萨尔等许多艺术家。1636 年，他改习园艺。此后他一直随父亲从事园艺的设计与建造。其间，他学习了建筑、透视法和视觉原理等，还研究过笛卡儿的唯理论哲学。勒诺特尔为路易十四的财政大臣尼古拉斯·富凯设计的沃勒维孔特府邸花园，采用严谨的对称布局。府邸的地势北高南低，平面呈上尖下方的龛座形，外围挖有壕沟。住宅区位于府邸的北部，南部为主体花园。住宅区建筑呈对称式布局，两侧外缘为花坛、绿地。主体花园南北长约 1 000 米，两侧布设宽约 200 米的矩形花坛，花坛外侧种植有茂密的树林。在高大的树木衬托下，形成一条平直、宽阔的中轴线（见图 5-43）。

主体花园分为三段：第一段的中心建有两组刺绣花坛①。花坛内由黄杨树组成涡旋状花纹，地面衬以紫红色碎砖，勾勒出清晰的图案。花坛的角隅位置种植紫杉，或陈设各种瓶饰作为点缀和装饰。花坛两侧各置一组台地花坛，其中东侧的台地系人为垫高，以使其与西侧的台地花坛呈平衡式对称。第一段的终点，由一个圆形的水池和两侧的长条形水池组成一个垂直于中轴的横轴（见图 5-44）。横轴的东端，借助较高的地势修建了三个台层，正中有台阶相连。台层的上层两侧布列着对称的喷泉，以雕塑为装饰。台层的挡土墙石壁上，装饰有高浮雕和壁泉、跌水及层层下溢的水渠。第二段花园由一条中轴路贯穿南

---

① 刺绣花坛是法国园林中的元素之一，是一种重要的装饰手法，即模仿服饰上的刺绣花边，设计花坛的图案、花纹，再通过种植各种植物呈现这种刺绣式的纹饰。刺绣花坛流行于 17 世纪的法国，成为设计园林不可或缺的元素，一直沿用至今。后刺绣花坛在英国流行。最初的刺绣花坛主要种植花草。但因花草有季节性，影响景观效果，后改种黄杨等树木。为了弥补树木之间的地表无装饰的缺憾，除仍旧保留花卉外，还使用彩色页岩或砂子覆盖地面，以增强刺绣纹饰的美观性。

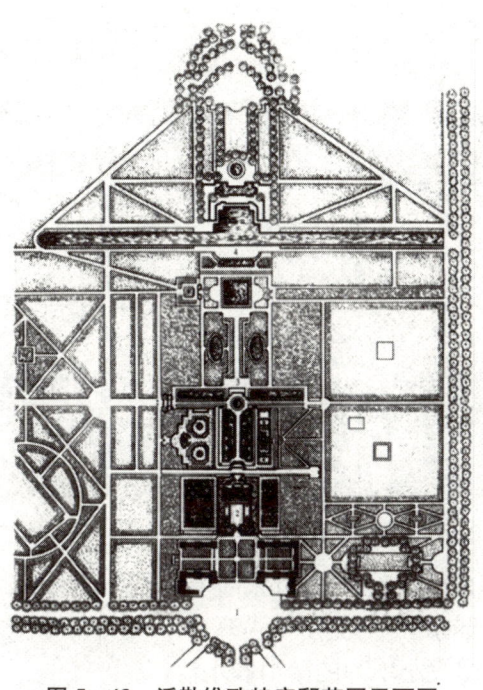

图 5-43　沃勒维孔特府邸花园平面图

北，道路两侧曾建有水渠，分布着密集的低矮喷泉，称为"水晶栏杆"，现已改为草坪。两侧的草坪各围绕一座椭圆形的水池。中轴路的南端建有一座方形水池，池中设喷泉。因水池水面平静如镜，故称"水镜面"。方形水池的南侧，系引安格耶河水建造的运河，长近1000米，宽40米。运河与府邸园林的中轴线呈"十"字相交，成为园林中的一条横轴线。运河两岸为宽阔的草地，草地后面种植着高大的乔木，使运河与两岸的草地构成一个开阔的水景带。运河与园林中轴线相交处没有架桥，且水面向南扩展，又形成一块外凸的方形水域，起到丰富局部景观的作用，更突显了全园的中轴线。第三段花园起自运河南岸，主要建在山坡上，平面呈等腰三角形。在位于中轴线的位置上，建有一座圆形水池和喷泉。坡顶上耸立着一座海格力士镀金雕像，作为花园中轴线的终点。沿山坡分布着横、纵、斜的小路，构成几何图形，通向山坡上的半圆形绿荫剧场。

沃勒维孔特府邸花园的三个段落各具特色。各段落之间借水景，实现过渡、衔接，共同构成规则、适度、有序的空间，体现了庄重典雅的风格。勒诺特尔首创的以运河为全园主要横轴的造园手法，后来成为勒诺特尔式园林中独具特色的水体处理方式。此后，勒诺特尔又参与凡尔赛宫苑的设计和建造，还先后设计、建造了枫丹白露城堡花园、圣克洛花园、尚蒂伊府邸花园、丢勒里花园、索园、克拉涅花园、默东花园等，被誉为"王之造园师"和"造园师之王"。由他独创的勒诺特尔式园林，曾风靡欧洲长达一个世纪。18世纪初，勒诺特尔的弟子勒布隆协助德扎利埃写作了《造园的理论与实践》一书，被视为"造园艺术的圣经"，亦标志着法国古典主义园林艺术理论的建立。

凡尔赛宫殿园林是路易十四时代的园林代表作。17世纪70年代，路易十四将勒诺特尔和其他建筑师召集到巴黎近郊的凡尔赛。这里本是一个荒凉的狩猎歇脚地，经过勒诺特尔等人的精心设计，被改建成西方世界最大的宫殿和园林，成为波旁王朝的宫廷和政府所

图 5-44 沃勒维孔特府邸花园第一段景致

在地。宫殿正面有 400 多米长，长达 3 000 米的中轴线统领全局，园林在宫殿背面展开（见图 5-45）。各个花园、林园里分布着众多大小不一的湖泊和水池，当中点缀着 1 400 个喷泉以及造型各异的太阳神阿波罗雕像（见图 5-46）。树林茂密、环境幽静，黄昏时分彩霞满天。凡尔赛宫殿和园林是对"太阳王"路易十四辉煌事业、至上权威的礼赞。

在勒诺特尔式园林中，府邸是主体和核心，通常建在地形最高处。后面花园的规模、尺度和形式，都与府邸建筑相适应，且有衬托和突出府邸的作用，形成一种广袤的空间感和深远的透视效果。园林内的主要景致和景点均布列于中轴线上，而规则、对称布局更突出和强化了中轴线上的景致、景点。与中轴线相交的横轴线，则起着丰富中轴线景观、开阔视野的效果。园内的各条小路或甬道皆为直线或斜线，体现了均衡、适度的原则。整座园林由纵横轴线、道路及渠道等水系，构成条理清晰、主从分

图 5-45 法国凡尔赛宫苑平面图

明、秩序严谨的几何形网格。在各个节点上设置的喷泉、雕塑等装饰性景点，更使这种几何形构图极富节奏感，产生简洁明快、庄重典雅的艺术效果。对园林的水景设计，勒诺特尔式园林根据法国多平原、地势较平坦的特点，多采用静态水景。除喷泉外，较少流动水，仅在坡地上设置跌水。园林中主要展示静态水景，特别是运河的运用，成为勒诺特尔式园林中不可缺少的组成部分。勒诺特尔式园林内的植物，或作为一种建筑要素，如绿墙、绿廊、绿篱等；或作为一种景观装饰，如刺绣花坛、丛林、绿色雕塑和造型等；或作为一种屏障、背景，如步道树、绿荫剧场等。这些在园林内具有不同功能和作用的植物，在体量、尺度上，均与园内的建筑、相邻的花坛、绿地相协调，构成一个既富于变化又统一的整体。

图 5-46　阿波罗雕塑（法国巴黎凡尔赛宫）

　　法国的勒诺特尔式园林也给正流行于欧洲的巴洛克艺术增添了高贵典雅的风格。而随着巴洛克艺术的流行和法国文化在欧洲的影响扩大，勒诺特尔式园林传入意大利、荷兰、德国、奥地利、西班牙、俄罗斯和英国等欧洲其他国家，逐渐取代意大利台地式园林，占据了欧洲园林的统领地位，直至 18 世纪中叶。因欧洲各地的地理条件差异，各国所建的勒诺特尔式园林各具特色。欧洲北部国家因地理条件与法国相似，园林较多地保留了法国勒诺特尔式园林的整体特征；欧洲南部国家因山地较多，园林多依山而建，无法产生广袤的空间感和深远的透视效果，故多采用通过中轴线上的景观将人们的视线引向远处的空间手法，扩大园林的空间感。

　　英国都铎王朝（1485—1603 年）的建立标志着英国中世纪的结束。受意大利文艺复兴运动的影响，意大利和法国的园林艺术传入英国。这一时期的英国已成为欧洲的商业强国，随着财富的积累，皇家贵族纷纷追求奢华、舒适的生活。他们仿照意大利或法国的几何式园林，为自己建造豪华、富丽和舒适的宅邸。但由于英国境内除英格兰东南部为平原外，其余大部分地区或为丘陵，或为山地，起伏的地势不利于建造法国勒诺特尔式园林，也很难营造出宏大的气势。且英国属于温暖湿润的海洋性气候，四季温差不明显，冬季没有严寒，夏季没有酷暑，雨量充沛，十分适于植物的生长，故须不断地修剪才能保持造型。这些地理和气候条件使得英国的园林很难完全照搬意大利或法国的园林形式。

　　16 世纪后，英国社会也对园林艺术有了一些新的观点和认识。特别是 16 世纪末 17 世纪初，英国唯物主义哲学家弗朗西斯·培根①的经验论，使西欧大陆盛行的唯理主义②哲

---

① 弗朗西斯·培根（1561—1626），英国文艺复兴时期的哲学家。出身于贵族家庭，曾任掌玺大臣、大法官。晚年弃政，专事科学和哲学研究。他反对经院哲学和唯心主义，主张清除各种错误认识和偏见。认为自然界是物质的，运动是物质固有的最重要特性。他提出"知识就是力量"的口号，认为掌握知识的目的在于认识和征服自然，并提出唯物主义经验论的基本原则，认为感觉是认识的开端，它是完全可靠的，是一切知识的泉源。他重视科学实验在认识中的作用，认为必须借助实验才能弥补感官的不足，深入揭示自然的奥秘，是科学归纳法的奠基人。但他重视归纳法，强调它的作用和意义，认为它是唯一正确的方法，贬低演绎法。主要著作有《论科学的价值和发展》《新工具》等。

② 唯理论，亦称唯理主义，是与经验论相对立的一种认识论学说，片面强调理性的作用。唯理论产生于 17 世纪后期的欧洲，其奠基和创始人，法国哲学家、科学家、解析几何创始人笛卡儿（1596—1650）认为，只有理性才是知识唯一可靠的来源，理性比感官的感受更可靠。他主张人类应该用数学的方法，即理性，来进行哲学思考，以此批判当时在欧洲大陆居于统治地位的经院哲学。他还提出"我思故我在"的哲学命题。笛卡儿的唯理主义哲学，对近代欧洲的哲学思想产生了重要的影响，开拓了所谓的"欧陆理性主义"哲学。

学和古典主义文化在英国受到冲击,也导致对园林几何形比例的怀疑。英国散文家、诗人、剧作家约瑟夫·艾迪生在1712年发表的《论庭院的快乐》中认为,大自然的雄伟壮观是造园难以达到的。他提出造园应以自然为目标,只有与自然融为一体,园林才能获得最完美的效果。这些论述,后来也成为英国风景园兴起的理论基础。17世纪末,英国政治家威廉·坦普尔在其出版的《论伊壁鸠鲁的花园》一书中,根据一些去过中国的传教士、船员的记述介绍了中国的园林。他认为英国的园林只知道追求整齐、规则,却不知道不规则的园林是更美的,中国园林表达了对自然的向往和追求。另一位英国政治家、哲学家沙夫茨伯里伯爵三世也认为,人们崇爱未经人手玷污的自然,因为自然景观要比规则式园林美得多。即使是皇家宫苑中人工创造的美景,也难以表现大自然所具有的魅力。他的自然观也对英国的园林艺术产生很大的影响。英国启蒙思想家、诗人亚历山大·蒲柏发表《论绿色雕塑》一文,批评园林的植物造型,认为这违反了自然之美。英国皇家园艺师乔治·伦敦和亨利·怀斯的学生斯蒂芬·斯威泽尔于1715年出版了《贵族、绅士及造园家的娱乐》一书,对园林植物的修剪整形及几何形的小花坛等造园手法进行抨击,认为园林的要素是大片的森林、起伏的草地、流水及林荫路,反对将园林围成规则的小块园地。

在这些造园思想的影响下,英国的园林摆脱古典几何形园林的束缚,向自然园林发展。

1714年,乔治·伦敦和亨利·怀斯的继任者布里奇曼在为白金汉侯爵建造斯陀园时,虽未完全摆脱规则式园林的布局,但也不再坚持对称的原则(见图5-47)。在园林中,他对树木的栽种首次采用不对称、非行列式方式,将园路由直线改为曲线、弧线,并不再采用植物雕刻艺术。他还将园林的围墙改为宽沟,不仅以之标志园林的范围,更借园外之景,极大地扩展了视野和空间感。这个被称为"不规则化园林"的园林,成为英国园林从规则式向自然式转化的代表作。此后,自然园林逐渐取代意大利和法国式的园林。

图5-47 斯陀园的景色

曾参与斯陀园设计的英国唯美主义者、画家和建筑师威廉·肯特,特别赞赏布里奇曼在园林设计和建造中采用的新手法。他认为造园的准则应该是完全模仿自然,再现自然的协调、优美。他后来设计和建造的园林,就完全抛弃一切规则式的造园手法:没有人工修剪的绿篱和笔直的园路、行道树,水池为不规则的自然形状等;种植孤立的树木和树丛作为景致;对坡地、谷地的处理,则模仿错落有致的自然地貌,消除一切人为加工的痕迹。

威廉·肯特还在园林设计中引入绘画元素，常以荷兰、法国、意大利等国风景画家的作品为园林景致的蓝本。他的美学和造园思想，对 18 世纪中期英国风景园林的兴起及风景园林的设计原则均产生深远的影响。

继威廉·肯特之后，他的学生兰斯洛特·布朗也成为英国园林界的权威。作为风景园林师，他设计的园林采用自然界中常见的景象：自然流畅的湖岸线、平滑如镜的水面、缓坡状的草地，以及无规则散布的孤树等。整座园林没有直线、几何形、中轴对称及等距离的景致或植物布置。

18 世纪后期的英国著名风景园林师雷普顿，曾学习过文学、音乐、绘画等，具有良好的文学艺术修养。他对布朗的园林设计进行了深入的分析和研究，并在风景式园林的设计中形成了自己的理论，还出版了许多著作。他认为自然园林虽然应避免直线，但也不排斥一切直线，尤其反对毫无目的、随意弯曲的线条。他主张在建筑附近应该保留平台、栏杆、台阶、规则式花坛及草坪。他认为通向建筑的直线式林荫路是建筑与周围的自然式园林间的过渡。对植物的种植，则采用散点式的手法，使之更接近自然生长的状态，强调树丛应由不同树龄的树木组成。他借用绘画的表现手法，主张园林应与绘画一样注重光影效果。但同时，他又提出园林要与绘画有别：画家有固定的视点，而园林则是人在移动中纵观全园，因此须设计不同的视点和视角；园林中的视野，应比绘画更为开阔；绘画描绘的光影、色彩是瞬间捕获的静态印象，而园林则应随季节和气候的不同，营造出千变万化的景象；画家的取景多根据构图的需要，园林再现的虽是现实自然，但还要满足人们的实用需求，所以园林不能仅是一种艺术欣赏。

在英国园林从规则式向风景式转变的过程中，还受到中国传统园林的影响。除威廉·坦普尔曾向英国人介绍过中国的园林外，另一位在东印度公司供职并到过中国的苏格兰人威廉·钱伯斯也曾收集了许多中国建筑方面的资料，还参观过一些中国园林，向中国画家请教过园林艺术。他回国后，先后出版了《中国园林的布局艺术》和《东方园林艺术泛论》等著作。他认为中国的园林源于自然，高于自然，还指出中国园林的特点，不仅是改造自然，更是高雅的、供人娱乐休息的场所，体现出渊博的文化素养和艺术情操。在此基础上，钱伯斯还将中国园林的造园手法应用于皇家植物园邱园的设计和建造（见图 5-48）。园内不仅仿照了中国园林的叠山理水方法，还修建了一座十层八角的中国式砖塔和一座阁楼以及其他中国式建筑，为园内增添了景致（见图 5-49）。钱伯斯的著作和邱园的建造，在当时的英国引起极大的反响，仿照中国园林的池、桥、山洞、假山等，一时成为英国园林设计和建造的风气。中式的廊、桥、亭、塔等建筑，出现在英国的风景园内，因此又被称为"英中式园林"（Anglo-Chinese Garden）。

图 5-48 邱园内的水景

图 5-49　邱园内的中国塔

自 18 世纪初起，经过百年的发展，英国的园林最终摒弃几何形、对称式的布局，以弯曲的道路、散点式的树丛、不规则的草地、蜿蜒的河流等要素构成园林的景致；注意借园外之景，实现园内与园外之景相融合，以体现纯正的自然之美；整座园林充满清新自然、明快疏朗的风格和浪漫的情调。这些特点使得英国的风景园林在 18 世纪末期传遍欧洲，成为西方园林的一种类型。

无论是从古埃及的实用性园林，古希腊的宫廷庭园、宅园、文人园和公共园，古罗马的宫苑园林、庄园园林、中庭式园林和公共园林，还是从意大利的台地式园林，以及法国勒诺特尔式园林，都可以清楚地看出人的主观意识在园林中的体现：中轴式的对称或几何规则式的平面布局突出中心建筑物；通过轴线式的林荫大道、对称布列的花卉植物、几何形的水池、开阔的草坪与宽阔的广场等置景方式，体现直观、开放、大空间的景观效果。这种布局和置景手法，表现了人对自然的控制和改造，实际是人的主观意志的形象体现。凭人的主观意识，改造和塑造景致，则是源于西方文明的一种自然观，即人是可以改变自然的。这也是毕达哥拉斯的"数论"思想、欧洲唯理论以及唯理主义美学[①]等人文思想和观点的具体体现。虽然英国的自然风景式园林在形式上也是刻意地表现自然的景致，但其所谓的自然美，是通过人的创造力才实现的，即自然本身只是一种素材，只有借助艺术家的再创造，才能表现出自然美。所以，西方的园林艺术，无论是何种形式，都体现了人对自然的支配和主导。

小结论

中国的传统建筑多为木构架、砖木结构、起脊式。不同的屋顶形制体现了中国古代的政治文化传统。在建筑风格上，强调共性原则，表现出对称、稳重、线条柔和、比例匀称

[①]　最早提出唯理美学观点的是笛卡儿，他认为艺术标准应该是理性的，不能依赖于感性、经验和习惯。到 18 世纪，欧洲又产生了以德国的康德、黑格尔、鲍姆加藤，法国的布瓦洛等为代表的唯理主义美学思想。他们认为感觉是暧昧、朦胧的观念，是低级的认识形式；自然美是带有缺陷的美。主张只有人为地加工和改造，自然才能变得更加完美。提倡整齐、秩序、均衡、对称的美学原则。

协调的特点。西方传统建筑主要使用石材，形制和风格多样，体现出个性鲜明的人文精神。

中西方的传统园林艺术，存在着回归自然与改造自然、灵活多变的布局与对称规则的布局、山水主体和建筑主体、山水画卷式意境与实用性功能等差异，实际体现了中西方在自然与人的关系上的观念差异。

课后思考

1. 试论中西方传统建筑所反映的文化背景。
2. 请说明中西方园林艺术差异的表现。

第六章 中西方艺术差异

内容提要

1. 受生产方式、自然环境和文化观念的影响，中西方绘画艺术在颜料、绘画技法、题材和艺术风格及特色等方面，存在着明显的差异。中国传统绘画使用水质颜料，多以山水、花鸟为题材，采用线描、晕染等绘画技法，注重写意性，强调形神兼备；西方传统绘画除水质颜料外，还使用油质颜料，以真实的客观景物为题材，采用色彩搭配的技法，注重写实，强调明暗凹凸的质感。

2. 中西方在音乐艺术上的差异，主要体现在乐器和乐队的配置、演奏的方法、作品的题材、艺术风格和特色等方面。中国民族乐器主要采用天然的竹、木材料制作，传统的演奏方式主要为齐奏，乐曲题材多以自然景致为题材，乐曲具有平稳、清新、淡雅、吟诵式的风格；西方管弦乐器采用多种材料制作，演奏的方式多样化，乐曲题材广泛，个性鲜明，写实，感染力强。

学习提示

本章共分为两节，主要围绕中西方的绘画艺术和音乐艺术阐述中西方在艺术方面的差异表现。

其中，需要理解和把握的关键点如下：

一、中西方绘画艺术的差异，主要体现在绘画颜料、技法、题材和艺术风格及特色上。这实际上是受中西方民族的社会经济生活、共性与个性观念、性格特征和审美影响的结果。

二、中西方的音乐艺术，在乐器的制作、乐队的构成、演奏的方式、乐曲的题材和风格等方面存在的差异，体现了共性原则与个性化、写意与写实、崇尚自然与人文精神等观念意识的差别。

第一节　中西方的绘画艺术

中西方民族的绘画历史都十分悠久。在原始社会早期，人们就通过绘画的方式来表达自己的情感、崇拜和信仰，描绘和美化自己的生活。那些刻画在山体上的岩画、绘在陶器等生活器物上的图案，就是人类创作的原始的艺术作品。这些原始的绘画作品，在中国、欧洲，乃至世界各地，都有发现。

其后，由于中西方民族经济生产方式的差异，绘画艺术也出现了明显的差别。其中最为明显的，就是中西方传统的绘画颜料不同：中国传统的绘画以水质颜料（水墨、水彩、水粉）为主，西方则以油质颜料（油彩）为主。

水质颜料与油质颜料的性质不同，水质颜料具有透明、易洇、互渗的特点，所以无法将几种不同色彩的颜料叠加在一起，只能平铺单色，所以画面是平面的，运用墨色的深浅、浓淡来表现层次感。

西方的油质颜料具有不透明、不互渗的特点，因此可以将几种不同色彩的颜料叠加在一起。通过色彩浓淡、深浅的细微变化来表现景物表面的明暗、凹凸，所以作品不仅具有清晰的层次感，还极富立体的光感效果，能真实、形象地描绘人眼所见到的景物。

中西方绘画颜料的差别，导致中西方绘画艺术呈现出不同的风格和特色，也折射出不同民族间人文素质的差异。

一、中国传统绘画艺术的风格及特色

中国的传统绘画艺术，除体现了中华民族重视追求"平衡"的观念、意识外，还具有线条感强、写意性强等特点。

中国的传统绘画题材多为山水、花木、虫鸟等，即多描绘自然，这也是人们崇尚自然的一种表现。

由于中国的传统绘画颜料为水质颜料，因此在描绘景物及人物时，多采用线描的方法，线条极其明显。人物的五官相貌、衣装服饰，均用明快的线条勾勒。中国的传世绘画作品，包括帛画、卷轴画、壁画等，所描绘的人物均不乏"神"韵，即寓神于形。为了更好地表现人物及景物，中国的传统绘画作品也从写实入手，强调"形似"。但"形似"并非对客观景物全面、真实的再现，而是抓住典型特征，突出重点，有所选择。其"形似"的目的是"传神""表意"。因此，这种"形似"绝非完全写实，而是妙在"似与不似之间"（齐白石语）。

中国传统的"线描"绘画技法，以其清晰、流畅、柔美且富于变化的线条，给人以清新、明快的感觉，使人透过线条勾勒出的景物，感到在半透明的色彩后面，还有一个无限空间的存在，易产生联想。中国的传统绘画以其水质颜料、线描技法，极易表现意境，写意性强。中国传统的绘画颜料、技法及题材，一直为历代所沿袭，成为世界绘画史上的一朵奇葩。

写意性在中国传统绘画中的表现形式也是多样的。写意是中国传统绘画的画法之一，

它采用简练、豪放、洒脱的笔墨,描绘物象的形神,抒发画家的情感。写意主要运用概括、夸张、虚实等手法,结合丰富的想象,表现和刻画物象。其中,山水画与人物画的写意风格就是两种完全不同的表现形式。

写意山水画常通过深浅、浓淡的墨色,描绘出巍峨的山峰、茂密的山林、潺潺的溪流,以及盘绕于山间的小径,掩映于林中的茅屋等景物(见图6-1)。画面上的景象绝非真实景象的再现,而是画家将所见过的自然景象通过高度的精练组合在一幅画面上,以表现作者对大自然景象的赞美,抒发对大自然的情感,所以这类作品都具有很深的意境。画家采用深浅、浓淡的色彩,描绘出虚实相交、远近结合的景致,或幽静,或深邃,或险峻,或舒缓……凡此种种,无一不在着意表现和描绘作者的追求和向往,借绘画抒发自己的感情。这类作品通过各种绘画技法,往往仅用一种墨色,即表现出富于变幻、生机盎然的大千世界,显示出中国传统绘画艺术的高超水平,具有很强的艺术感染力。所以,欣赏中国的传统山水画作品,不能只从细部着眼,而要宏观地观赏,从作品的风格、气势中领悟作者创作时的感情,品味作品的意境,而不能绝对地用"写实"的眼光去审视作品。

图6-1 北宋米芾《春山瑞松图》(台北"故宫博物院"藏)

人物画的写意特征突出表现在"以形写神"上,强调在相对写实基础上的情感表现。其中,既有所绘人物的内在精神、气质,又有画家的情感,即人物的"神"是客观的"神"与主观的"神"相互的统一。沈括就明确指出:"书画之妙,当以神会,难可以形器求也。"[①] 因此,中国传统的人物画虽具"形似"的特点,但更具"神现"的特征。唐代画家吴道子所绘《送子天王图》(见图6-2),是根据佛教经典《瑞应本起经》中关于释迦牟尼诞生的故事创作的一幅经变画。全画分为两段:第一段描绘了天王及其侍从的形象。天王双手抚膝,端坐,神态庄重宁静。侍从们分立于身旁或身后,神态或安详,或紧张,与天王形成鲜明的反差,衬托出天王的威严。第二段为净饭王怀抱初生的释迦王子,与王

---

① 沈括. 梦溪笔谈. 北京:中华书局,2009:179.

后向天王施礼的情景。人物神态虔诚、拘谨。画面采用简洁、流畅的线条，勾勒出人物的相貌、举止和服饰衣褶，形象地表现了人物的神态、情感，以及服饰的质地；画面朴实却生动传神，显示出高超的线描技艺。这也是中国传统人物画与西方传统人物画的不同之处。

图 6-2　唐代吴道子《送子天王图》（局部，日本大阪市立美术馆藏）

在中国传统绘画艺术中，工笔画也是一种重要的画法。它采用工整严谨的笔法，以被画对象的准确形象为依据，用笔细腻，刻画入微，故称工笔画。工笔画与写意画在技巧、手法、风格上是完全不同的。工笔画并非等同西方绘画的素描、写生，也强调表现被绘物象的内在气质和精神，突出神韵，故其写意性也是十分鲜明的。中国传统的工笔画作品多以人物、花鸟为题材，也具有以形写意、形神兼备的特点。五代黄筌所绘《写生珍禽图》，是一幅以动物为题材的作品（见图 6-3）。画中描绘了 20 余只鸟、龟和昆虫，采用细密的线条和浓丽的色彩，生动形象地勾勒出这些动物的体态。虽作品名为"写生"，但并非对客观景物的真实再现，而是通过对形态的刻画表现其内在的神韵。画面中的动物形态各异，给人以灵动、活泼之感。

图 6-3　五代黄筌《写生珍禽图》（故宫博物院藏）

中国传统绘画的写意性特征还表现在对具体景物的表现手法上。在敦煌莫高窟等古代石窟中，多有描绘"东方琉璃世界""西方极乐世界"等佛国仙境的壁画作品。画面上亭台楼阁辉煌华丽，一派歌舞升平的繁盛景象（见图6-4）。这些场景虽取材于当时的社会生活，具有写实的特征，但又不拘泥于现实，而是升华到一种理想的境界，给人以美的感受，描绘出人们想象中的"仙境"。画面中多绘有伎乐歌舞的场面，其中许多壁画都绘有伎乐天①在"反弹琵琶"（见图6-5）。反弹琵琶在人世间根本是不可能的，却出现在佛国仙境中，且舞姿的描绘十分细致，给人以轻盈、舒展、飘逸之感。这些伎乐天的舞蹈动作不失真，集唐代乐舞的多种舞蹈动作和姿态于一体，即在"似与不似之间"。

图6-4　唐代壁画《弥勒经变》（甘肃敦煌莫高窟）

图6-5　唐代壁画《反弹琵琶》（甘肃敦煌莫高窟）

---

① 伎乐天，为佛教信奉的香音之神，系佛的侍从。"天"为梵语"提婆"的汉译。

中国的传统绘画与其他的文化艺术形式一样,都受中华民族传统观念、意识的制约和影响,所以也具有与其他文化艺术形式相似的文化特征。中国传统绘画的"写意",是画家通过对景物的描绘抒发自己的理想、情感、志向和追求,表达自己的情趣和审美,实际上是借景展示一种能体现自己内心世界的意境。这种意境,即"神"。所以,中国传统绘画注重"以形写神""形神兼备"。

二、西方传统绘画艺术的风格及特色

西方传统文化所具有的个性化鲜明、写实性强的特征,在西方的传统绘画中也表现得十分充分,所以西方的绘画作品题材广泛、形象逼真,能较真实地再现客观的景物,具有直观性强和"形""神"兼备的艺术感染力。

西方传统绘画艺术中的"神",不同于中国传统绘画中的"神"。它所表现的并非画家追求的意境,而是画家自己对客观景物的感受、认识和理解,具有很强的主观意识特征。因此,西方传统绘画的具象性特征十分鲜明,通过对真实景物的再现,体现画家的主观意识。由此可见,西方传统绘画与中国传统绘画的"神"是有本质区别的。中国传统绘画的"神"是基于主体,即画家自身。西方传统绘画的"神"则基于客体,即客观的景物。

素描是西方绘画的一种体裁,即用简洁的线条来表现客观的事物,它侧重于描绘景物的形态、色调,虽然亦能刻画出"神"韵,但给人"平铺直叙"之感,不易使人产生深邃的联想。

写生,是面对自然景物或人物、实物进行绘画,是西方最早采用的一种绘画方法,也是西方绘画的基本功。它是将画家看到的景物,用对应的相同色彩,细致入微地描绘出来,所以真实性、形象感极强。而油彩所具有的特点也更有利于表现景物表面的明暗、凹凸。所以,写实性强的传统文化特征在西方的传统绘画作品中很容易体现出来。

达·芬奇创作的《蒙娜丽莎》(见图6-6)、《最后的晚餐》等一批作品,都是采用写实的手法,细致、真实、形象地描绘了人物的相貌、神态、举止、衣着等,生动地刻画了人物的喜怒哀乐。通过对不同表情的刻画,又表现出人物的心理活动和情感,真实地表现出不同人物的不同个性。西方传统绘画艺术个性化鲜明的特征,是通过写实的手法表现的。

对于《蒙娜丽莎》这幅作品,西方文艺评论家或称其为"微笑的蒙娜丽莎",或称之为"忧郁(抑郁)的蒙娜丽莎"。能将画中的人物表情用具体的修饰性词语

图6-6 意大利达·芬奇《蒙娜丽莎》

加以形容,足见人们可以清楚地看到画面中人物表情的细微变化,甚至眼神中所流露出的情感。

西方绘画艺术中个性化鲜明的特征,表现在作者对景物或人物的描绘是直接取材于现

实的，即将现实中客观存在的景物、人物作为原型，并在此基础上加入作者个人的理解和认识，最终创作出作品。所以，创作者对创作题材的理解和认识，以及创作者对创作题材的意志和情感，也都表现为个性化的作品。在不同的艺术家笔下，相同的故事甚至同一个人物，往往会展现出不同的风采。环境，人物的相貌、年龄、表情、举止等，都有很大的差别。这也是每一位艺术家个人意志的体现。因此，西方传统绘画艺术中的个性化特征，不仅表现在画面人物的身上，更是作者个性的流露。

西方民族整体性格直率的特征，也决定了艺术家个人意志的表现相对较少受客观规律、常理及景物的限制，可以凭自己的主观意识和想象力去创作和反映事物、景致、人物。于是，在写实性较强的传统文化特征①之外，又出现了与之相对的、不追求客观现实的艺术流派：浪漫主义（见图6-7）、印象主义（抽象派）、野兽主义（野兽派）、达达主义、抽象主义（抽象表现主义）、形而上绘画、表现主义、超现实主义等。这些艺术流派不仅出现在绘画艺术中，也是雕塑、摄影、音乐、舞蹈等艺术中的主要流派。这些流派的共同特征是不受客观的自然景物、事物和人物的外在形象的制约，而是凭自己的主观意志、视觉印象，在绘画作品的创作中突出和强调自己的感觉和感受，以至于作品的内容十分怪诞、荒诞。这与追求真实的唯美主义②和自然主义③形成了鲜明的反差。唯美主义和自然主义是在"写真"，即在再现客观事物形象的基础上，融入个人的主观意识，通过画面的景致、人物来表现个性。而这些追求怪诞、荒诞的流派，则将个人的主观意识放在首位，用光怪陆离的色彩来表现个性。

图6-7 法国欧仁·德拉克洛瓦《自由引导人民》

---

① 写实性强的传统文化特征，在西方绘画等艺术形式中的表现是刻意地追求和表现现实，由此产生了唯美主义和自然主义等流派。

② 唯美主义是19世纪后期在欧洲兴起的一种文艺思潮，提出"为艺术而艺术"的口号，提倡艺术只为本身之美而存在，片面追求形式美。

③ 自然主义是19世纪兴起于法国的一种文艺思潮，主张绝对客观地描绘自然和现实生活中的景物及细节。

如印象主义的特点是凭作者的主观认识去观察世界,在作品的创作中,力图表现作者瞬间获得的印象和感受,常表现出悲观绝望的情感和神秘的色彩(见图6-8)。

图6-8 荷兰凡·高《星空》

野兽主义画派则更加强调表现主观感受。这一画派的作家在创作时,常用从颜料管中直接挤出的纯色颜料绘画,手法直率、放纵,所创作的画面给人以迸发感。常以大色块和线条表现空间,追求单纯化的装饰效果(见图6-9)。

图6-9 法国弗拉芒克《夏都的拖轮》

抽象主义和形而上绘画则表现出作家内心的主观世界是超越自然和客观现实的,是第一性的(见图6-10)。

西方传统绘画艺术中这些流派的出现,也是西方民族所具有的自我中心意识强、追求表现自我的必然结果,从而使西方传统绘画艺术呈现出多样性:既有自然的真实再现,又有个人主观意识的表现。其绘画艺术中的个性化特征，也有多种表现形式。

图 6-10　西班牙毕加索《戴帽子的女人》

在中西方的传统绘画艺术中出现的这些差异——共性与个性、写意与写实，以及同一种题材的不同表现手法和风格，正是中西方民族观念、意识差别导致的必然结果。也正因为如此，中西方绘画艺术展现了不同的风格和各具魅力的特征，给人以不同的艺术享受和艺术感染力。

第二节　中西方的音乐艺术

同其他的艺术形式一样，中西方的传统音乐艺术在艺术风格、表现形式、演奏技巧、配器及和声等方面，均存在很大的差别。

一、音乐的产生及功能

音乐的历史十分悠久。在我国的原始社会时期，便有了音乐。考古资料证明，在距今7 000多年前的新石器时代，人们就已经能制作乐器（见图6-11）。如浙江余姚的河姆渡遗址出土了当时生活在这里的人们用陶土制作的埙和用鸟类的腿骨制作的能吹出几个音调的骨哨（亦有人称为骨笛）。而在我国西北地区的新石器时代遗址中，还出土了绘有多人跳舞场面的舞蹈纹彩陶盆（见图6-12）。

图6-11 骨笛（河南舞阳裴李岗文化贾湖遗址出土）

图6-12 舞蹈纹彩陶盆（青海大通县上孙家寨遗址出土）

人类发明音乐和舞蹈的目的，绝非单纯是为了消遣和娱乐，更重要的是为了表达和交流感情。所以音乐及舞蹈自产生之日起，就一直是各个历史时期社会生活中不可缺少的艺术形式。

人们在借音乐和舞蹈抒发、表达内心情感的同时，也对音乐和舞蹈的功能与作用有了深入的认识，从而推进了这项艺术的发展。

中华民族对音乐及舞蹈的功能、作用的认识，是客观而又精辟的。我们的祖先很早就认识到音乐与人们心情（情绪）的关系。唐代史学家杜佑对音乐、舞蹈有一段很具代表性的论述：

> 夫音生于人心，心惨则音哀，心舒则音和。然人心复因音之哀和，亦感而舒惨……舞也者，咏歌不足，故手舞之，足蹈之，动其容，象其事，而谓之为乐。乐也者，圣人之所乐，可以善人心焉。所以古之天子、诸侯、卿大夫无故不彻乐，士无故不去琴瑟，以平其心，以畅其志，则和气不散，邪气不干。①

在这段文字中，杜佑阐述了音（音乐）与人心（情绪）之间的关系。当一个人心情悲哀、沮丧的时候，对听到的音乐会感到悲伤、凄凉；而当心情舒畅、愉快的时候，对听到的音乐的感受，就会完全不同了。反过来，音乐的音调、音律如何，也会感染和影响人的

---

① 杜佑. 通典. 北京：中华书局，1988：3587.

情绪。也就是说，人的情绪影响着人们对音乐的创作和感受，而音乐调、律的不同，也能影响人的情绪，即音乐具有调节人的心理和情绪的作用。杜佑的这段论述有一定的科学道理。现代医学和心理学研究也证明，音乐确实具有调节人的心理和情绪的作用。所以，在现代医学的辅助性治疗方法中，有时也会采用"音乐疗法"。

至于音乐的功能和作用，除调节人的情绪外，杜佑还认为它具有平和人心、稳定情绪、使人向善的作用。而当唱歌还不能达到这种效果时，则要辅以"手舞足蹈"，通过舞蹈来实现内心的平和。所以，在中国古代社会，"乐"与"舞"是紧密相连的。

正是出于对音乐功能和作用的认识，在中国古代的社会生活中，琴（音乐）与棋、书、画，便成为文人日常修身养性的四种重要方式。而在中国古代的学校教育中，乐（音乐）与礼、射、御、书、数，同为学习的内容，即"六艺"，可见中华民族对音乐功能和作用的重视。通过音乐调节人的情绪这一功能，发挥和体现人性之"善"。

由于中西方民族在素质和观念、意识，以及整体性格等方面存在差异，使得中西方传统音乐在题材、演奏技巧、表现手法和风格等方面均存在很大的差别。同时，也因民族间的差异，中西方音乐在社会生活中起着不同的作用。

二、中国民族乐队的构成及特点

中国的传统音乐，特别是器乐作品（古典民族乐曲），也具有中国传统文化的共性特征，即稳重、平和、和谐。同时，还具有与传统绘画艺术相同的特征，即线条感强。

中国传统音乐的演奏乐器，即民族乐器，主要取材于自然界，如竹、木，以及蚕丝等。这些用来制作乐器的材料也是人们在农业生产和定居生活（如建造房屋、制作工具、纺纱织布）中经常使用的。所以中国民族乐器的发明，是与人们的生产生活相联系的。在以后的历史中，人们在生产实践中又认识了金属这种物质。撞击金属可以发出声音，古人便使用金属制作出打击乐器，如钟、镲、锣等。由于竹、木等材料取用方便，且加工容易，稍做加工即可制成乐器，而且这些乐器在演奏时，虽然也需要一定的技巧，但演奏的方式相对简单，容易掌握，因此，中国民族乐器的制作多直接取材于自然，除宫悬乐器和打击乐器外，极少使用金属。

在中国历史上，民族乐队因各地自然环境、风俗习惯的差异，在乐队的配置上是有所区别的。随着社会的发展，中国民族乐器的种类不断增多，乐队的组合和配置也在不断变化。

受乐器制作材料的限制，中国传统的民族乐器比较单一，传统的民族乐队的组合和配置也比较简单。在中国历史上，流行于各地的民族乐队主要有丝竹乐队、吹打乐队，以及宫悬乐队等。在乐器的配置上，表现出较强的地方特色及时代特征。

丝竹乐队。丝竹乐队，是因乐器制作的材料而得名的一类乐队，即制作乐器的材料主要是丝弦、竹子、木料（制作共鸣箱）等。乐器主要有两类：丝弦乐器有胡琴、琵琶、阮、扬琴等；竹管乐器有箫、笛等。

丝竹乐队在演奏时，常以板鼓（又称单皮鼓、小鼓）为节奏，而不用锣、鼓。用丝弦、竹管乐器组合成的丝竹乐队所演奏的乐曲也称"丝竹乐"。乐曲旋律多悠扬，风格清新、淡雅。

吹打乐队。吹打乐队，是因乐器的演奏方式而得名的一类乐队。乐器演奏以吹奏和打击为主，有时也辅以丝弦乐器。吹奏乐器主要有唢呐、管子（简称管，古代称觱篥，为木制簧管乐器。管身有前七后一共八孔，管口插有苇制的哨子）、笛、笙等；打击乐器（又称击打乐器）主要有大鼓、钹（铜制，圆形，中间隆起，在历史上形制多有变化，铙、镲、小镲等均由钹演变而成）、锣等。

吹打乐队因其演奏方式和风格的不同，有吹打、鼓吹、鼓乐、吹歌等不同的名称。吹奏乐曲旋律多高亢、热烈，具有激昂、豪放的风格和特征。

宫悬（亦称乐悬）乐队。宫悬乐队（悬，古时又作县），是因中国古代的乐器悬挂制度而得名的一类乐队。"宫县，四面县。……四而象宫室四面有墙，故谓之宫县"[1]。宫悬乐队在中国的先秦时期，特别是西周至春秋、战国时期，尤为兴盛。其后逐渐衰落，但在祭祀活动，如祭拜天地等仪式中，还会使用这类乐器。

宫悬乐器的制作材料为青铜和石材。乐器主要有钟、磬等。钟均为青铜浇铸而成，有大小、薄厚的区别，经撞击或敲击后可发出不同的音调。将不同音调的钟按音调高低顺序悬挂在铜、木结构的立架上，组合成一组乐器——编钟。磬为石制乐器，亦有大小、薄厚的区分，也是按其音调高低顺序排列组合，悬挂在铜、木结构的立架上，称为编磬。

在我国湖北省随州市（原称随县）发现的战国时期曾侯乙墓中，曾出土了一套完整的宫悬乐器（见图6-13），其中有由65件青铜钟组成的编钟。钟的形制有钮钟、甬钟、镈钟三种，分上、中、下三层悬挂于立架上。每件钟可发出呈三度音程的两个乐音。下层的大型甬钟音色低沉、浑厚，音量大，余音长；中层的甬钟音色圆润、明亮；上层的钮钟音色高昂嘹亮，音量较小，余音较短。全套编钟的音域自最低音 C_2 至最高音 D_7，达5个八度又1个大二度。经测试，这套编钟有七声音阶，不仅能演奏中国古代乐曲，还能演奏包括和声、复调及转调的现代乐曲[2]。

图6-13 战国编钟（湖北随州曾侯乙墓出土）

---

[1] 李学勤. 十三经注疏·周礼注疏. 北京：北京大学出版社，1999：605.
[2] 王子初. 音乐考古. 北京：文物出版社，2006：53.

编钟和编磬这两种宫悬乐器都具有体积大、不易搬动、对制作技术和工艺要求高的特点，且难以一人独立演奏，所以乐器的使用受到很大的限制，只能在祭祀活动中演奏，或为达官贵人享乐之用。因此在中国的传统民族乐曲中，特别是民间乐曲中极少使用。

在中国古代的传统民族乐队组合中，还有一种综合乐队。它是指由"丝竹"乐器与"吹打"乐器组合在一起的一类乐队。由于综合乐队的乐器种类增多，且融合了两种传统乐队的艺术风格和特色，因而艺术风格能有所变化，增强了音乐艺术的感染力。

进入现代以后，受西方音乐理论和音乐艺术的影响，我国的传统民族乐队在借鉴西方乐器的基础上也发生了很大的变化。乐队的规模扩大、乐器种类增多，演奏的曲目也不断地增加。尤其是在配器和演奏形式上发生了很大的变化，所以今天人们常称综合乐队为民族管弦（或称交响）乐队（团）。

中国民族管弦乐队的组成和配置是：

弦乐器（部）。弦乐器，又称弦鸣乐器，是指通过弦的振动发音的乐器。其中又可以分为三类：（1）弓弦乐器（又称拉弦乐器），有二胡（见图6-14）、板胡、高胡、京胡等；（2）拨弦乐器（又称弹拨乐器），有琴、瑟、筝、琵琶、三弦、月琴、柳琴、阮等（见图6-15）；（3）击弦乐器，有扬琴（见图6-16）等。

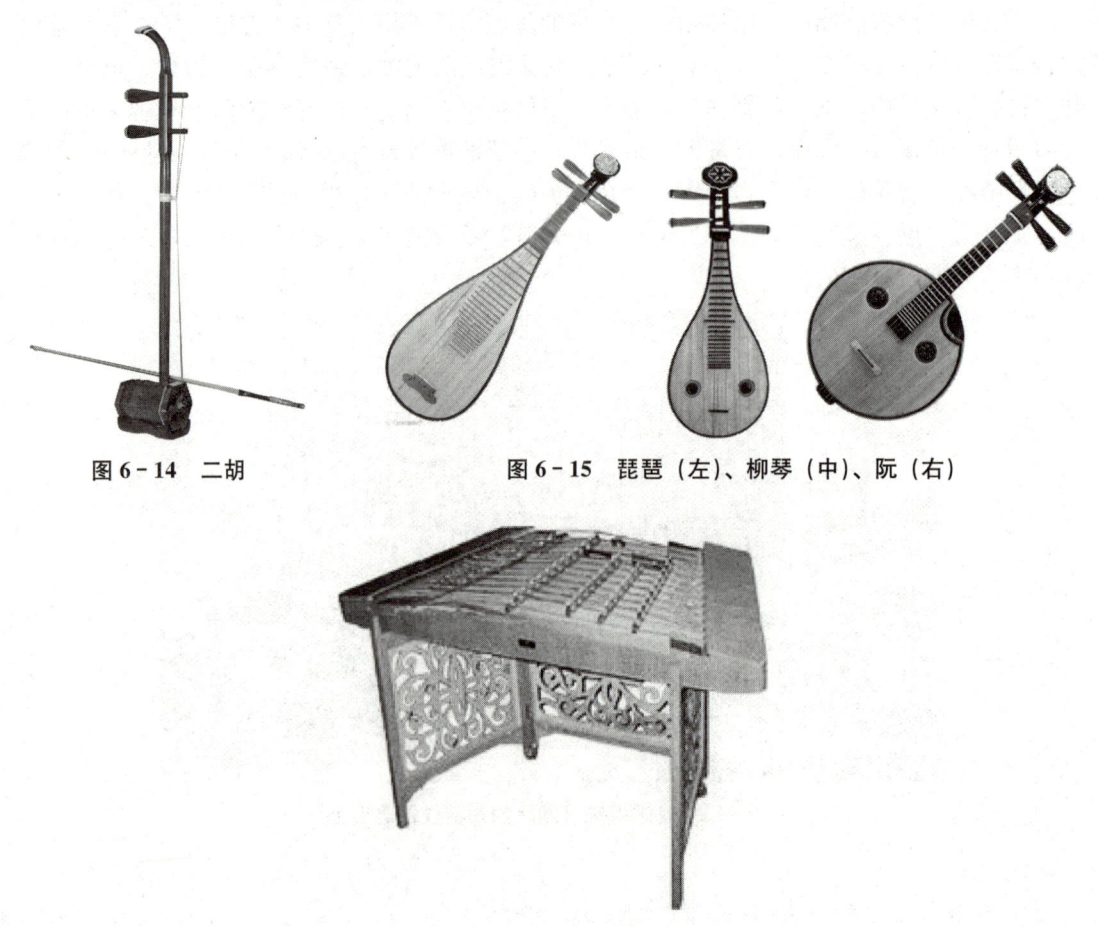

图6-14 二胡

图6-15 琵琶（左）、柳琴（中）、阮（右）

图6-16 扬琴

管乐器（部）。管乐器，又称气鸣乐器、吹奏乐器，是指借助气流振动管体而发音的管状乐器。根据乐器上是否装置簧片（多用芦苇、木、竹以及金属等材料制成，吹奏时，因气流变化而振动发音），管乐器又可分为两类：（1）簧片管乐器（有簧乐器），有唢呐、笙（见图6-17）、管子、竽等；（2）无簧（片）乐器，有箫、笛（曲笛、梆笛）（见图6-18）。

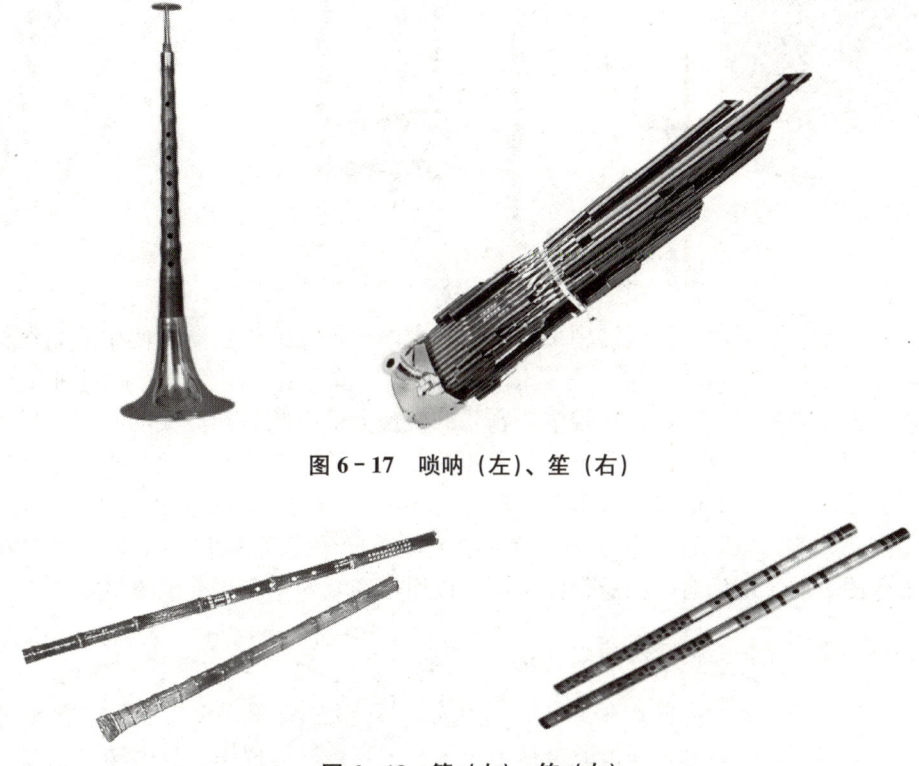

图6-17 唢呐（左）、笙（右）

图6-18 箫（左）、笛（右）

打击乐器（部）。打击乐器，简称击乐器，是指被敲击而发音的乐器。根据被敲击的位置和材料的不同，又可以分为两类：（1）体鸣乐器，有锣、镲、梆、木鱼、拍板、云锣等（见图6-19）；（2）膜鸣乐器（又称革鸣乐器），有堂鼓（又称同鼓，形制有大有小）、板鼓、渔鼓（又称竹琴、道筒，用竹筒制成，筒底蒙猪皮或羊皮，演奏时，左臂竖抱筒身，右手敲击筒底）（见图6-20）。

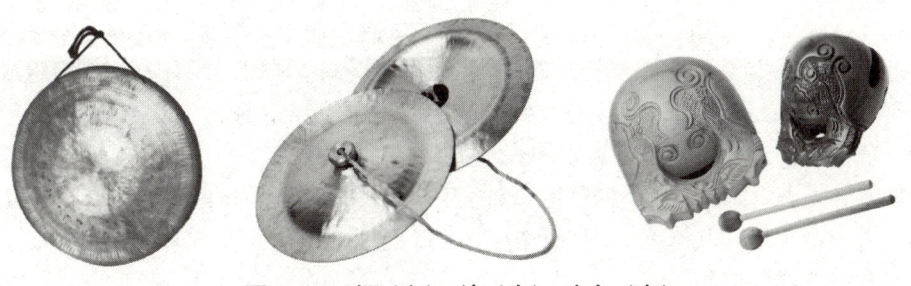

图6-19 锣（左）、镲（中）、木鱼（右）

图 6-20　堂鼓（左）、板鼓（中）、渔鼓（右）

从中国民族乐队所使用的乐器中可以看出，中国的传统民族乐器所使用的制作材料比较单一，尤其是作为音调、旋律的主奏乐器，基本上都是用竹制作的，而且种类也比较少，故而音色比较单调，音域也比较窄，音乐的表现力也因此受到极大的限制。尽管近年来我国的艺术家对传统的民族乐器进行了大胆的改进，如在传统二胡的基础上，又研制出中音、低音二胡，笛子上增设半音指孔，笙也由传统的13～19根笙管增至24、36簧键笙等，但中国民族管弦乐队的艺术表现力仍不够丰富，音色、音域仍显不足，因此在表演中，常加入西方的传统乐器，如低音提琴等，以增加音域的宽度和音色的厚度。

三、西方管弦乐队的构成及特点

在西方的传统音乐（古典音乐）中，管弦乐（又称交响乐）的艺术成就是十分突出的。管弦乐队（团）的各种乐器能充分地表现各自的特色，展现作品的内涵。

在其早期历史上，西方民族也曾利用取自自然界的材料制作出原始的乐器，如笛、哨等。但在以后的历史中，西方民族在传统乐器的基础上不断改进、创新，又发明了一些新的乐器，最终形成了我们今天所看到的西方管弦乐器。

西方管弦乐队的组成和配置是：

弦乐组。弦乐组，又称弦乐（器）部，是由小提琴、中提琴、大提琴、低音提琴等弓弦乐器组成的。

小提琴（见图6-21），原为古代东方的一种乐器，在11世纪传入意大利，到15世纪末才逐渐定型。小提琴为木制，全长35.5厘米，由琴头、琴颈、琴身、共鸣箱组成，4根弦由低至高，依 g、d^1、a^1、e^2 定弦。小提琴能演奏单音、双音、三音、四音和泛音。小提琴的音色优美，音域很宽，有极强的表现力。

中提琴（见图6-22）是小提琴的一种变体。结构和发音原理与小提琴基本相同，只是尺寸稍大，全长约660毫米，定弦比小提琴低五度，由低至高，依 c、g、d^1、a^1 定弦。中提琴的音色淳厚、柔和。

大提琴（见图6-23）也是小提琴的一种变体。发音原理也和小提琴相似，但琴身尺寸是小提琴的 2 倍。定弦为 C—G—d—a，音域更广，约 4 个八度。大提琴的音色低沉、浑厚。

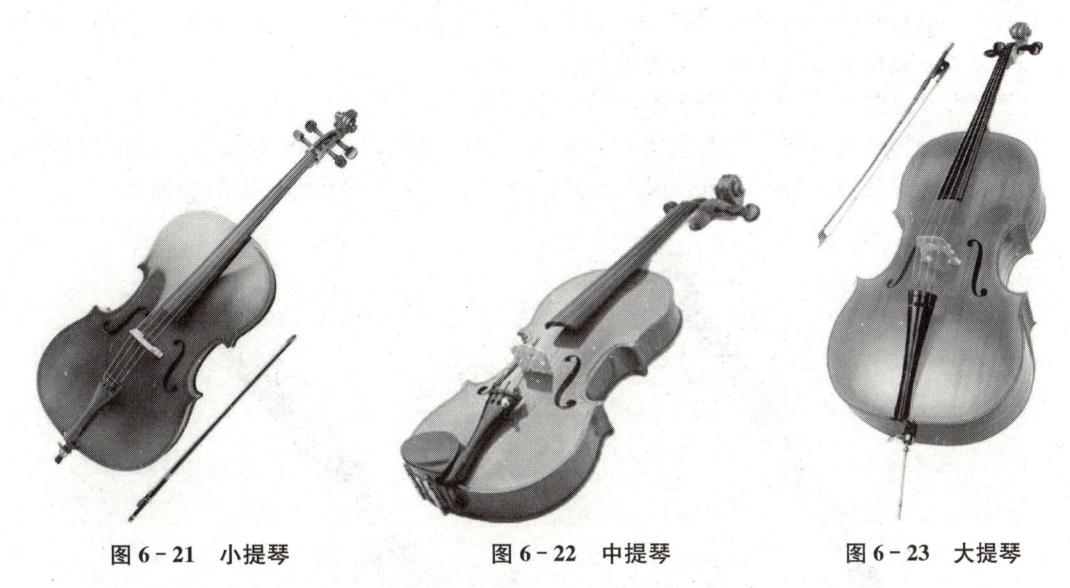

图 6-21　小提琴　　　　图 6-22　中提琴　　　　图 6-23　大提琴

低音提琴是管弦乐队中的主要低音乐器，是弦乐组中体形最大的乐器。其弦粗且长，由低至高，依 E—A—D—G 四度定弦。低音提琴的音色十分低沉、雄浑，与其他乐器相配合，有增加音色厚度的作用，亦作为效果乐器使用。

管乐组。管乐组，又称管乐（器）部，是由管形乐器组成的。根据制作材料不同，又分为木管组和铜管组。

（1）木管组，也称木管乐组，主要由短笛、长笛、单簧管、双簧管、英国管、大管等乐器组成。其中，短笛和长笛现在是由金属制成的，但以前也曾是木制的，因此仍习惯将其归入木管乐组。

短笛（见图 6-24），是管弦乐队中的最高音吹奏乐器。音色响亮、清脆，尤其是高音区具有很强的穿透力，适宜演奏抒情性强的旋律。

长笛（见图 6-25），是短笛的同类乐器，形制与短笛同，但发音管更长更粗，发音比短笛低八度，其音色华丽，适宜演奏缓慢、宽广、抒情性强的旋律。

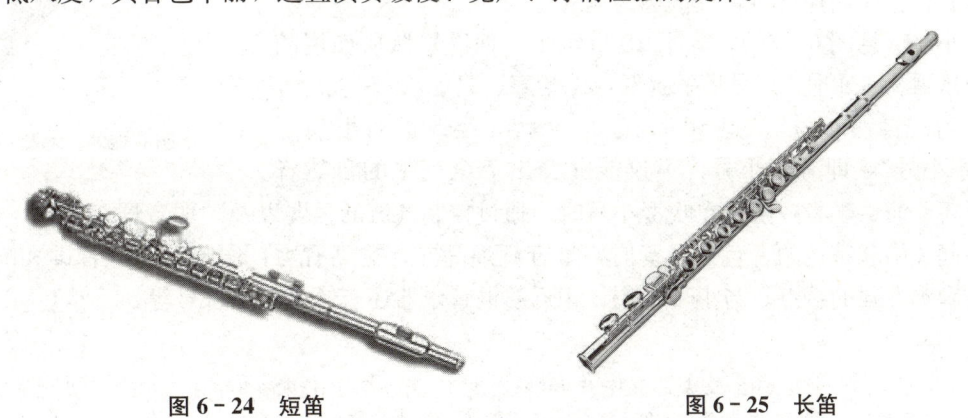

图 6-24　短笛　　　　　　　　图 6-25　长笛

单簧管（见图6-26），又称黑管。原为硬木制成，现也常以塑料制作。整件乐器由嘴子、小筒、管身与喇叭口四部分组成。嘴子上装有一小芦片，小筒与管身之间可以伸缩，用于调音。单簧管的音色丰满圆润。经不断改进，又有小单簧管、中音单簧管、高音单簧管几种类型，其音色虽然相同，但音域差别大。

双簧管（见图6-27）因其管嘴中装有两片薄芦片而得名。由嘴子、管身和喇叭三部分组成，管身为木制。双簧管音色柔和、清悠。经改进后，又有小双簧管、抒情双簧管、上低音双簧管等几种类型，音色、风格各异，极大地拓展了双簧管乐器的表现力。

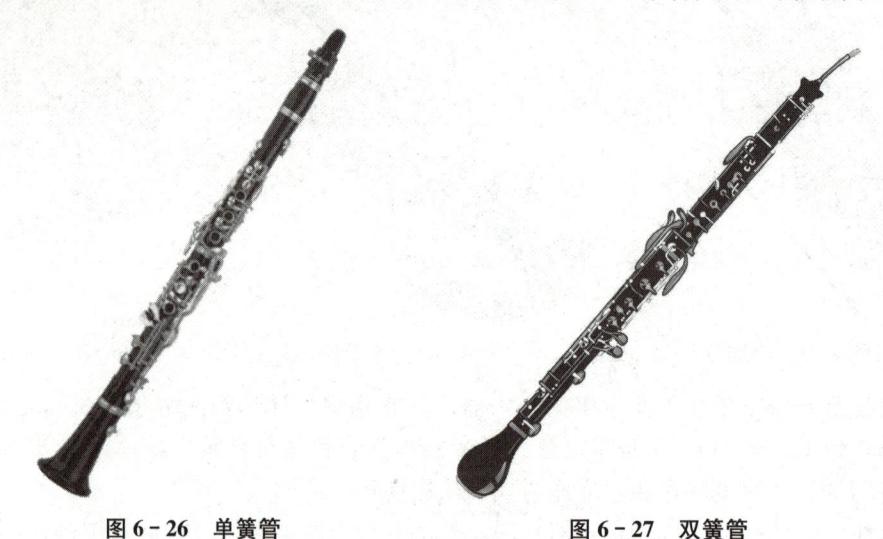

图6-26 单簧管

图6-27 双簧管

英国管，又称中音双簧管。其发音比双簧管低五度。英国管音色美、个性强，尤其是中音区，给人以忧伤、悲凉之感。

大管，亦称巴松（英文音译），是木管乐组中重要的低音乐器，由哨子、短节、长节、底节和喇叭口几部分组成（见图6-28）。其音色丰满，在低音区更为深沉、浑厚有力。

（2）铜管组，也称铜管乐组。在管弦乐队中，铜管乐组主要包括小号、长号、次中音号、圆号、大号等。这些乐器主要用金属铜作为制作材料，故被称为铜管乐器。

小号（见图6-29），源于18世纪中叶西欧军队所使用的传令乐器——军号[①]。号嘴呈碗形，无活塞，只能吹奏3个音，被称为"自然小号"。到19世纪30年代，经改进后出现了"活塞小号"，即有键小号，不仅能够奏出7个完整的自然音阶，还能演奏半音音阶。在吹奏小号时，通过控制气流的强弱以及"弱音器"装置，可发出不同风格和特色的音色：强奏时，号音辉煌高亢，响亮有力；弱奏时，号音柔和嘹亮，具有歌唱性强的特点。与小号相似、相近的铜管乐器还有短号、高音号等。

图6-28 大管

---

① 军号于1750年在英国汉诺威王朝的轻步兵中首次使用，无活塞，只能吹奏3个音。1810年，出现了有键军号，能演奏完整的自然音阶（7个音）。1858年，英国制成号管盘绕两周的军号。

长号（见图6-30），又称拉管，俗称伸缩喇叭。号身由两个马蹄形铜管相互套接而成，没有按键（变音活塞）。吹奏时，靠拉、推喇叭一侧的马蹄形铜管，使管身伸缩，同时通过调整嘴唇的压力改变音阶高低，吹奏出半音音阶。长号的音域比小号的窄，属中低音管乐器。在吹奏中，强奏时，音色辉煌；弱奏时，音色柔和。经改进，在现代管弦乐队中，还有次中音、低音两种长号，在号身上装有附加号管及活塞。若拉开活塞，还可使音域向低扩展4度。

图6-29　小号 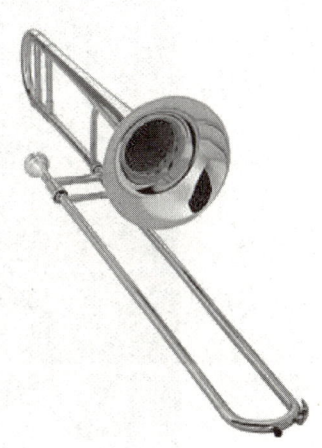　　　　　　　　　　　图6-30　长号

次中音号（见图6-31），属中音乐器，多用于吹奏乐队。其音色兼有长号、圆号的一些特点，较圆润、优美。多用于演奏辉煌的、号角性的音调，具有宽广、抒情的表现力。

圆号（见图6-32），又称法国号，属铜管乐组中的中低音乐器。因其管身环绕呈圆形而得名。其号嘴形似漏斗，管身装有3个或4个回旋式活塞键。圆号音色悠扬、圆润。吹奏时还可将手塞入圆号喇叭口中，使其音色发生变化，或柔和，或沉闷。

图6-31　次中音号 　　　　　　　　　图6-32　圆号

大号（见图6-33），是在管乐组中体形最大的一件乐器，故称大号，属低音（亦称超低音）乐器。一般在大型管弦乐队中才配置。其号嘴呈碗状，号身粗大。有4个活塞键，其中按第4个活塞键可使音域再向低扩展4度。经改进后，现代使用的大号还装有第5个

活塞键，又可降低 3/4 全音，从而更加拓展大号的音域。此外，还出现了低音大号、最低音大号、苏萨大号、圈形大号等几种类型，在表现力和风格上，各有区别，更丰富了大号的艺术表现力。

图 6-33　大号

打击乐组。打击乐组，又称打击乐（器）部，是由各种敲击发音的乐器组成的。主要包括定音鼓、大鼓、小军鼓、钹、锣、三角铁等乐器。

定音鼓（见图 6-34），是打击乐组中的核心乐器。形状为半椭圆形，以羊皮或小牛皮罩蒙鼓面，并装有螺丝或踏板，通过杠杆装置调节鼓的音高，其音色宽厚、浑重。在管弦乐队中，常配置两面、三面或四面定音鼓，既能增强节奏感，又能起烘托气氛的作用。在大型交响乐演奏中，定音鼓还常被用于模仿自然中的声音，如雷声、炮声、激流的轰鸣声等。

大军鼓（见图 6-35），亦称大鼓。鼓框用木头或金属制成，圆框，两侧扁平，蒙以羊皮。四周装有螺丝，用以调节鼓皮的松紧，并使音色发生变化，其音色低沉、宏大。用鼓槌敲击鼓面的力度大小、轻重不同，亦可使音色发生变化。

图 6-34　定音鼓

小军鼓（见图 6-36），俗称小鼓。圆形的鼓框也是用木头或金属制成的。鼓框两面均以羊皮罩蒙。朝下的一面鼓皮上绷有数根肠弦或钢丝弹簧，而使音色具有独特的"沙沙"之声。小军鼓节奏感清晰、特色鲜明，通过弹奏、双奏、滚奏等技法，又可以变幻出多种风格和特色，从而使其表现力更为丰富。

图 6-35　大军鼓 　　　　　　　图 6-36　小军鼓

钹（见图 6-37），为铜制，两片合为一套，亦可单击一片。其敲击后，余音很长。钹在乐队中属色彩性乐器，常用相击、单击、滚奏三种方法，表现出不同的风格和效果。

锣，是西方管弦乐队中唯一一件中国传统乐器，体形大，音色深沉、厚重。

三角铁（见图 6-38），在管弦乐队中，因其音色清脆、明亮而别具风格。

图 6-37　钹 　　　　　　　图 6-38　三角铁

从西方管弦乐队所使用的乐器可以看出，这些乐器的制作材料比较丰富，而且乐器的种类繁多，每一种乐器又分为不同的类型，尤其值得注意的是，弦乐器有 4 根弦，管乐器多有活塞装置，打击乐器的定音鼓装有调节音高的踏板等，因此，管弦乐队具有音域宽广、音色丰富、层次鲜明、表现力强的特点。同时，因为铜管乐器吹奏出的音调具有很强的穿透力，所以管弦乐队又具有感染力强、风格鲜明的艺术特色。

管弦乐队（团）除使用这些传统的乐器外，在历史上还不断吸收一些具有地方和民族特色风格的乐器加盟，如萨克斯管等，从而不断丰富管弦乐的特色和风格。

萨克斯管（见图 6-39）是由比利时的乐器制作家萨克斯于 1840 年发明制造的一种乐器。萨克斯管用金属材料制作，形状略呈圆锥形。其哨子与单簧管相似。音色圆润、柔和，介于木管乐器与

图 6-39　萨克斯管

铜管乐器之间。其后经不断改进，根据音色和音域，形成十余种萨克斯管。这件乐器最初多用于吹奏乐队和20世纪初兴起的爵士乐队，后来又被吸收进管弦乐队。

尽管管弦乐队中的每一件乐器都具有鲜明的风格和特色，但根据不同的作品主题，或为了表现作品主题的需要，管弦乐队还常通过增置乐器追求更好的艺术效果，如钢琴、竖琴、木琴、钟琴等。

钢琴（见图6-40）属键盘器。是在古钢琴和羽管琴基础上发展而成的。钢琴内置钢板，上面布有数十档钢丝弦。琴键按十二平均律半音排列，一般为85键或88键。具有音域宽、音量大的特色，可演奏多声部结构的音乐作品。钢琴多作为重要的独奏及伴奏乐器。

竖琴（见图6-41）属拨弦乐器，由远古时期的弓演变而成，为法国人埃拉尔于19世纪创制。琴床呈弓形，张弦47根，按自然音阶排列。其下端有7个踏板，踩踏后能使各弦升高1个或2个半音。其音色清脆优美，富有诗意，亦可模拟潺潺溪流之声。能独奏、重奏，也常用于管弦乐队，使演奏出来的乐曲更具魅力。

图6-40 钢琴 　　　　　　　　　图6-41 竖琴

木琴（见图6-42）是把木条按音高顺序平铺排列在支架上而制成。其音色清脆、明亮，声音穿透力很强，具有很强的个性，多用于演奏宽广、抒情、欢快的旋律。

钟琴（见图6-43）又称铝片琴。在乐队中经常使用的钟琴，是将不同音高的金属片按十二平均律依音高顺序平铺于支架上，用两支击槌演奏。击槌分软、硬两种：若用软槌击奏，音色纯且圆润；用硬槌击奏，音色尖且清脆。若使用两支击槌交替演奏，还有滚奏的效果。既可独奏，也可与其他乐器，如木管乐器或拨弦乐器同时演奏，能改变木管及拨弦乐器的声音效果。装有共鸣管的钟琴，余音悠长且响亮，音色很美，颇像钟声。

管弦乐队（团）的乐器配置和组合，实际上是将各种乐器的艺术风格和特色综合在一起，又形成一种新的艺术风格和特色（见图6-44）。这也是任何单独一种乐器都不能达到的。因为每一件乐器都有特定的音色、音域和风格，为了更鲜明地表现某种特定的风格和特色，人们还将某些乐器组合在一起，形成某种颇具艺术特色和风格的艺术表演形式。

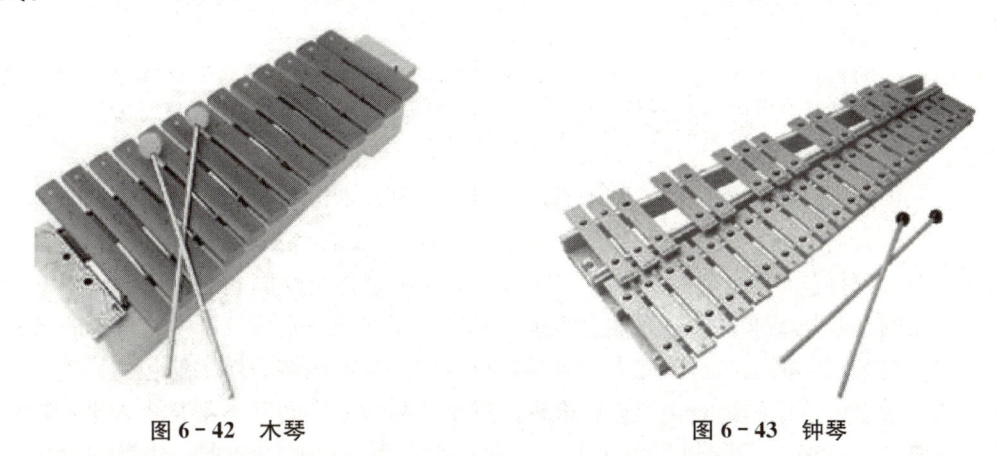

图 6-42　木琴　　　　　　　　　图 6-43　钟琴

其中比较常见的是由两把小提琴、一把中提琴和一把大提琴组合成的"弦乐四重奏"。这种组合充分发挥了弦乐器音色优美、深沉的特色。还有以铜管乐器为主，与木管乐器、打击乐器组合成的铜管乐队，因这种组合音响宏大，表现出雄壮的气势，常为军队所用，被称为军乐队（团）。还有以一种乐器为独奏乐器、与其他乐器组合成协奏的形式。

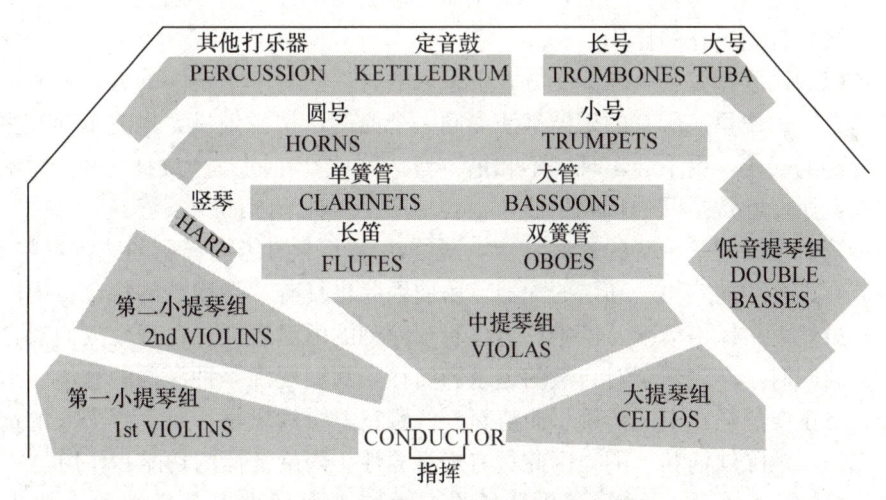

图 6-44　管弦乐团分布位置示意图

西方传统乐器具有不同的音色、音域和艺术表现力，使得每一种乐器都具有鲜明的艺术特色，而西方传统乐器的不同组合形式，既突出和强化了各种乐器的不同风格及特色，增强了艺术表现力，又能显示出不同组合的个性化特征。

四、中西方音乐艺术风格及特色对比

中西方传统乐器的不同风格和特色，决定了在中西方传统乐队中，配器、调式、演奏方式等都有很大的差异。由于中国民族乐器的共性特征比较鲜明，所以多采用齐奏的方式。而西方的传统乐器个性鲜明，表现力强，就必须要有专人来组织和协调各种乐器间的

关系，使之具有的风格和特色更充分地表现出来，因此在管弦乐队中就需要设置指挥。

中西方传统文化所具有的不同风格和特征，在流传至今的中外古典音乐作品中有充分的体现。

中国古代的许多音乐作品，即古曲，由于种种原因，大多散佚。尽管如此，通过流传至今的一些民族器乐古曲，如著名的十大古曲①，我们仍能从中品味到中国传统文化的显著特征。

首先，中国的传统民族乐曲，基本是以自然为主题，即以自然景致或虚拟的自然景致为曲目。除十大名曲外，在江南丝竹乐，古筝、琵琶、二胡、笛子等乐器的独奏乐曲中也是如此，如《雨打芭蕉》《夜深沉》等。这一点，与中国传统绘画题材是一致的，表现了人们对自然的崇敬与追求。通过乐曲去表现自然，歌颂和赞美自然，抒发对自然的情感。

其次，在艺术风格上，由于受人们希望和祈求"天"能风调雨顺的愿望的影响，以及对社会和生活求稳意识的影响，所以在表现自然景致的乐曲中，基本都是一种平稳的、清新的、吟诵式的风格。在音调和旋律上，一般没有太大的高低、强弱、快慢的对比和反差，从乐曲之始到终曲，始终保持一种平和的调式。

中国的传统民族乐器在音色和艺术表现力等方面各有特色，这在独奏时可以清楚地感受到，但在综合乐队中，却很难感受到。因为传统的民族乐队往往采用齐奏的方式，配器的特点不能鲜明地显现出来。当然，个别乐器在乐曲中也会偶尔"表现"一下，但其作用只是在于点缀，起到烘托的作用。

中国传统的民族管弦乐队在演奏方式上采取的是"同奏一个调"的方式，所以才会出现"滥竽充数"的现象。所有的乐器都演奏同一个曲调，整齐划一，也就不存在主调、副调、和声分部的问题，更不会出现"不和谐"音。因此，在同一个旋律之下，"调"便成为一条主线，所以欣赏中国的传统乐曲，很容易产生一种清晰的线条感。

中国传统的民族管弦乐队的这些特点，最终决定了中国传统音乐的艺术风格和特色，即稳重的节奏、平和的旋律、和谐的配器，乐曲因此也具有"平稳"的特色。中国的传统音乐作品，虽然大多风格清新、淡雅，但也有很深刻的内涵表现。在抒发人们对自然景物的赞美之情的同时，亦表现了对自然的追求和向往，常展现出一种深邃的意境，给人以无限的遐想。更重要的是，中国传统乐曲清新、淡雅、舒缓的风格，可以感染人的情绪，使人的心情平静，消除烦恼和苦闷，因此具有修身养性、陶冶情操的功能和作用。

西方传统的音乐作品，因管弦乐器所具有的特点而表现出多样性和个性化鲜明的特征。

西方音乐作品（主要指器乐作品）的多样性，是西方民族追求个性化的必然产物。西方音乐作品取材广泛，人们的生活、社会交往、民族及民间风俗、个人的主观感受和印象，以及在创新意识驱动下的创造与发明等，都成为西方传统音乐的创作素材及题材，从而极大地丰富了西方音乐艺术的宝库，也因此形成了诸多的音乐风格、器乐体裁和乐曲形式等，直至现代，仍时有新的音乐流派产生。

---

① "十大古曲"，亦有"八大古曲"之说，遴选曲目亦不同。其中主要有：《梅花三弄》《阳春白雪》《汉宫秋月》《平沙落雁》《高山流水》《渔樵问答》《胡笳十八拍》《十面埋伏》《广陵散》《夕阳箫鼓》等。

西方的音乐风格主要有：巴洛克音乐、洛可可音乐、古典主义音乐、浪漫主义音乐、新古典主义音乐、印象主义音乐、序列音乐、表现主义音乐、具体音乐、偶然音乐等。这些风格，有的出现于古代、近代的历史，有的则产生于现代社会。它们的艺术特点、表现手法、音乐主题等迥然不同。

如兴起于17世纪初至18世纪中叶的巴洛克音乐，具有结构严谨、音量宏大、气势宽广的风格和特点。而其后于18世纪中叶出现的洛可可音乐，则与之截然相反，以小巧精致、富于装饰美的风格著称。

以海顿、莫扎特、贝多芬为代表的维也纳古典乐派，是18世纪下半叶至19世纪20年代形成于维也纳的、以古典主义风格为标志的音乐流派。他们在创作中，力图摆脱教会和封建思想的束缚，反映新兴市民阶层的生活和精神面貌；崇尚理性，追求严谨的艺术形式；大胆运用清晰的音乐语言和极富戏剧性的对比、冲突与发展来增强音乐的表现力。

于20世纪20年代末开始流行于欧洲的新古典主义音乐则主张"音乐就是音乐"，反对追求音乐以外的任何形式，力求模仿古代音乐风格。题材或选自古代神话故事，或采用中世纪宗教题材，但创作时使用的却是现代技术。

20世纪50年代产生的序列音乐，是运用数学的原理，将音乐元素编成各种序列，通过计算的方法进行音乐创作。这种创作方法对后来出现的电子音乐产生了直接的影响。

音乐创作除可以运用计算的方法外，还可以从个人意志出发，凭主观感受、想象去进行，如印象主义音乐、表现主义音乐、具体音乐等。作曲家在创作作品时，或从瞬间的印象、主观的感受出发，或强调直接表达人的心灵世界和心灵所感受的客观事物，或将自然界和生活中听到的各种声音（如风雨声、海浪声、机器轰鸣声、金属摩擦撞击声、人声、动物吼叫声等）收录下来，经电子技术处理后制成音乐作品。

西方在历史上不仅出现了诸多音乐风格，在音乐体裁和乐曲形式上也异彩纷呈。小夜曲、夜曲、奏鸣曲、协奏曲、交响曲、序曲、组曲、随想曲、幻想曲和三部曲式，奏鸣曲式、变奏曲、回旋曲，以及室内乐等各种艺术形式，也都具有独特的艺术表现力。

小夜曲，源于中世纪欧洲的求爱习俗，即在黄昏或夜晚时分，在恋人的窗下演唱爱情歌曲，以示求爱之意。被移植到器乐作品中后，继续保留了旋律缠绵委婉、悠扬悦耳的艺术风格。

交响曲，由意大利歌剧的序曲演变而成，为大型管弦乐套曲，通常包括四个独立的乐章：第一乐章快板，奏鸣曲式，富有戏剧性；第二乐章慢板，复三部曲式、变奏曲式或奏鸣曲式，具有歌唱性、抒情性；第三乐章快板，复三部曲式，中间有对比性的三声中部，节奏鲜明，具有舞蹈性；第四乐章急板，回旋曲式或奏鸣曲式，常表现乐观、愉快、光明的内容。

幻想曲和随想曲则为即兴性的器乐作品，具有感情丰富、情绪奔放、结构和形式比较自由的特征，有较强的随意性，有助于个人情感的充分表达。

在乐曲的形式上，奏鸣曲式、变奏曲式、回旋曲式等，常被用于古典音乐中的主要乐章，以更好地表现主题，增强艺术感染力；也为程式化的音乐体裁提供了多变的音乐素材，避免了单一、僵化的艺术效果，更突出了乐曲的个性化特征。

西方传统音乐的多样性风格，还表现为音乐素材的种类繁多，如在西方传统的管弦乐作品中，华尔兹、圆舞曲、波尔卡等都是源于民间或宫廷的舞蹈。著名的"圆舞曲之王"、奥地利作曲家小约翰·施特劳斯的许多作品就是取材于民间或宫廷舞蹈，如《蓝色多瑙河》《皇帝圆舞曲》《闲聊波尔卡》《雷鸣电闪波尔卡》等。

西方传统音乐个性鲜明的特征除表现为音乐的体裁、表现形式和风格多样外，还表现为音乐作品往往体现作曲家的个人意志和情感。德国作曲家贝多芬的作品就体现了个性化的特征。

贝多芬是维也纳古典乐派的重要代表人物之一。早年深受启蒙运动①和法国大革命的影响，追求自由，崇尚英雄。其作品的创作手法是在继承欧洲古典音乐风格的基础上又进行了多方面的改革。他的作品通过采用不断发展的对比主题、富于动力的和声、戏剧性的结构等成为古典乐派与浪漫乐派间的承前启后者。他的作品充满了热情、英雄的气概和坚定的乐观情绪，人文色彩十分浓厚。他以时代和个人的命运为题材，创作了一系列以深刻的哲理与感人的艺术形象相结合的交响乐作品，揭示了社会与人生命运的矛盾、冲突与抗争，表现了人生从斗争到胜利、从黑暗到光明、从苦难到欢乐的精神历程。他的九部交响乐作品基本都以人文题材为主，有英雄性、生活风俗性、群众性、生活景象（大自然景观）性等特征。

事实上，以人文主义为题材的作品，在西方传统音乐中占据着极其重要的地位和很大的比重，这也是西方民族的传统观念、意识，以及社会发展的必然结果。人是自然界的主体，表现和歌颂、赞美人，便成为西方传统音乐创作的一个主题。

贝多芬作品中的个性特征，充分体现在其作品的主题、表现形式和手法上。他的第三交响曲（《英雄》交响曲）、第五交响曲（《命运》交响曲）等作品，就是这种特征的代表作品。

第三交响曲，又称《英雄》交响曲（作品第55号），是贝多芬在1803—1804年创作完成的一部大型器乐作品。1799年，拿破仑发动雾月政变，再度确立了资产阶级的统治地位。贝多芬出于对资产阶级共和制的拥护，相信大革命的领导者拿破仑会取得胜利，决定将这部交响曲赠送给他。但就在这部交响曲刚刚完成时，1804年5月18日，拿破仑又恢复了帝制。贝多芬得知后，愤怒地撕掉总谱中写有献辞的一页，而在乐谱的开端处写下"为了纪念一位伟人而作的英雄交响曲"。所以，这部交响曲的"英雄"主题是十分鲜明的，围绕这个主题，贝多芬在艺术处理和表现手法上，突出地刻画了英雄坚忍的毅力、坚强的意志、炽热的情感，在革命斗争中的激烈拼搏（不是对战争场面的描写）和英雄的勇敢、刚健等，表达了贝多芬心目中的"英雄"概念和形象。

围绕着"英雄"这个主题展开一系列的乐章，实际上是在对"英雄"进行较全面的展示。其中既有对英雄形象、性格、感情的描述，又有对英雄业绩的颂扬，还有对英雄的回忆和哀悼。所以，这部交响曲的主部主题突出的就是"英雄"这个音乐形象所具有的特

---

① 启蒙运动是17—18世纪欧洲资产阶级思想家反封建的思想文化运动，主张用文化教育启发人的"理性"，反对封建蒙昧主义和宗教迷信。启蒙运动是继文艺复兴之后的又一次思想解放运动，对资本主义制度的确立起到了积极的促进作用。

征，即个性。

在音乐作品中体现个性，这在贝多芬的第五交响曲，即《命运》交响曲（作品第67号）中也能清楚地感受到。贝多芬在第三交响曲即将完成时，就开始构思和创作第五交响曲，但最终经过3年的时间，才出版了总谱（1807年），其间经历了拿破仑复辟封建帝制，又面对着残酷的社会现实，贝多芬内心充满了愤怒与忧郁，也有幻想和渴求，这些都为这部交响曲提供了重要的题材。

在第五交响曲整部作品中，通过两个对立形象之间不断的矛盾、冲突与抗争，贝多芬用音乐语言号召人们和"命运"斗争。这两个对立的形象在作品中分别作为主部主题和副部主题。这是两个艺术风格、表现手法完全不同的主题。整部作品分为四个乐章，第一乐章的主题是"命运在敲门"（该部作品即以此主题为名）。这一乐章以连续的几个强音开始，发展成为主部主题。但在发展过程中，出现了惶恐不安的旋律，表现了严酷的现实。主部主题具有激昂、奋进的风格。虽然在四个乐章中，主部主题采用了不同的表现形式：或下降音调，或与副部主题交织在一起，或采用抒情式，或气势磅礴，这都与乐曲所展现的"命运"所处的背景相关。以激昂、奋进的风格表现出的主题，代表了希望挣脱封建势力束缚和压制的"共和"力量，即资产阶级。

而作品中的副部主题则表现出沉闷、压抑的风格。在第一乐章中，副部主题与主部主题在艺术风格上形成了强烈的对比和反差。副部主题在出现后，经常与主部主题交织在一起，导致不和谐音的出现，展示了命运与现实的抗争，更反映了贝多芬对掌握自己"命运"的一种向往和追求，也预示着资产阶级一定能战胜封建势力。

贝多芬第五交响曲中的两个主题，代表了命运与现实，也喻指资产阶级与封建势力。不同的风格、不同的表现方式和手法，使两个主题都具有鲜明的个性。而在艺术表现手法上的差异和反差，则正反映了作曲家的立场和倾向，也抒发了作曲家的情感。因此，音乐作品中的个性是由多种因素构成的。这在西方的传统音乐艺术中，也是一个普遍存在的现象，在每一部音乐作品中，都能感受到个性的存在。我们在认识这种个性时，需要在感受作品本身的结构、曲调、节奏、和声、配器等艺术表现手法和风格的同时，了解作品创作的时代背景。

中西方音乐艺术不仅存在着共性与个性的差异，还存在着写意与写实的不同。

中国传统的器乐作品，虽然多以自然景观为题，但在作品中，几乎没有对具体景观的描述。如《春江花月夜》，从曲名来看，是一首描写春天、江水、花朵、月亮、夜晚的乐曲。乐曲由丝竹乐器担任主奏乐器。在全部乐器演奏同一旋律的同时，穿插了由箫、琵琶演奏的小乐段。这种处理手法具有特殊的作用。琵琶弹奏出的音律模拟了水流动的声音。这也是这首乐曲中唯一具有写实风格的艺术处理。整首乐曲再没有对其他景物及景色的写实描绘，而是通过轻缓、委婉的旋律，加以箫吹奏出的深沉的小乐段，营造一种安谧、恬静的意境，即表现出写意的艺术特征。

写意性强的特点在中国的传统音乐作品中是十分鲜明的。当然，写意性强并不等于没有写实。如《春江花月夜》中用琵琶声来表现水，《十面埋伏》中用琵琶声模拟风声、雨声等，都具有写实的特征。但纵观全曲，仍是表现一种意境。《十面埋伏》就表现了楚汉战争中，楚汉两军紧张、激烈的战场气氛，还是一种意境。

与中国传统音乐写意性强的艺术特征相反，西方的传统音乐则具有比较鲜明的写实特征。在以描绘客观景物为主题的作品中，作曲家通过写实的手法，利用各种乐器不同的音色、艺术风格和特定的演奏方式，形象而真实地再现这些客观的景物，人们在欣赏作品时，不仅有身临其境之感，更能"听到"各种景物，感受到运动中的自然。

贝多芬的第六交响曲，即《田园》交响曲（作品第68号），是作曲家于1808年创作完成并首次公演的一部大型器乐作品。从1797年起，贝多芬因患耳聋症，听力日渐衰退，这给他的精神带来了极大的痛苦，但也激起他对大自然、对乡村生活的向往和热爱。所以在1802—1808年，他经常居住在维也纳郊外的乡村中，从大自然中获得一些安慰。在此期间，他创作了这部交响曲。因此，这部交响曲作品是贝多芬内心情感的表现：通过对大自然及农村生活景象的描绘，反映人的崇高和生活的多彩、人与自然的和谐等。

贝多芬给第六交响曲定了一个总标题：田园。五个乐章也各有一个标题：第一乐章，初到乡村时的愉快感受；第二乐章，溪边小景；第三乐章，乡村欢乐的集会；第四乐章，暴风雨；第五乐章，牧人的歌。五个乐章的标题包括自然和人文两类景物，因此，其写实性的特征也表现为几种不同的形式：直接、真实的造型性描绘，如鸟鸣、雷声等；直接吸收和引用已有的音乐素材，真实地再现人文景观，如采用乡村的器乐吹奏和舞蹈等来表现人们愉快的生活；通过作曲家自身对自然和人文景观的感受，以抒情的手法来描绘客观景物。

第一乐章"初到乡村时的愉快感受"的标题，很明确地指出了这一乐章的主题——既有田园风光和秀美的景色，又有个人的感受。整个乐章在小提琴奏出朴实、宽广的主部主题的同时，又以低音弦乐器奏出一个空五度的持续音背景，这种近似风笛的音响效果表现了平静的田园风光。这种艺术处理使浓郁且清新的田园、乡间气息融入主部主题。随后，乐曲转入轻松、欢快的风格，表现了作曲家来到田园乡村后的喜悦心情。在这一乐章中，贝多芬充分发挥了各种乐器的音色特点。如用单簧管模仿飞鸟；用圆号模仿在草地上走动的牛；用中低音弦乐器和急促的节奏模仿在田野上急驰而来的马车；用小提琴奏出轻松、欢快的旋律，衬以跳跃的节奏，模仿出羊羔、马驹、牛犊等小动物在草原上相互追逐，欢蹦乱跳的景象；还用弦乐器一起奏出高—低—高、强—弱—强的变化旋律，形象地描绘了风吹过田野，小草似海浪一样起伏的景象；等等。

在其他的几个乐章中，写实的艺术风格也表现得淋漓尽致。有用低音弦乐器奏出的潺潺流水的声音，用长笛模仿的夜莺，用双簧管模仿的鹌鹑，用单簧管模仿的布谷鸟鸣叫声，用打击乐器模仿的电闪雷鸣，用弦乐器快速跳弓奏出的夹带雨点的狂风等。耳聋的贝多芬虽然听不到大自然中这些美妙的、惊心动魄的声响，却用艺术手法再现了它们，用音乐语言描绘了一幅多姿多彩的田园画卷。

写实性强的艺术特征，在其他的作曲家的作品中也是常见的。小约翰·施特劳斯的许多作品中都采用了写实的手法。《闲聊波尔卡》即形象地描绘了维也纳上流社会的妇人们在交际场所中交头接耳、毫无顾忌地谈笑时的情景，惟妙惟肖地刻画了一群贵妇在一起，忽而叽叽喳喳，忽而相互传话，忽而开怀大笑的情形。在《雷鸣电闪波尔卡》中，小约翰·施特劳斯运用钹、鼓等打击乐器形象地再现了闪电雷鸣。《狩猎波尔卡》则用打击乐器模拟枪声。而在现代演出中，有时甚至将猎枪带上舞台，将真实的枪声融入乐曲中。爱德华·施特劳斯的《火车波尔卡》运用节奏和旋律的变化以及中低音乐器和短笛，形象地再现了火车开动、疾驶、到站时的情景。其他许多作曲家的作品中也不乏类似的艺术表现手法。

西方音乐作品中的写实性艺术手法，是西方民族人文素养的一种体现，西方传统乐器能够较好地提供丰富多样的音色、音域等条件，也为写实性艺术手法提供了基础。因此，在西方的传统音乐作品中，音乐语言具有生动、形象的特征，表现力极为丰富，听众理解作品的内容和内涵比较容易。当然，西方的传统音乐作品也不是全部采用写实的手法，作品中也有很多写意的成分。如在贝多芬的第三交响曲中，表现"英雄"的气概和形象时，以乐队整体演奏表现了宏大的气势。即使是在描写田园景致的第六交响曲中，作者也通过不同的配器、演奏方式和技法，表现了田野清新的气息、恬静的风光，以及作曲家舒畅、愉悦的心情。

中西方音乐艺术的不同也更加丰富了世界音乐艺术宝库。不同的艺术风格、表现手法，对人的心理及情绪起到了不同的调节作用。中国传统音乐的稳重、平和、和谐的风格和特征，使人的情绪平静、稳定，易进入一种理智的心理状态；而西方传统音乐的写实、个性化鲜明的风格和特征，则容易感染和调动人的情绪，使人从沉闷中解脱出来。这两类音乐的不同艺术效果，正越来越被中西方民族所认识。

西方音乐个性化强的特征，往往也被用来作为宣泄的工具。如产生于20世纪初美国新奥尔良的爵士音乐，是一种舞曲性质的音乐。它源于被贩卖到美国为奴的非洲西部黑人的劳动歌曲与欧洲传统音乐及宗教音乐等相交融而产生。早期多由一两件铜管乐器及吉他、低音提琴等组成的小型乐队即兴演奏，全曲贯穿着独特的切分音节奏。20世纪20年代以后，逐渐形成了不同风格的爵士乐，如布鲁斯（亦称蓝调）。其节奏平滑，速度缓慢，带有伤感的情调。另有一种形成于纽约的，不按乐谱演奏，具有狂热、火暴性格的摇滚乐。还有一种被称作布吉乌吉，即具有钢琴独奏风格的爵士乐。40年代后，随着西方社会经济和社会秩序不稳定因素日益增多，人们的情绪多变，又出现了使用扩音吉他、快速、复杂、多变节奏的爵士乐，称为咆勃、比咆勃（Bop、Bebop）等。西方社会中爵士乐的广泛流行，以及派生出的多种风格和演奏形式，正反映了人们的一种心理需求，即情绪的表现、情感的宣泄，这也是西方民族自我中心意识强的一种表现。

小结论

中国传统绘画以水质颜料为主，西方除水质颜料外，还使用油质颜料。中国的传统绘画多以山水、花鸟等自然景致为题材，西方传统绘画则重视客观物象形貌的真实和环境的真实，并达到逼真的艺术效果。在绘画艺术手法和风格上，中西方传统绘画存在着线描与色彩搭配、写意与写实、重神与重形等差异，也是中西方在观念、意识上的差异的形象体现。

中西方传统音乐在乐器的种类、配器和演奏方式、曲目题材、表现方式等方面存在着很大的差异。中国的传统乐曲多抒发对自然景物的赞美之情，西方的传统乐曲则人文色彩浓厚，体现了共性与个性、意境与写景、平和与激昂等不同的风格和特点。

课后思考

1. 如何欣赏中西方的传统绘画作品?
2. 如何欣赏中西方的传统乐曲?

第七章 中西方文化的交流与交融

内容提要

1. 中西方的文化虽然存在着差异,但并不妨碍相互之间的交流与交往。在历史上,中西方曾通过陆路和海路交通进行过各种形式的交流和交往。在历史上的中西方交往和交流中,文化的双向交流曾增进了中西方民族的相互了解,促进了各自社会的文明和文化的发展。中国的四大发明、数学、医学、传统艺术等传统文化,在传入西方社会后,曾对西方近代科学的兴起产生重要的影响,促进了西方社会的文明发展。源自西方的乐器、绘画艺术,以及近代科学、思想等传入中国后,亦对中国社会产生了积极的影响。

2. 异彩纷呈的中西方文化,促进了世界文化的多元性和世界文明的进程,成为人类宝贵的物质财富和精神财富。弘扬中华优秀传统文化,开展与世界其他文明的交流对话,借鉴人类文明成果,有助于增进不同文化的相互理解、增强中华文化的影响力和吸引力。

学习提示

本章分为两节,分别围绕中西方的经济、文化交流历史,促进文明交流对话、扩大中华文化影响两个专题,阐述中西方文化的交流与交融。

其中,需要理解和把握的关键点如下:

一、中西方在历史上的经济文化交流曾起到相互促进、共同提高文明程度的积极作用。

二、尊重世界文化多元性,以平等互鉴、开放包容的文明交流对话促进中华文化发展,增强中华文化的国际影响力。

中西方文化尽管存在差异，但也有许多共性的特征和相同、相近的内涵。这也是人类在认识自然与社会过程中形成的一些共识。

在中国古代历史上，中国和以欧洲为代表的西方世界就已开始了交流和交往。在经济、文化的双向交流与交往中，西方文化辗转进入中国，中国的文化也传入西方社会，这增进了中国与西方人民的相互了解，促进了中西方各自社会文明与文化的发展。

第一节　中西方的经济、文化交流

一、古代历史上的中西方经济、文化交流

中西方相互之间的交流，历史十分悠久。考古资料证明，远在先秦时期（大约是在春秋战国时期），中国已同欧洲东部地区有所交往。位于今俄罗斯戈尔诺阿尔泰巴泽雷克盆地内的一处古墓葬群，年代为公元前5世纪至公元前4世纪（一说为公元前3世纪至公元前2世纪）。其中的3号墓内出土了有带花纹的丝织物；5号墓内出土了一块鞍褥面，以平纹绢作底，刺绣的图案是凤鸟纹与花草叶纹（见图7-1）；6号墓中还出土了一面"山"字纹铜镜。对这些文物的纹饰、技艺等的分析表明，它们均应来自中国。

图7-1　凤鸟纹刺绣（局部，俄罗斯戈尔诺阿尔泰巴泽雷克盆地5号墓出土）

在更为遥远的古希腊，也出现过中国文化的元素。位于希腊首都雅典市中心的雅典卫城巴特农（亦译作帕特农）神庙，建成于公元前5世纪。这座供奉雅典守护神雅典娜的神庙内，曾雕刻有精美的神像及神话故事，其中的"命运三女神"雕像（现头部已损毁）衣着细薄、柔软，衣褶飘逸，给人以质地轻柔的丝质感（见图7-2）。在同时期的一些希腊大理石雕像和绘画作品中，也刻画和描绘了柔软、轻薄的类似丝绸

的服饰。据此,一些西方学者推断,丝绸这种产自中国的服装面料至迟在公元前5世纪时,已传入古希腊,并为古希腊上层社会所推崇和喜爱①。这说明,早在连接东西方的丝绸之路开通前,无论是通过直接或是间接交往,中西方之间已经建立了联系和接触,应是不争的事实。尽管这些资料反映的是古代中国与西方的经济交往,但正是这种经济交流,在一定程度上增进了中西方相互了解,为中西方的文化交流奠定了重要的基础。

图7-2 "命运三女神"雕像(大英博物馆藏)

在以后的历史中,陆路丝绸之路和海上丝绸之路的开通架起了连接中西方交流的桥梁,极大地方便了中西方经济、文化的交流。中国的冶铁和铸铁技术、凿井技术,以及大豆、茶叶等经济作物品种,丝绸、瓷器等中国传统手工业产品,源源不断地传入中亚、西亚和欧洲等地,特别是丝绸、瓷器等产品,也因此成为当地社会的时尚用品。而原产于欧洲及西亚、中亚地区的洋葱、菠菜、芹菜、胡萝卜、胡麻②等作物品种,则通过丝绸之路被引入中国。而源自这些地区的文化也随丝绸之路传入中国,为中国人所接受,逐渐融入中国传统文化。诸如胡琴、扬琴等乐器,都成为中国的传统乐器。

箜篌是一种拨弦乐器,分为竖式和卧式两种类型。据文献资料记载,卧箜篌为我国的一种古老乐器;竖箜篌则源于波斯地区,是后代竖琴的前身。在亚述帝国及其后建立的波斯帝国统治之前,西亚和北非即有反映竖箜篌的文化遗存(见图7-3)。随着丝绸之路的开通,竖箜篌也传入我国。在我国新疆境内出土的竖箜篌,正反映了这种乐器的入传路线(见图7-4)。汉代以后,竖箜篌逐渐成为中国乐舞的演奏乐器,融入中国的传统乐器中(见图7-5)。

---

① MINNS E H. Scythians and Greeks. Cambridge University Press,1913.
② 胡麻,亦称亚麻,有油用型亚麻和纤维型亚麻之分,均原产于中亚和地中海地区。张骞出使西域后,传入中国的为油用型亚麻,俗称胡麻,现主要种植于我国的西北及内蒙古地区。纤维型亚麻系1906年自日本引进,是织造亚麻布的原材料,现主要种植于黑龙江、吉林等地。

图 7-3 壁画《三个女乐师》(埃及图特摩斯四世纳赫特墓)

图 7-4 竖箜篌(已残,新疆且末扎滚鲁克墓地出土)

图 7-5 壁画《伎乐天》(甘肃榆林窟 15 窟)

中国先秦时期产生的乐舞、角抵①、说唱、杂技等表演艺术,在秦汉时期得到进一步发展,并被统称为"百戏"。据东汉张衡《西京赋》载,其内容主要有扛鼎、吞刀、吐火、寻橦(顶竿)等。

据其他的文献资料记载,汉代的杂技还有柔术、耍剑、飞丸、冲狭(钻圈)、单手倒立等表演。这些杂技表演惊险刺激,极具观赏性,成为颇受人们喜爱的娱乐方式。在出土的汉代文物中,就有许多反映"百戏"表演的文物(见图 7-6、图 7-7)。

乐舞这种汉代流行的娱乐表演形式,自丝绸之路开通后,亦随着中西方文化的交流传入西域地区。汉武帝为联合西域乌孙国(位于今伊犁河流域)共同抗击匈奴,于"汉元封中,遣江都王建女细君为公主,以妻焉。赐乘舆服御物,为备官属宦官侍御数百人,赠送甚盛"②。汉宣帝时,"时乌孙公主遣女来,至京师。学鼓琴。汉遣侍郎乐奉送主女,过龟兹。龟兹前遣人至乌孙,求公主女,未还。会女过龟兹,龟兹王留不遣,复使使报公主,主许之。后公主上书,愿令女比宗室入朝,而龟兹王绛宾,亦爱其夫人,上书言得尚汉外孙为昆弟,愿与公主女俱入朝。元康元年,遂来朝贺。王及夫人皆赐印绶。夫人号称公主,赐以车骑、旗鼓、歌吹数十人,绮绣杂缯琦珍数千万,留且一年,厚赠送之。后数来

---

① 角抵,亦称角力,原为军队训练的一种方法。据《礼记·月令》载,每逢孟冬之月,"天子乃命将帅讲武,习射御、角力"。汉代学者卢植对此做注称:"角力,如汉家乘之,引关蹋鞠之属也。"角抵是一种带娱乐性的军事训练方法。这种训练方法具有游戏的特点,可以避免士兵因训练的单调和乏味而懈怠,增强训练的效果。正是因为角抵具有娱乐的性质,所以在春秋战国时期逐渐成为社会流行的一种娱乐表演方式,称为"角抵戏"。

② 班固. 汉书. 北京:中华书局,1975:3903.

图 7-6 汉画像石《乐舞图》（拓片，河南南阳出土）

图 7-7 汉画像砖《百戏图》（河南新野出土）

朝贺，乐汉衣服制度，归其国，治宫室，作徼道。周卫出入传呼，撞钟鼓，如汉家仪。外国胡人皆曰：'驴非驴，马非马，若龟兹王，所谓骡也。'绛宾死，其子丞德自谓汉外孙，成、哀帝时往来尤数，汉遇之亦甚亲密"①。汉廷赐予龟兹王礼物中的"歌吹"，即属乐舞。公元前60年，西汉又于西域设置都护府，与汉朝的关系更加密切。在以后的历史中，中外交流更加密切，内地的文化因此更多地传入西域地区。今天新疆境内保存的一些石窟壁画和出土的文物，就反映了中国古丝绸之路的文化。

  排箫是一种编管吹奏乐器，是由长短不一的吹管按照音阶高低排列、编连而成。排箫在世界很多的文化遗址中都被发现，我国最早的排箫实物发现于河南一座商末周初的墓葬中。墓葬中出土了一批骨制的排箫管，但损毁严重。经辨认、分析，这些排箫管被编为5组支排箫。河南淅川下寺1号墓中出土的春秋晚期的石排箫，由13根石制吹管组成。管长3.1~15厘米不等，孔深1.75~14.1厘米，孔径0.45~0.8厘米。出土时，

---

① 班固. 汉书. 北京：中华书局，1962：3916-3917.

除第 7 管因口部残损严重，已不能发音外，其余 12 管仍能吹出高低不同的音阶（见图 7-8）。

1978 年发现的湖北随州战国曾侯乙墓中共出土了 8 种 120 多件乐器，其中就有 2 件排箫（见图 7-9）。曾侯乙墓出土的排箫，系由 3 根竹夹缠绕、固定 13 根长短不一的箫管排列组合而成。出土时，排箫保存基本完好，仅第一根竹管口沿有缺损。排箫呈单翼片状，高 5.01～22.5 厘米，宽 0.85～11.7 厘米，厚约 1 厘米。箫管为单节细竹加工制成，均将竹管较细一端截断，作为吹口，口沿稍经刮削；下端利用自然竹节封底。排箫吹口部位齐平、紧凑，利于吹奏。

图 7-8　石排箫（河南淅川下寺 1 号墓出土）

图 7-9　竹排箫（湖北随州曾侯乙墓出土）

阮咸，亦称阮，或称中国古琵琶，是一种弹拨（拨弦）乐器。琴身圆形、长柱、四弦。相传西晋竹林七贤之一阮咸善弹琵琶，因而得名（见图 7-10）。在演奏时，多使用拨子（拨片）或假指甲弹拨丝弦。阮在后代不断改进，又有三弦，以及大阮、中阮、小阮、低阮等类型。

笙也是中国特有的吹奏乐器，《诗经》中即有笙的记载。《诗经·小雅·鹿鸣》："呦呦鹿鸣，食野之苹。我有嘉宾，鼓瑟吹笙。"在对我国先秦时期的考古中，对笙亦有发现。湖北随州曾侯乙墓就曾出土了 6 件战国时期楚国的笙，形状与今天的葫芦笙比较相似（见图 7-11）。笙由笙斗、笙管（苗）、簧片组成。笙斗系葫芦制成。根据笙斗吹管与腹部连接处残留一周的不规则印痕分析，制作笙斗的葫芦采用了"匏范制笙"技术，即在葫芦刚长出时，将幼匏的上端置于一个圆柱形状的外范内，以限制葫芦上部的生长，使其长成圆柱管状形，以便用于制作吹管。葫芦的下部则不受外范的限制，自由生长成圆球状。从笙斗残存的笙管插孔分析，有 12 管、14 管、18 管几种形制。笙管出土时腐蚀严重，共残存 32 根。笙管采用较细的芦竹上部，其中保存较好的一根残长 20.2 厘米，外径 1 厘米，内

图 7-10 阮咸（局部，《竹林七贤与荣启期砖画》）

径 0.6 厘米。笙管的中下部均有圆形或方形的指孔，下端设长方形的嵌簧孔。笙的簧片采自芦竹的下部，经切割、刮削、雕琢而成。簧片呈细条状，由簧框、簧舌两部分组成。簧框呈长方形，两端较厚，两边较薄。其中最大的一件长 3.5 厘米，厚 0.62 厘米，边厚 0.13 厘米。簧舌置于簧框的底部，呈扁平条状。簧舌除根部与簧框相连外，其余部分与簧框仅有细如发丝的缝隙，保证簧舌可以自由振动。

图 7-11 笙（湖北随州曾侯乙墓出土）

这些中国内地的乐器，随着中西方文化的交流，也出现在古代西域地区。在今新疆现存的一些石窟壁画和出土文物上，就绘有汉代乐舞表演中常见的排箫、阮咸、笙等乐器形象。

克孜尔石窟（亦称千佛洞，位于今新疆拜城县克孜尔乡），开凿于公元 3 世纪，窟内的许多壁画都反映了中西文化的交流。其中，早期开凿的第 38 窟壁画中绘有一幅《天宫伎乐图》，内有一位伎乐天在吹奏排箫。其手持的排箫，就属于中国传统排箫的形制。

克孜尔石窟的第 118 窟壁画中，则出现了阮的形象。这与西域地区流行的龟兹琵琶在形制上完全不同。龟兹琵琶为曲项琵琶，琴身呈半梨形，音柱弯曲（见图 7-12）。这种曲项琵琶源自波斯，四弦，后流传至龟兹，又经改进，为五弦。而壁画中，伎乐天演奏的则是圆形、直项的阮咸（见图 7-13）。

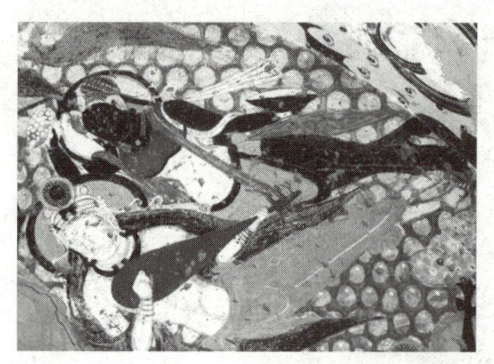

图 7-12 弹奏琵琶的伎乐天（新疆拜城县克孜尔石窟第 8 窟前壁）

图 7-13 弹奏阮咸的伎乐天（新疆拜城县克孜尔石窟第 118 窟）

位于今新疆巴音郭楞蒙古自治州库车县西南约 30 公里处的库木吐喇石窟，始凿于公元 4 世纪，稍晚于克孜尔石窟。在第 45 窟的壁画中，就有一位吹奏笙的伎乐天。从其吹奏的姿势和神情中，可以感受到伎乐天对笙的吹奏技巧十分娴熟（见图 7-14）。

在汉朝以后的历史上，西域地区通过丝绸之路接受了更多的中国传统文化。其中，既有中国传统的绘画装饰手法，也有中国传统的生活习俗。

库木吐喇石窟第 45 窟是一个典型的龟兹风格中心柱窟，主室券顶中脊处绘有天象图和因缘故事画。中脊下方则绘有一周团花边饰。边饰的花样为宝相花，这和唐代中原地区使用的纹饰十分相似（见图 7-15）。

图 7-14 吹笙的伎乐天（新疆库车县库木吐喇石窟第 45 窟）

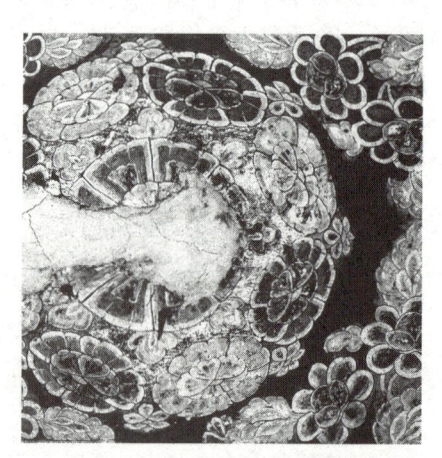

图 7-15 团花边饰（新疆库车县库木吐喇石窟第 45 窟）

在汉代的中西方文化交流中，丝绸充当着重要的角色。由于丝绸所具有的轻柔、透明、颜色艳丽等特点是西方传统的羊毛、亚麻、棉花纺织物无法比拟的，所以，当中国的丝织品源源不断地沿丝绸之路销往中亚、西亚、地中海地区时，就引发这一地区的人们特别是罗马帝国的贵族们对中国丝绸的崇尚和追求。"丝生于树叶上，取出，湿之以水，理之成丝。后织成锦绣文绮，贩运至罗马。富豪贵族之妇女，裁成衣服，光辉夺目。"① 到公元 2 世纪时，中国丝绸已畅销至罗马帝国最西端的英伦地区。中国丝绸在欧洲市场大量销售，成为西方社会不可或缺的衣着面料，极大地丰富了西方的社会生活，更将中国人的审美观传到西方，并为西方人所接受。

由于丝绸在欧洲被视为一种奢侈商品，价格不菲，还曾被丝绸之路所途径的波斯、突厥等地的商人所垄断。为了打破波斯人对丝绸经营的垄断，以获得更多的丝绸，欧洲人也开始尝试生产丝绸。罗马帝国甚至直接从中国获取蚕种，建立和发展丝织业。公元 4 世纪以后，埃及人又从中国购买生丝，再进行织造，甚至将中国的丝织品拆成丝线，再重新织造。但因埃及、罗马的织机结构简单，只能织造一些质地轻透的丝绸，而不能织出秀美、繁复的花纹，于是又从中国引入提花织机和织造技术。所以，丝绸带给西方的不仅是新的衣着面料，还包括中国古代的纺织机械和精湛的纺织技术。

在中国传统文化向外传播的同时，外来的文化也传入中国。在较早传入中国的西方文化中，比较重要的有杂技、魔术。在中国史籍中，对此曾有多次记载。来自西方的杂技、魔术传入中国后，对中国的文化艺术产生了重大影响。大秦国（罗马帝国）的杂技、魔术刺激惊险，极具观赏性，深受人们的喜爱，被吸收进百戏中，很快亦流传到社会上。在传世和出土的汉代文物上，就经常能见到这种来自西方的表演艺术。如在山东、四川、河南等地汉墓中出土的画像砖石上，常能见到冲狭（钻圈）、寻橦（顶杆）、技、魔飞丸、耍剑、柔术和吐火等杂术的表演形象（见图 7-16、图 7-17）。这表明这种来自西方的文艺表演形式，已极大地丰富了中国古代社会的文化生活。

图 7-16　西汉彩绘乐舞杂技陶俑（山东济南出土）

图 7-17　汉画像石《乐舞图》（杂技、魔术）（河南南阳出土）

---

① 张星烺. 中西交通史料汇编. 北京：中华书局，1977：20.

也正是因为来自西方的杂技、魔术逐渐成为人们喜闻乐见的艺术表演形式，所以汉代的杂技艺术便奠定了中国传统杂技的基础，形成以腰腿顶功为主要特征的杂技艺术基本技巧。汉画像砖石上的一些表演内容，至今仍经常出现在舞台上，有的还成为中国传统杂技艺术的代表性节目。

南北朝以后，随着海上丝绸之路的开通，一些阿拉伯人和波斯商人经海路来到中国，其中一些人还入仕为官，成为社会名流。自唐朝起，这些波斯人、阿拉伯人主要居住在广州、泉州、杭州、扬州等沿海和沿江城市，被称为番商、番客。为了安置这些番商、番客，宋朝官府专门设置番坊，选择一位巨商充任"番长"，"管勾番坊事，专切招邀番商"①。

唐代以后，来华的波斯人和阿拉伯人还将阿拉伯及欧洲的天文历法、医学、建筑等科学技术传入中国。据元人王士点《秘书监志》记载，建在元上都（今内蒙古自治区锡林郭勒盟正蓝旗境内）的北司天台藏有天文、数学、阴阳学、医学、化学、炼丹术等方面的图书，多达242部。其中包括欧几里得的几何学著作。

波斯和阿拉伯的天文学属于西方体系，是以黄道十二宫划分、观测和计算日月五星的运行及位置，所以对五星纬度的计算比较准确，元代传入中国后，受到元朝统治者的重视。波斯天文学家纳速剌丁·徒昔就曾奉命建蔑剌哈天文台，编撰天文表，并有中国学者参与其中。天文学家扎马鲁丁于至元四年（1267年）创制出7种天文仪器。元朝还于上都设置回回司天台（后称回回司天监），并颁行《万年历》（又称《回回历》）。元朝还利用阿拉伯历法对中国传统历法进行修订，提高历法的精确度。元代科学家郭守敬在编修《授时历》时，就吸收和借鉴了阿拉伯天文学的五星纬度计算方法，获得了更为精确的数据。在他所制订的《授时历》中，年平均长度为365.242 5日，较近代观测值误差仅26秒。

波斯和阿拉伯的医学，承袭了古希腊"风、火、水、土"的"四元素"说，"热、冷、干、湿"的"四性"论和"四体液病理学说"等医学理论。认为"四体液"（黑胆汁、黄胆汁、血液、黏液）平衡是身体健康的基础，一旦失衡则患病。而"四元素"与"四性"之间的相互作用，则决定着"四体液"的多少，也是治疗手段和方剂配置的依据。波斯和阿拉伯医学对医治骨科、外科和眼科等疾病有较好的疗效。当地出产的一些香料，也是很好的药物。随着番商、番客寓居中国，波斯和阿拉伯医药学也传入中国，在民间广为流行。一些精通医术的波斯人和阿拉伯人寓居中国后，也努力学习中国的传统医术，取得了十分突出的成就。如元代曾任御史的医学家萨德弥实，就曾编著医书《瑞竹堂经验方》十五卷，受到后世的好评，还传到了日本。

海上丝绸之路也是中国传统文化西传的重要渠道，而蒙古帝国的西征更将中国传统文化大量传入西方社会。唐宋元时期，不仅中国的印刷术、火药、指南针、航海技术等相继传入西方社会，历法、算术、医学、制图技术、绘画艺术等中国传统文化也传入西方社会。

中国的传统历法，是为农业生产的适时耕作提供可靠依据的，故需要与自然界一年四季的更替相对应，准确预报和反映四季气候的变化。所以，中国传统历法年的长度与回归

---

① 朱彧. 萍洲可谈//丛书集成初编. 北京：中华书局，1983：19.

年长度基本相同，且经过历代的修订，误差逐渐缩小，这在世界历法史上一直居于领先的地位。中国的传统历法在历史上，不仅被周边国家（地区）所吸收、沿用，也曾于元代传入阿拉伯地区。13世纪，成吉思汗及其后代三次西征时，许多随军的中国内地学者及工匠就将包括历法在内的中国传统文化带到西亚。在波斯地区建立的元朝宗藩国伊利汗国（亦作伊儿汗国）①，曾聚集了来自中国、波斯、希伯来和阿拉伯的学者，在大不里士建成一座规模宏大的天文台。其所编制的《伊儿汗天文表》介绍了中国、希腊、波斯和阿拉伯的历法和天文学。帖木儿帝国统治者，同时也是天文学家的兀鲁伯于1437年主持编写的《兀鲁伯天文表》一书论述了中国历法的纪年置闰原理。该书曾广为流传于亚洲和欧洲各地。

中国古代的算术不仅对周边国家的古代数学产生过重大的影响，也是中西方文化交流的一项重要内容。成书于公元1世纪的中国古代数学专著《九章算术》就曾传入中东地区及欧洲。《九章算术》第七"盈不足"，主要涉及盈亏类的计算问题。其中的第一题，"今有（人）共买物，人出八，盈三；人出七，不足四。问人数、物价各几何？答曰：七人；物价五十三。"② 9世纪阿拉伯阿拔斯王朝的数学家、天文学家、地理学家，曾被誉为"代数之父"的阿尔·花拉子密，在其著作中对"盈不足术"进行了论述。"盈不足术"的问题，在阿拉伯其他的数学著作中也多有引用，后被称为"契丹算法"。13世纪初，意大利数学家斐波那契曾在埃及、叙利亚学习数学，其所撰《计算之书》第十三章，即为"契丹算法"。15世纪的阿拉伯数学家阿尔·卡西于1427年所著的《算术之钥》中，不仅引用了"盈不足术"，还对源自中国的四则运算、开平方、开立方做了介绍。其中，开任意高次幂的方法与中国宋代数学家贾宪、秦九韶的增乘开方法完全相同。从这些实例中可以看出，中国的数学成就已直接或间接被传入中东地区及欧洲，对西方的数学发展起到了积极的作用。

早在丝绸之路刚开通时，中国古代的医药学多通过民间渠道，传入中亚及西亚地区。在元朝时期，随着中西方交流与交往的密切，中国传统医药学则通过官方和民间的不同渠道，大量传入西亚及欧洲地区。

在蒙古帝国第三次西征时，旭烈兀曾带去许多医生及医学书籍，中国的传统医学随蒙古军队传入所征服的地区。而在蒙古帝国西征时，还有许多随军的蒙古人、汉人及其他民族的人，就定居在占领的地区，其中即包括医生。中国的传统医学因此为更多的中亚、西亚及欧洲人所认识和了解。有"药王"之称的唐代医药学家孙思邈所著《千金要方》，就是在元代被翻译成波斯文的。1313年，伊朗史学家拉施德丁主持编译了一部波斯文的中国医学百科全书——《伊儿汗的中国科学宝藏》：包括晋代医学家王叔和的《脉经》全译本和经络针灸、本草、疾病防治和养生等内容，涉及经络学、脉学、胚胎学、妇科学、药物学等多种科目，并附有医学图片。这部介绍中国传统医学的巨作，至今仍流传于阿拉伯地区，并被翻译成土耳其文出版。

西晋学者裴秀在其所撰《禹贡地域图》中提出"制图六体"，即绘制地图的六个要素。

---

① 伊利汗国，为成吉思汗之孙旭烈兀所建，辖境东起阿姆河、印度河，濒地中海（包括西至小亚细亚大部），北起高加索山，南临阿拉伯海；都城初为蔑剌哈（今伊朗马腊格），后迁至桃里寺（今伊朗大不里士）。

② 李继闵. 九章算术校证. 西安：陕西科学技术出版社，1993：383.

"制地图之体有六焉。一曰分率，所以辨轮广之度也。二曰准望，所以正彼此之体也。三曰道里，所以定所由之数也。四曰高下，五曰方邪，六曰迂直。此三者，各因地而制形，所以校夷险之异也。有图像而无分率，则无以审远近之差；有分率而无准望，虽得之于一隅，必失之于他方；有准望而无道里，则施于山海绝隔之地，不能以相通；有道里无高下、方邪、迂直之校，则径路之数必与远近之实相违，失准望之正，故以此六者，参而考之。然后远近之实定于分率，彼此之实定于准望，径路之实定于道里，度数之实定于高下、方邪、迂直之算。故虽有峻山巨海之隔，绝域殊方之迥，登降诡曲之因，皆可得举而定者。"[1] 这六个制图要素，即为比例、方位、距离、高程、坡度、实际距离与地图距离的折算。裴秀制订的"制图六体"，也成为中国古代地图绘制遵循的基本原则，也是世界上最早、最科学、最完善的制图理论，因此被英国科学技术史专家李约瑟称为"中国科学制图学之父"。裴秀开创的中国古代地图绘制学，发展和完善了始创于公元1世纪的采用直角网格坐标绘制地图的方法（亦称计里画方）。网格坐标绘图法因此成为中国古代传统的制图技法，一直沿用到元明时期。南宋时期刻制的《禹迹图》，即采用了网格坐标绘图法（见图7-18）。

中国的网格坐标绘图法，也影响了中世纪西方的制图学。蒙古帝国西征后，中国传统的网络坐标绘图法逐渐传入欧洲。而此时的欧洲在宗教思想的影响下，采用"寰宇图"的地图制图法。世界被描绘成一个以耶路撒冷为中心的圆盘，没有坐标（见图7-19）。这种制图法也影响了阿拉伯世界，出现了相类似的"轮形地图"。1330年前后，阿拉伯人莫斯塔菲·卡兹维尼在《编年史选》一书的附录中，绘制了一幅伊朗地图和两幅圆形的世界地图，图上没有地形，但画有细密的网格和地名。这与元朝编修的《经世大典》中的地图绘制方法完全相同，说明莫斯塔菲·卡兹维尼接受了中国的网格坐标绘图法。由此，阿拉伯地区开始采用定量制图学。所以李约瑟认为，这种网格坐标绘图法与西方稍晚出现的绘有经纬线的近代地图有明显的相似之处，正是中西方在制图方法上交流和传承的结果。

图7-18 宋代《禹迹图》（约1136年，陕西省西安市碑林博物馆藏）

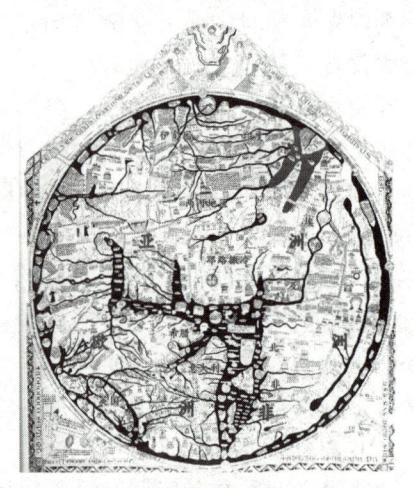

图7-19 《寰宇图》（约1300年，英国赫里福德教堂藏）

---

[1] 徐坚. 初学记. 北京：中华书局，1962：90.

第七章 中西方文化的交流与交融

中国的网格坐标绘图法传入阿拉伯地区后，又对欧洲的制图产生影响。这一时期地中海的航海图开始采用相互交织的罗盘风力线及斜驶线作为刻度，形成以不同地点的罗盘风力仪为中心，向四方延伸的方位线。1339年欧洲绘制的航海图上，出现了由罗盘方位线或斜驶线交错而成的矩形网格。此后，在中国的网格坐标绘图法和阿拉伯的定量制图学基础上，欧洲出现了实用的航海图。

在古代历史上中西方的经济交流中，宋代以后，瓷器作为一种外输的重要商品，为西方社会所推崇和喜爱。随着中国瓷器的大量外销，学习中国的传统制瓷工艺和装饰技艺、仿制中国瓷器成为一种时尚。中国传统的审美观念也为西方社会所接受。自12世纪始，波斯生产的瓷器釉色即仿北宋定窑的白瓷和南宋景德镇的影青瓷。在仿制的瓷器上，出现了荷叶、莲瓣、波浪、云气、暗花等中国特有的装饰题材和手法。

在地理大发现前，中国的瓷器主要通过阿拉伯人和波斯人的贸易进入欧洲。由于中国瓷器造型典雅，装饰精美，极富高贵的气质，因而备受欧洲贵族的青睐，被视为稀世珍宝，或作为珍贵的礼品，或作为财富收藏，或作为艺术品陈列。中国的青瓷传入法国时，恰值1610年巴黎流行的杜尔夫小说《牧羊女爱丝坦莱》被改编为戏剧。剧中讲述了美貌的牧羊少女爱丝坦莱与英俊朴实的牧羊少年赛拉同的爱情故事。每当赛拉同身穿一件翠绿色斗篷出场时，艳丽夺目的色彩使得在场的观众为之倾倒，翠绿色因此也成为当时法国流行的时尚色彩。然而，当人们看到来自中国的青瓷时，更被其清新淡雅、青翠欲滴的色泽所震撼。于是人们便用赛拉同的翠绿色斗篷与之媲美，称中国青瓷为赛拉同。可见中国瓷器曾轰动欧洲社会，亦反映了欧洲对中国文化的羡慕和敬仰。

16世纪后，随着新航路的开辟，中国与欧洲实现了直接贸易，交往更加密切，瓷器得以直销欧洲。这一时期，欧洲还采用订货的方式，从中国进口瓷器。正是通过瓷器和丝绸，欧洲人逐步认识了中国，了解了中国传统文化。而中国传统文化，包括瓷器的制作技术、中国传统绘画、装饰艺术和审美观念，以及饮茶习俗等，则以瓷器为载体，直接传入欧洲。

瓷器在欧洲市场上价格昂贵，因此仿制中国瓷器也成为欧洲各国贵族们显示尊贵、追求时髦的一种风气。事实上，欧洲在中国瓷器传入后，就开始仿制瓷器。但由于不了解瓷器的原料和烧制技术，所生产的"瓷器"或为低温烧成的软瓷，或为施白釉的陶器，根本无法与中国的粉彩瓷器相媲美。明代青花瓷进入欧洲市场后，以其淡雅、清新的纹饰风格，深受欧洲社会的欢迎。为了仿制出逼真的青花瓷，欧洲人转而研究中国的瓷器，了解制作瓷器的原料，学习瓷器的烧制技术和中国的传统绘画技艺、器物造型及装饰手法，或直接从中国购买釉料和青花颜料。法国甚至通过在景德镇传教的神父殷宏绪得到瓷土样本。1708年，德国数学家、物理学家、哲学家封·茨恩豪斯和炼金术士鲍特格在萨克森大公奥古斯都的支持下，对各种黏土配方进行实验，筛选出欧洲瓷土和雪花石膏的合理配方。18世纪中叶，法国、奥地利、英国和西班牙都相继建立了自己的瓷器制造厂，工艺水平逐渐提高。至19世纪，欧洲终于仿制出与中国瓷器品种、质量相类似的青花瓷器。

蒙古帝国西征后，中国的传统绘画艺术也传入西亚等地。伊利汗国统治下的伊朗所生产的陶瓷、纺织品及绘画等，都采用中国的装饰和艺术风格。在伊朗销往欧洲、非洲的绫锦上，有中国花卉和阿拉伯文。波斯画家还模仿中国的水墨画，画风和着色都十分接近中国画。在绘画的题材上，受中国传统绘画的影响，在这一时期的波斯绘画中，还出现了中国风格的山水画，以及牡丹、荷花、芦苇等中国神话传统绘画中的花草形象。龙、凤、麒麟等中国神话传说中的灵兽也成为伊朗流行的装饰题材，甚至波斯地毯也采用了中国的纹饰图案（见图7-20）。

随着丝绸和瓷器进入欧洲市场，欧洲人对中国的美术有了直观的了解，中国的绘画艺术亦传入欧洲。青花瓷是以钴为颜料，在瓷胎上绘画，然后再施以透明釉，经高温一次烧成，呈现蓝色花纹图案的釉下彩瓷器。由于青花瓷着色性好，色彩明快，成色稳定，永不褪色，绘出的画层次分明，具有中国传统水墨画的特点和效果，所以仿制青花瓷器不仅需要掌握瓷器的制作技术，还需要了解和掌握中国传统的绘画技法。这一时期欧洲仿制的青花瓷器，如英国伦敦的"弓"瓷器工厂从美国进口瓷土，制造仿青花碗、瓶等瓷器，器壁上绘有极具中国风格

图7-20　伊朗细密画

的亭台楼阁、小桥流水、柳树、菊花等纹饰。德国的迈森瓷厂以仿制中国清代康熙、雍正、乾隆时期的瓷器为特长，拥有一批熟悉中国绘画艺术的画家，其仿制青花瓷上的中国风格绘画和图案装饰，还曾在欧洲掀起一股狂热的流行中国艺术和图案的风气。

山水、人物，是中国传统绘画艺术的重要题材，也是青花瓷器重要的装饰题材。青花瓷器行销欧洲后，中国的山水、人物画对欧洲绘画产生了一定的影响。在兴起于18世纪中叶的欧洲美术史上的洛可可时代，就出现了类似中国传统绘画色彩清淡的画风。一批画家以中国的山水、人物画为摹本，学习中国的绘画技法和表现手法，形成自己新的创作风格。如法国画家安东尼·华多常采用中国水墨画浓淡不一的色彩表现暗淡的流云、茂密的树林，颇具中国画的韵味（见图7-21）。英国山水画家柯仁的设色技法，是常用棕灰底色，再施红、蓝两色烘托，与中国画极为相似。柯仁的弟子克里斯托尔、里弗西奇、特涅等，亦传承他的笔法和画风。另一位山水画家康斯保罗深受中国画的影响，所绘《绿野长桥》，宛如中国水乡风光。有"诗人画家"之称的奥地利画家莫里兹·冯·施温德的《乐手和隐士》，采用中国的水墨画技法表现沧桑的古树（见图7-22）。

图7-21　《郊游》（局部）

图 7-22 《乐手和隐士》

除此之外，中国的饮茶习俗、漆器、轿式马车、折扇、家具等，都曾在古代传入欧洲，并受到欧洲社会的欢迎，流行一时。

中西方在古代历史上的文化交流，不仅增进了相互之间的了解和友谊，也促进了各自文化的繁荣和发展，推动了社会和文明的进步。

二、中国传统文化对西方文明的影响

在世界历史上，中国的传统文化曾对西方社会文明的进程产生过积极的影响，做出过重要的贡献。

元代，著名旅行家、意大利威尼斯商人马可·波罗（见图 7-23）在游历了中国等东方国度后，记录下许多见闻。后狱中的同伴比萨人鲁思梯谦根据其口述，著成《马可·波罗游记》（亦称《东方见闻录》）一书。在这部书中，马可·波罗讲述了他途经丝绸之路的所见所闻，特别是比较详尽地介绍了在中国许多城市的见闻。对这些城市的繁盛和美丽的景象，马可·波罗都流露出羡慕、敬仰的情感。如对元朝的都城大都，他这样描述道：

图 7-23 马可·波罗

> 汗八里城（元大都，位于今北京城北部）内和相邻城门的十二个近郊的居民的人数之多，以及房屋的鳞次栉比，是世人想象不到的。近郊比城内的人口还要多，商人们和来京办事的人都住在近郊。

> 凡是世界各地最稀奇最有价值的东西也都集中在这个城里，尤其是印度的商品，如宝石、珍珠、药材和香料。……这里出售的商品数量，比其他任何地方都要多，因为仅马车和驴马运载生丝到这里的，每天就不下千次。我们使用的金丝织物和其他各

种丝织物也在这里大量地生产。①

当时中国物产的丰富和经济的繁荣，书中也有详细的记载。如京师（今浙江杭州）：

> 城内除各街道上密密麻麻的店铺外，还有十个大广场或市场，这些广场每边都长达半英里。大街位于广场前面，街面宽四十步。从城的一端笔直地延伸到另一端，有许多较低的桥横跨其上。这些方形市场彼此相距四英里。在广场的对面，有一条大运河与大街的方向平行。这里的近岸处有许多石头建筑的大货栈，这些货栈是为那些携带货物从印度和其他地方来的商人准备的。从市场角度看，这些广场的位置十分利于交易，每个市场在一星期的三天中，都有四五万人来赶集。所有你能想到的商品，在市场上都有销售。

> 一年四季，市场上总有各种各样的香料和果子，特别是梨，硕大得出奇，每个约重十磅，肉呈白色，和糨糊一样，滋味芳香。还有桃子，分黄白二种，味道十分可口。这里不产葡萄，不过，其他地方有葡萄干贩来，味道甘美。酒也有从别处送来的，但本地人却不喜欢，因为他们吃惯了自己的谷物和香料所酿的酒。城市距海十五英里，每天都有大批海鱼沿河道运到城中。湖中也产大量的淡水鱼，有专门的渔人终年从事捕鱼工作，鱼的种类随季节的不同而有差异。当你看到运来的鱼数量如此多，可能会不信它们都能被卖出去。但在几个小时之内，就已销售一空。因为居民的人数实在太多，而那些习惯美食、餐餐鱼肉并食的人也是数不胜数的。

> 这十个方形市场都被高楼大厦环绕着。高楼的底层是商店，经营各种商品，出售各种货物，香料、药材、小装饰品和珍珠等应有尽有。有些铺子除酒外，不卖别的东西。它们不断地酿酒，以适当的价格，将新鲜货品供应给顾客。同方形市场相连的街道数量很多。街道上有许多浴室，有男女仆人服侍入浴。这里的男女顾客从小时起，就习惯一年四季都洗冷水浴，他们认为这对健康十分有利。不过这些浴室中也有温水，专供那些不习惯用冷水的客人使用。所有的人都习惯每日沐浴一次，特别是在吃饭之前。②

对于中国的社会风气，马可·波罗也极为赞赏和推崇。如他在介绍京师的社会风气时，就提道：

> 京师本地的居民性情平和。由于从前的君主都不好战，风气所致，就养成他们恬静、闲适的民风。他们对于武器的使用一无所知，家中也从不收藏兵器。他们完全以公平、忠厚的品德经营自己的工商业。他们彼此和睦相处，住在同一条街上的男女，因为邻里关系，而亲密如同家人。③

在书中记录的这些令马可·波罗赞叹不已的景象，正是中国古代的物质文明和精神文

---

① 马可·波罗游记. 北京：中国文史出版社，2009：127.
② 同①193-195.
③ 同①196.

明,也是中国传统文化的体现。在他的记录中,还有一些令当时的西方人望尘莫及的东方文明。其中,元代发行的纸币在马可·波罗的眼中如同炼金术。

汗八里城中,有一个大汗的造币厂。大汗用下列的程序生产货币,真可以说是具有炼金术士的神秘手段。

大汗令人将桑树——它的叶可用于养蚕——的皮剥下来,取出外皮与树之间的一层薄薄的内皮,然后将内皮浸在水内,随后再把它放入石臼中捣碎,弄成糨糊制成纸。实际上就像用棉花制的纸一样,不过是黑的。待使用时,就把它截成大小不一的薄片儿,近似正方形,但要略长一点。最小的薄片当作半个图洛(tournois)使用,略大一点的当作一个威尼斯银币(Venetions Silver Groat),其他的当作两个、五个和十个银币。还有的作为一个、两个、三个以至十个金币。这种纸币的形状与制造工序和制造真正的纯金或纯银币一样,是十分郑重的。因为,有许多特别任命的官员,不仅在每张纸币上签名,而且还要盖章。当他们全体依次办过这些手续后,大汗任命的一位总管将他保管的御印先在银珠中浸蘸一下,然后盖在纸币上。于是印的形态就留在了纸上。经过这么多手续后,纸币取得了通用货币的地位,所有制造伪币的行为,都要受到严厉的惩罚。

这种纸币大批制造后,便流行在大汗所属的国土各处,没有人敢冒生命的危险拒绝支付使用。所有百姓都毫不迟疑地认可了这种纸币,他们可以用它购买他们所需的商品,如珍珠、宝石、金银等。总之,用这种纸币可以买到任何物品。①

早在中国南北朝时期就已被作为燃料广泛使用的煤炭,也令当时仍在使用木柴做燃料的西方人难以置信。

契丹省的各地都发现了一种黑石。它从山中掘出,其矿脉横贯在山腰中。这种黑石像木炭一样容易燃烧,但它的火焰比木材还要好,甚至可以整夜不灭。这种石头,除非先将小小的一块燃着,否则并不着火。但一经燃烧,就会发出很大的热量。

这个国家并不缺少树木,不过因为居民众多,灶也就特别多,而且烧个不停。再加上人们沐浴又勤,所以木材的数量供不应求。每个人一星期至少要洗三次热水澡。到了冬季,如果力所能及,他们还是一天要洗一次。每个当官的或富人都有一个火炉供自己使用。像这样大的消耗,木材的供给必定会感觉不足。但是这种石头却可以大量地获取,而且十分廉价。②

正是马可·波罗的介绍,使得西方人比较直观、形象地了解了中国的文化与文明。对于当时相对落后的欧洲而言,中国无疑是令人向往的。所以鲁思梯谦在《马可·波罗游记》一书的"小引"中写道:

皇帝、国王、贵族、骑士和其他一切人民,如果想要知道世界上各民族之间的风俗差异和东方各国、省以及一切地方的不同,可一读此书;所有人民,特别是亚美尼亚、波斯、印度和鞑靼的人民,他们最伟大的和最奇异的特点,都分别记载在马可·

---

① 马可·波罗游记. 北京:中国文史出版社,2009:132-133.
② 同①140-141.

波罗的这部书中。马可·波罗是威尼斯一个聪明而有学识的市民,他在此书中明白说出何者为他亲眼所见,何者为他亲耳所闻,因此本书是一部真实的记录。

众所周知,自从上帝创造亚当以来,直到现在,无论是异教徒、萨拉森人士、基督教徒,无论属于什么种族、什么时代,从没有人看见过或观察过马可·波罗在本书中所描述的如此多、如此伟大的事情。他把所见所闻的一切事情都深藏在心中,一直没有向别人吐露。但是为了让那些不能亲身经历这些事的人都能分享他的快乐,马可·波罗决定在本书中将此披露出来。①

在"小引"中,鲁思梯谦也流露出他对马可·波罗所讲述东方见闻的极大兴趣。鲁思梯谦还站在西方人的角度,表明自己的见解和认识,其中有对中国及东方文化、文明的肯定,还希望西方人能正视东西方文化的差异,从《马可·波罗游记》这本书中,了解和认识中国暨东方民族所创造的伟大文化和文明。

事实上,像马可·波罗这样将中华优秀传统文化介绍给西方社会的人士,在历史上还有一些。例如,1997年由戴维·塞尔本编译、英国布朗出版社出版的《光明之城》(署名原作者是雅各·德安科纳)。记载了意大利商人兼学者雅各·德安科纳于公元1271年,即南宋度宗咸淳七年到达刺桐城(今福建泉州)后的所见所闻。所以,在这部书的封面上写有这样一段话:"在马可·波罗之前,一位意大利犹太商人冒险远航东方,他的目的地是一座中国都市,叫作'光明之城'。"

在雅各·德安科纳写的《光明之城》一书中,也记载了他在刺桐城的一些亲身经历和见闻。其中既有当地的风土人情,也有许多传统习俗和文化。如:

还有许多地方,你可以买到写在纸上的著作和小册子……它们是用特制的墨汁写成的。这些小书花一点儿钱就可以买到,因此被那些想了解世界的人大批量购买,赞美上帝。此外,在光明之城,每一天他们都把一张大纸贴在城墙上,上面写着这个城市的高层官员、天子代理人所颁布的法令和决议,还有市民的条例以及其他考虑到值得一提的消息,每个市民都可以免费得到这样的纸。②

他的书中提到了中国的造纸术、印刷术、火药和指南针"四大发明"。

他们能使用最好的方法来造纸与羊皮纸。他们是用木浆和桑树皮来制造的。

造纸和书,给人带来很大的利润。这些书很多,用很少的钱就可以买到。确实,他们用小块的木头不仅巧妙地在上面刻文字,还刻图像。用他们特有的一种褐色的墨水,在纸上印出来。这样,他们用种种这类的方法,就能制作出许多不同的书,如他们贤哲以及诗人的作品,及取悦普通百姓的故事和寓言。③

---

① 马可·波罗游记. 北京:中国文史出版社,2009:1.
② 德安科纳. 光明之城. 上海:上海人民出版社,1999:164.
③ 同②416-417.

第七章
中西方文化的交流与交融

炼丹术士却通过试验而制造了许多武器。其中有一种他们称为轰天雷。因为他们用一种爆炸的魔粉,把它装在一个铁管或铜管里,就可以把迅速飞动的火抛到很远的地方,给敌人造成极大的伤害……他们还制造出投石器,以目光追不上的速度抛出几英石重的铁。当他们举行宴会的时候,他们也惯于在一根根的竹子里放上爆炸的粉末,将它点燃,用其闪光来取乐。①

中国的商船也是人们能够想象出的最大的船只,有的有6层桅杆、4层甲板、12张大帆,可以装载1 000多人。这些船不仅拥有精确得近乎奇迹的航线图,而且还拥有几何学家以及那些懂得星象的人,还有那些熟练运用天然磁石的人,通过它,人们可以找到通往陆上世界尽头的路。②

与马可·波罗一样,雅各·德安科纳也对中国传统手工业品的精美绝伦赞不绝口:

不过,我先得和纳森去一趟货栈。这是为了和守信用的阿曼图乔商谈一下,他要给我展示五颜六色的丝绸产品,其中包括绿黄相间的丝绸衣料,这种衣料被视为奇物,这种工艺以前在世界其他地方从未见过。你买40磅这种料子都用不了8个威尼斯格罗特。此外还有缎子,它的名字源自刺桐,世界上还没有见过像那样富丽堂皇、缀满小珍珠的缎子。他们还为我购买了鞑靼的原料织成的丝织品,其技艺如此之精美,恐怕画家用笔也画不出与之媲美的作品来。

至于香料,他们还没有开始购买。我交代他们要买最好的糖、藏红花、生姜、桂皮和樟脑,还有靛青和明矾。不过在瓷器方面,他们已买了600个制作精美的碗……虽然它们只是碗,却像玻璃酒壶一样精致。这些是世界上最精美的瓷器,我建议他们再为我购买一些。因为这种货物是会让我发财的,上帝保佑。若不是因为要买别的商品,如珍贵的宝石、珍珠、土糖,治肾病和胃病的黑色藏红花以及其他东西,我们真该推迟到周围地区的商旅。光明之城一带是贸易发达、制造业繁荣的地方,也是买卖兴隆的地区,在这里,商人可以获得高额的利润。③

我也发现质量绝佳的瓷器,它们是用来当碗使的,精美得就像玻璃的酒壶,我用200个格罗特购买了600件,因为它们全都是世界上最美丽的瓷器。这里也有很多的食糖,口感很好,这是放在一个黑盘子里的,还有红花、生姜,以及高质量的良姜,我都购买了一大批。他们还有一种红花,是用来治疗肾脏和胃的毛病的,我也买了一批;这里还有治疗牙齿的油膏和治便秘的山扁豆。④

雅各·德安科纳虽然只在泉州居住了半年左右,但他所记载的中国社会和传统文化内容还是很丰富的,所涉及的范围也是比较广泛的。这对于西方人认识和了解中国及其传统

---

① 德安科纳. 光明之城. 上海:上海人民出版社,1999:415-416.
② 同①152.
③ 同①203-204.
④ 同①369.

文化，是十分有益的。

正是通过远涉重洋来到中国的一些西方商人、游行家的介绍和宣传，西方人更多地认识和了解了中国的文化和文明。活字印刷术、指南针、火药、纸币、造船术等中国古代的发明，更使西方人产生对东方国度的向往和景仰。在当时的西方人心目中，中国是一个文明、繁荣、富庶的国家。这里的人们善良、友好，遍地铺满了黄金。所以当西方进入前资本主义阶段，即资本的原始积累时期时，一些冒险家就一心想到中国及东方来寻找财富，从而在世界历史上开创所谓的"地理大发现"，开辟出"新航路"。当然"新航路"之所以能够开辟，作为中国"四大发明"之一的指南针也起到了重要作用。

中国古代的文化不仅促进了世界的文明进程，还对西方社会的进步与发展起到推进作用。其中享誉世界的中国"四大发明"，在中西方的交往和交流中，逐渐为西方民族所认识和学习、吸收，进而促进和推动了西方社会的文明进程与发展。

14世纪兴起于意大利、15世纪盛行于欧洲的文艺复兴运动，是世界历史的一个重大转折点。这一运动产生的根源，是欧洲封建社会内部开始出现资本主义萌芽。但这一运动产生的重要条件，则是中国的造纸术和印刷术等重大发明。

恩格斯在分析和评价文艺复兴运动时指出：

> 它们不仅使希腊文学的输入和传播、海上探险以及资产阶级宗教改革真正成为可能，并且使它们的活动范围大大扩展，进展大为迅速。此外，它们提供了古代从未想到过的、虽然还未系统化的许多科学事实……①

可以说，在西方后来的许多科学发明中，都有中国古代文明提供的智慧。英国学者李约瑟曾提出一个著名的论断：蒸汽机＝水排＋风箱②。这个论断是十分科学的。水排出现于中国的东汉初期，是一种轮轴拉杆传动装置（见图7-24）。依水轮放置方式的差别，分为立轮式和卧轮式两种。作为中国古代早期冶金用的鼓风机械，水排利用水力作为动能，驱动水轮转动，进而通过偏心轮和连杆带动风箱木门的启闭，就可以连续向炼炉内鼓风。更主要的是，水排通过轮轴、拉杆将圆周运动变成直线往复运动，较好地解决了直线运动和圆周运动之间的转换问题。手推拉式木风箱在宋代已经问世，后经不断改进，到明代又发明了活塞式木风箱（见图7-25）。

> 风箱以木为之，中设鞲鞴（活塞），箱旁附一空柜，前后各有孔与箱通，孔设活门，仅能向一面开放，使空气由箱入柜，不能由柜入箱。柜旁有风口，借以喷出空气。用时，抽鞲鞴之柄使之前进，则鞲鞴后之空气稀薄，箱外之空气自箱后之活门入箱。鞲鞴前之空气由箱入柜，自风口出。再推鞲鞴之柄使后退，则空气自箱后之活门入箱，鞲鞴之空气自风口出。于是箱中空气喷出不绝，遂能使炉火盛燃。③

---

① 马克思，恩格斯. 马克思恩格斯全集：第20卷. 北京：人民出版社，1971：530-531.
② 李约瑟. 中国科学技术史：第1卷. 上海：上海古籍出版社，1990：作者序XV.
③ 徐珂. 清稗类钞. 北京：中华书局，1984：2373.

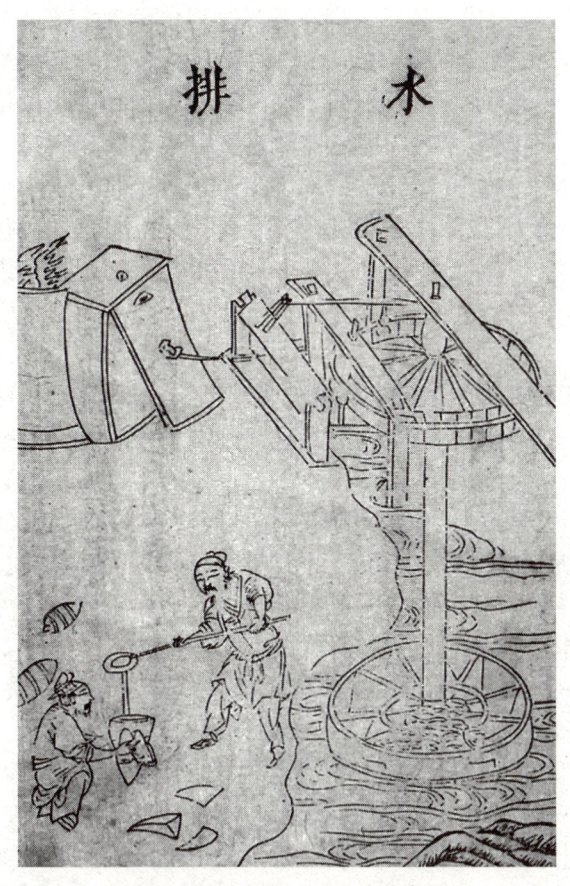

图7-24 水排（《三才图会》）　　　图7-25 活塞式木风箱（模型）

这种古老的活塞式木风箱，在风箱的两端各设一个进风口，口上设有活瓣（阀门）。箱体一侧设有一条风道，风道侧端各设一个出风口，口上亦置有活瓣。通过推拉伸出风箱外的拉杆，驱动活塞往复运动，促使活瓣一起一闭，以达到鼓风的目的。这种木风箱很好地解决了双作式阀门问题，实现了连续鼓风，即推拉风箱的拉杆，都能鼓风。这两种由中国人发明的鼓风机械，对瓦特蒸汽机的发明，无疑具有极其重要的借鉴和参考价值。李约瑟提出"蒸汽机＝水排＋风箱"的论断，意在说明没有中国古代的技术成就，西方近代工业革命的心脏——蒸汽机是不可能发明的。事实上，明代改进后的活塞式木风箱也传到了西方。18世纪时，这种中国发明的风箱已在欧洲普遍使用。所以，是我国古代先进的科学技术为蒸汽机的发明奠定了基础。

中国古代的炼丹术，源于先秦时期的原始巫术。秦汉时期，在统治者的推崇下，又演变为炼丹术、炼金术。炼丹家和炼金术士相信可以从矿物中提炼使人长生不老的药物，或者将普通金属冶炼为黄金等贵金属。由于在炼丹时常将各种物质放在炼丹炉中，这些物质在高温条件下发生变化，于是古人从中发现了一些原始的化学工艺技术。如在《周易参同契》中，就谈到"金为水母，母隐子胎；水者金子，子藏母胞"[1]。在统治者的大力推崇

---

[1] 孟乃昌，孟庆轩.《周易参同契》三十四家注释集萃. 北京：华夏出版社，1993：96.

和支持下,炼丹术于唐代发展到鼎盛时期。在唐代,炼丹家们在炼丹过程中发现了硫黄和硝石的一些特性,发明了配制火药的基本方法。到了北宋,火药已经普遍应用到战争当中。随着中西方经济文化的交流,炼丹术与中国的火药配制技术又于8世纪传入阿拉伯地区。阿拉伯炼金术的创始人查比尔关于金属的组合成分、六种金属的差别等学说,就是沿用中国炼丹术的成就。阿拉伯人在吸收了来自中国炼丹术的同时,又继承古希腊的哲学思想,从而产生了阿拉伯炼金术。12世纪,炼丹术又从阿拉伯地区传到欧洲,成为近代化学的雏形。"chemistry"(化学)一词便来源于单词"alchemy",该词的原意即为阿拉伯语中的炼金术(al-kīmiyā)。14世纪初,阿拉伯人又将火药技术传入欧洲,火药成为新生资产阶级战胜封建势力的有力武器。

在中国传入西方的传统文化中,还有一些后来也成为世界性的文化。2004年初,国际足联正式确认足球起源于中国。这项令世界为之兴奋的体育运动,即源于中国古老的蹴鞠运动。

蹴鞠,亦称踢鞠、蹙鞠等,是我国古代的一种用以练武、娱乐、健身的运动。汉代经学家刘向在《别录》中对"蹴鞠"的解释是:"蹴鞠者,传言黄帝所作,或曰起战国之时。蹋鞠兵势也,所以练武士知有材也,皆因嬉戏而讲练之。"利用蹴鞠训练士兵,旨在锻炼身体,增强体能。在娱乐中,提高士兵身体的灵活性和整体作战能力。

最早的鞠,是一种皮制的球。《汉书·枚乘传》提道:"蹴鞠刻镂。"颜师古注:"蹴,足蹴之也。鞠,以韦为之,中实以物;蹴蹋为戏乐也。"

战国时期,蹴鞠就已十分流行。为了联合关东诸国抗击秦国,纵横家苏秦到齐国游说齐宣王:"(苏秦)因东说齐宣王曰:'……临淄甚富而实,其民无不吹竽鼓瑟,弹琴击筑,斗鸡走狗,六博蹹鞠者。'"[①] 他在临淄城内就看到当地的民众生活十分丰富,人们经常参加各种娱乐活动,其中即包括蹴鞠。可见蹴鞠这种集健身、娱乐于一体的活动,在当时深受人们的喜爱,已十分普及。

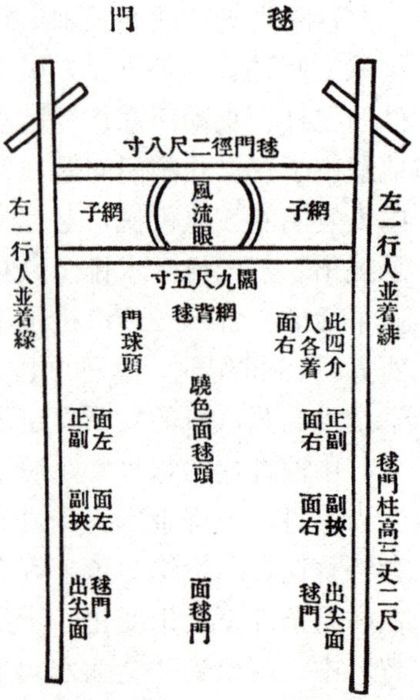

蹴鞠流传到汉代,不仅继续保留军事训练的用途,还逐渐发展为一项既普及又比较专业化的运动,还有了比较完备的比赛规则和专业性的书籍《蹴鞠二十五篇》。汉代的蹴鞠比赛有专门球场,为东西方向的长方形。球场的两端各设六个对称的"鞠域",也称"鞠室",各由一人把守。场地四周设有围墙。比赛分为两队,互有攻守,以踢进对方鞠室的次数决定胜负(见图7-26)。

唐代以后,蹴鞠又被称为"蹴球"。但这一时期的鞠已不是实心球,而是以动物膀胱为球胆,熟皮为外壳。经充气后,成为空心的"气球"。据马端临《文献通考·乐考》载,蹴鞠比赛时,"植两修竹,高数丈,络网于上,为门以度球。球工分左右朋,以角胜负"。不过,也有不用球门的,称为"白打"。

---

① 司马迁. 史记. 北京:中华书局,1959:2257.

图7-26 蹴鞠毬场(引自邓之诚《东京梦华录注》)

宋代的蹴鞠，两队的对抗性踢法逐渐淘汰，改以表现个人技巧的踢法，谓之"白打"。踢球者围绕成一圈，除手以外身体任何部位都可以触球。表演时，除用身体的各个部位触球外，还加以各种动作而不使球落地。其中既有单人表演，亦有二三人，乃至十余人的共同表演。宋代的瓷枕、壁画及绘画等作品上，就有刻画蹴鞠表演的情景（见图7-27、图7-28）。

图7-27 宋代蹴鞠纹青铜镜
（中国国家博物馆藏）

图7-28 《朱瞻基行乐图》
（故宫博物院藏）

这种源于中国古代的蹴鞠运动，曾在元代时随成吉思汗及其后代的西征而传入欧洲①。不过，在西方民族争强好胜的性格特征和强烈的自我中心意识作用下，蹴鞠最终又演变为一种对抗性强的体育竞技项目。

西方现代社会生活人们在交往中所互赠的名片、过年时互赠的贺卡，也源于中国古代社会的名帖和贺年帖②。

西方管弦乐队中的锣，原为中国传统乐器。著名的意大利歌剧作家贾科莫·普契尼还曾将中国江南民歌《茉莉花》的曲调，作为歌剧《图兰朵》的主要音乐素材之一。

事实上，中国传入西方并对世界文明产生影响的传统文化，远不止这些。但仅从这些列举的实例可以看出，正是因为中西方文化存在着差异，才使得中西方社会呈现出多姿多彩的风貌和文化的多样性。世界古代历史上的中西方文化交流，又使得两个地区的文化得以相互传播，并为对方所认同、接受和吸收，从而极大地丰富了中西方社会的物质和精神生活，促进社会的文明发展。

三、西方文化对中国社会发展的影响

在中国历史上，西方文化的传入也对中国社会的进步与发展起了积极的影响和推动作用。

---

① 亦有学者认为，蹴鞠是经陆路先传到埃及，而后传到希腊、罗马、法国，最后才传到英国，并在1863年发展成现代足球。
② 朱筱新. 古代的名帖与贺年帖. 百科知识, 2009 (1).

丝绸之路开通后，原产于欧洲、西亚地区的葡萄、石榴等作物传入中国，逐渐在中国各地普遍种植。由于这两种作物的果实数量繁多，故被中国人认为含有丰硕之意，逐渐成为中国古代传统文化的重要元素，即以葡萄、石榴象征和喻示成果丰硕或子孙满堂。唐代的铜镜就常以葡萄为装饰图案（见图7-29）。

唐代，中西方文化的交流更加频繁。其中，欧洲绘画艺术常采用的一些表现手法，也出现在唐宋时期的绘画作品中。唐代的一些佛教题材壁画就采用了欧洲中世纪绘画艺术中的表现手法。这种表现手法体现为以光圈或光环刻画宗教人物，以示与常人的区别。

图7-29 唐代葡萄纹铜镜

甘肃敦煌莫高窟、安西榆林窟等石窟的唐、宋、元等朝代的佛教壁画，就比较普遍地采用光圈、光环等手法来刻画和表现佛、菩萨等。如榆林窟第3窟的西夏经变壁画《普贤变》中，有根据唐玄奘西天取经的故事绘制的唐僧与孙悟空师徒二人在取经途中的情景。壁画中，普贤、唐僧的头部均有光圈（见图7-30）。类似这种艺术表现的手法，在其他石窟的唐代以后的壁画或造像上均能看到。

这也从一个侧面说明，欧洲等西方文化自唐代传入中国后，对中国的传统绘画艺术产生较大的影响，并且逐渐为人们所接受和吸收。

明万历年间，随着欧洲商人的东来，罗马天主教的耶稣会士也陆续进入中国传教。在传教的活动中，这些西方的传教士也向中国宣传欧洲的文物和典章制度，介

图7-30 《普贤变》（局部，甘肃榆林窟第3窟）

绍西方的一些先进技术及先进理念并传授给中国的知识分子，其中包括天文、算学、理化等知识。他们还将西方的自鸣钟、地图、天文仪器、乐器等敬献给中国。

明万历十年（1582年）来华的意大利人利玛窦，精通中文，娴于古经。他来华后，为了传教需要，向明朝士大夫知识分子介绍西方科学文化知识。他用中文著译了《交友论》《西国记法》《天学实义》《西字奇迹》《四元行论》《测量法义》《同文算指》《乾坤体义》等十几本书，还向中国人介绍了水力、火炮技术，日月食的推测，西方音乐和透视绘画等知识。在传教中，利玛窦结交了徐光启、李之藻等一批中国名士，还与徐光启合译了欧几里得的《几何原本》前六卷，第一次将西方的逻辑推理引入中国。任礼部尚书和文渊阁大学士的徐光启运用他从利玛窦那里学到的西方天文、地理和算学等知识，参与修订明朝的历法，绘制地图。

清初来华的德国传教士汤若望不仅深谙基督教义，还精通天文、数学。他曾被摄政王多尔衮任命为钦天监正，采用近代欧洲的科学方法测食朔、订历法。顺治皇帝更以汤若望为师，免礼相交，昼夜晤谈。后汤若望在京城宣武门内建了一座教堂，顺治皇帝还为其立

第七章 中西方文化的交流与交融

碑,并赐碑文:"若望入中国已数十年,而能守教奉神,肇新祠宇,敬慎蠲洁,始终不渝,孜孜之诚,良有可尚……朕甚嘉之,赐额名曰:通玄佳境。"①

清朝前期,来华的欧洲传教士先后著译西方科学著作数十种,还利用欧洲的经验帮助清朝制造火炮数百门。康熙皇帝在位时,曾每日请葡萄牙传教士南怀仁、徐日升,意大利传教士闵明我等人,进宫授课两三个小时,内容涉及天文、地理、解剖、药物、音乐、拉丁文等。康熙皇帝对这些西方的文化知识十分感兴趣,即使外出去行宫,也不肯中断②。

随着西方传教士在中国的活动,西方的科学文化也随之传入。西方的天文学与历法、物理学、机械学、数学、地图与测绘学、生物学、医学、建筑学、火炮技术,以及绘画、音乐等学科的知识,开始在中国流传。中国也因此出现了一批接受西学的学者和科技人才。在此基础上,中国的近代科学技术进入一个新的发展时期。

李约瑟在分析和总结西方传教士对中国社会发展的影响时指出:"过去,中国和外界也有接触,但是这种接触从来没有多到足以影响它所特有的文化及科学的格调。在耶稣会传教士进入中国后,中国的科学便和全世界的科学汇成一体了。"③

这种影响在中国近代史上显现得更为突出。当拥有"船坚炮利"优势的西方殖民列强强行打开中国的大门后,西方文化也随之大量涌入。这一时期进入中国的基督教传教士中,有一些是以传教为天职的虔诚教徒。他们虽以传布福音、发展教徒为主要任务,但在传教的同时也传播了西方近代的科学文化、医学和教育。

鸦片战争爆发后,一些文人学者看到了西方先进的武器、装备和科学文化知识,也逐渐将视线转向西方,试图从西方社会生活的各个方面,寻找可以吸收、学习、借鉴的成功经验,以此实现"自强救国"。由此产生了要求学习西方先进武备和科技,以便有效抵抗外来侵略的"经世之学",即所谓"师夷长技以制夷"。在经世学派的积极倡导下,社会逐渐形成以洋务思潮、改良思潮为主的经世思潮。这些有识之士运用西方的思想和学术观点抨击时政、倡言改革、反对保守,强调正视现实,改革弊政,学习西方。

清朝后期经世学说的转变,也促使一批爱国人士开始步入实业救国的道路。他们从西方购买和引进先进的机器设备及技术,开设近代工厂,以期改变落后的生产局面和军事装备。洋务运动的兴起,不仅将西方先进的科技知识引入中国,也使文人学者更多地了解了世界,逐渐认识了西方的哲学和人文思想。对比中国的现状和社会现实,他们不仅看到了清朝统治集团内部的腐败,更开始对封建制度的顽疾有了比较深刻的认识,从而进一步推动经世学说更紧密地联系现实社会,极大地拓展了经世学说的领域和范畴。

改良思潮的重要内容之一,便是教育救国思潮。清朝后期,受西方思想和文化的影响,被称为早期教育救国思潮代表人物的王韬、郑观应等人,就盛赞西方学校教育先进、发达,积极主张仿照西洋,改革教育。郑观应认为:"泰西之强强于学,非强于人也。然则欲与之争强,非徒在枪炮战舰也,强在学中国之学,而又学其所学也。"④ 他主张:"将西国有用之书,条分缕析,译出华文,颁行天下,各设书院,俾人人得而学之。其院师择

---

① 魏特. 汤若望传: 第1册. 台北: 商务印书馆, 1960: 220.
② 中国社会科学院历史研究所清史研究室. 清史资料: 第6辑. 北京: 中华书局, 1985: 161.
③ 李约瑟. 中国科学技术史: 第1卷. 北京: 科学出版社, 1978: 337.
④ 郑观应. 盛世危言·西学. 沈阳: 辽宁人民出版社, 1994: 30.

清西儒或出洋首选之官生，以充其任。以中国幅员之广、人才之众，竭其聪明智力，何难驾出西人之上。"① 这一时期，主张变法维新的人士普遍认识到，要救亡图存，必须"兴学校，开民智"，"国势之强弱，系乎人才；人才之消长，存乎学校"②。

正是在学习西学、改良旧学的教育救国思潮影响下，从同治初年起，社会上逐渐发起批判科举制度和旧式教育、要求学习西法、改良中国传统教育、广兴学校、培养人才的呼声。就在这一时期，洋务派的一些代表人物开始创办一批西式学堂。此后，兴办西式学堂之风愈演愈烈，就连清政府亦将举办新式教育作为"新政"和预备立宪的重要内容。光绪三十年（1904年），清政府颁行新式学制，即"癸卯学制"。光绪三十一年（1905年），清政府宣布废除延续千余年之久的科举制度，并大张旗鼓地在全国兴办各级新式学校，这标志着旧式教育体制的废除和新式教育体制的确立。这一系列仿效西方国家学制的行动，彻底改变了中国传统学校、书院教育的旧体系和办学宗旨，标志着中国近代教育体制和教育宗旨的确立，更为其后中国近代学校制度的进一步完善奠定了重要的基础。所以，中国近代的新式学校，就是在学习西方文化教育基础上产生的。

受西方文化的影响，清朝末期的中国还加速向近代社会转型的过程。其表现涵盖了社会生活的各个领域，其中包括建立新史学，对世界舆地学的研究，建立近代科学技术，创办近代工业等。

受西方近代民主思想的影响，在戊戌变法失败后，中国又兴起了民主革命思潮。民主革命思潮，亦称民主主义思潮，其基本宗旨是推翻封建专制制度，建立民主共和政体。这种属于资产阶级意识形态范畴的思潮，也是吸收了西方资产阶级的思想和理论，结合中国当时的社会现实，由孙中山等一批资产阶级知识分子创立。正是在民主革命思潮的推动下，中国社会开始步入近代化历程。

第二节　扬长补短，兼容并蓄

中西方的文化和文明，都对世界的发展和进步做出了积极的贡献，共同推进了世界的文明进程。中西方文化存在着明显的差异，这种差异使得世界文化呈现出多元性特点，也为中西方社会的发展提供了互学、互鉴的有利条件。

一、正确认识世界文化的多元性

早在20世纪初，德国现代哲学家奥斯瓦尔德·斯宾格勒在《西方的没落》一书中，就提出了如何看待文化差异的问题。斯宾格勒认为：

> 每一种文化都有一种完全独特的观察和理解作为自然之世界的方式；或者说（这其实是一回事），每一种文化都有其自身所特有的"自然"，属于其他文化的人根本不

---

① 郑观应. 盛世危言·西学. 沈阳：辽宁人民出版社，1994：编序 8.
② 陈宝箴. 据考新设时务学堂生示//陈学恂. 中国近代教育史教学参考资料：上册. 北京：人民教育出版社，1986：389.

可能有完全相同的自然形式。但是，在更大程度上说，每一种文化——包括此文化中的所有人（只有借助很小的区别才能把他们区分开来）——都拥有一个特殊的和特有的历史——正是在这一历史的图像和风格中，一般的生成与个人的生成、内在的生成与外在的生成、世界历史的生成与传记的生成，都直接地诉诸人的感知、感受和体验。因而，西方人的自传倾向——甚至在哥特时代的口述自白的象征中就已经显示出来了——对于古典人来说是完全陌生的；而西方人那强烈的历史意识，与印度人的近乎梦幻般的无意识也是完全对立的。当麻葛式的人使用"世界历史"这个词时，他看到了面前的什么？

但是，哪怕是想对另一文化的人所固有的"自然"形成一个确切的观念，也是极其困难的，尽管在这个领域，尤其是那些可以认知的事物，都是因果地安排的，并是统一在一个可沟通的体系中的。对于我们而言，想要完全地洞察一个与我们自己的心灵构成完全不同的心灵所具有的"生成"的历史世界方面，是根本不可能的。在此，总是会有一个难以驾驭的残余物，在我们的历史直觉、观相的智慧和有关人的知识中占有或大或小的比例。对这一问题本身的解决，依然是所有真正深刻的世界认识的前提条件。另一种人的历史环境乃是他的本质的一部分，我们若是对他的时间感、命运观，他的内在生命的犀利风格和犀利程度没有任何认识，也就不可能理解这另一种人。因此，就这些东西不是直接地坦白出来的而言，我们不得不从那陌生的文化的象征主义中来提取它们。正是这样，也只有这样，我们才能接近那些不可理解的东西，接近一种陌生的文化的风格，而属于此文化的伟大的时间象征才能由此而获得无可比拟的重要性。①

斯宾格勒认为世界上的任何一种文化，都有其产生的自然背景和社会历史背景，都有其生存的条件和利益。所以，不应简单地从直观的现象去认识一种文化，而应通过自然和历史的背景、环境去认识文化的内涵。只有这样，才能提炼出文化的本质和特点。

20世纪末，当代著名思想家、法国学者埃德加·莫兰在质疑西方社会传统的哲学、社会及科学观后，提出了"复杂思维范式"（complexity）。其要旨在于批判西方割裂、简约各门学科的传统思维模式，通过阐述现实的复杂性，寻求建立一种能将各种知识融通的复杂思维范式。复杂思维范式主要针对在西方文化中占据主导地位的重分析的思维传统，尝试用这种思维方法思考世界与社会，对人、社会、伦理、科学、知识等进行系统反思，以期弥补各学科相互隔离、知识日益破碎化的弊端。

在《方法：思想观念》一书的序言"东方和西方的交融"中，莫兰提到他在阅读《水浒传》时的感受："他们与我们多么相似！""他们与我们多么不同！"② 正因为中国文化与西方文化"多么相似"又"多么不同"，所以，他认为，可以将两种文化交融在一起。

但他所说的"交融"并非简单地将两种文化拼凑在一起，而是在反思欧洲本体文化的基础上，吸收和借鉴其他文化。为此，埃德加·莫兰针对西方社会的主流意识，即"人本主义"进行了深刻的反思：

---

① 斯宾格勒. 西方的没落. 上海：上海三联书店，2006：107-108.
② 莫兰. 方法：思想观念. 北京：北京大学出版社，2002：3.

一方面，人本主义是适用于所有人类、放之四海而皆准的原则；另一方面，它事实上又是极端的欧洲自我中心主义。要避免这一矛盾，人本主义只有把欧洲人看成是成熟全面的人种，有别于其他"后进"或"原始"文明的不全面的人种。这样，人本主义才能对殖民统治和对其他千年文明的摧毁自圆其说，将其解释为引进高级文明所必需的对谬误、偏见和迷信的扫除。人本主义在上个世纪（19世纪）末达到顶峰。帝国主义的欧洲统治全球，但文化的欧洲则相信这是对世界文明进步的贡献。在这个时代，文明进步和科学发展二者之间的联系似乎不可分割，理性和法的胜利成了顺乎世界历史潮流的定论。登上顶峰之后，危机接踵而至。危机的觉醒又反过来加剧了危机。从此，从欧洲文化内部也可以看到欧洲中心论的盲目性。一些欧洲人发觉他们的人本主义掩盖和包庇了一场可怕的非人惨剧。他们还发觉自己所认为唯一的文化其实只是世界文化之林中的一枝文化，而自己的这个文化曾经居然认为有权蔑视其他文化并予以毁灭。①

埃德加·莫兰认为，欧洲文化之所以"有权蔑视其他文化并予以毁灭"，就在于受强烈的自我中心意识的影响而产生的"欧洲中心主义"，极大地助长了西方优越的观念，进而导致对其他文化的蔑视和排斥，也助长了虚无主义的兴起。欧洲文化从19世纪末期开始，进入新一轮从虚无到毁灭的循环。作为西方文化重要代表的欧洲，需要重新审视自己的文化，更需要吸收和借鉴其他的文化。

20世纪末和21世纪初，法国当代著名汉学家、哲学家弗朗索瓦·于连和哲学家狄艾里·马尔塞斯，又从中国的角度审视西方文化，以对话的形式撰写出一部著作《（经由中国）从外部反思欧洲——远西对话》。在这部著作中，弗朗索瓦·于连和狄艾里·马尔塞斯从为什么要选择和怎样选择"经由中国"这个角度，来反思西方从古希腊直到20世纪欧洲"衰败"的历史经验。他们认为只有在语言和历史谱系方面完全不同于欧洲的中国思想，才能发现西方"理性"的固有成见与不足，并且"在当今最能引发思考和震撼哲学思想，为理论创新提供机会"。书中回顾了法国汉学学科史，并以汉学为工具，追溯了中国与欧洲第一次思想碰撞中产生的诸多误解。

1975年，于连为了"要像人类学家那样经过'实地经验'"，"从古希腊一头扎进了中国"，开始其以中国传统文化为切入点，重新解释西方学术架构的研究历程。但他不以中国的知识和思想作为研究的对象，而是用它们来突破西方哲学的希腊传统，重新审视西方传统文化。

在书中，于连提出对"非欧洲"概念的新诠释。他认为"非欧洲"并非是一个宽泛的含义，不是传统意义上的包括整个远东甚至更广的区域，而仅仅是指中国。因为，梵语世界并不能使西方学者脱离印欧语系范畴；阿拉伯语世界曾传授给西方以希腊知识，并促成其形成自己的"知识分子模式"，且同西方的文化和科学史密不可分；希伯来文化事实上正是欧洲思想的"两个源泉"之一；同样地处远东的日本也被排除在外，因为众所周知，日本思想源自中国，故日本或可令人好奇，但它毕竟只是派生物。因此，只有中国，是一个相对于希腊的真正对照物，是唯一拥有不同于欧洲文明的异域。所以，他解释说："恰

---

① 莫兰. 反思欧洲. 北京：生活·读书·新知三联书店，2005：46-47.

恰是因为对使自己为之留恋的希腊人和拉丁人从一开始都太熟悉了，使他要寻找一种选择，以替代他们的监护。"①

在他看来，西方思想体系完全建立在希腊传统之上，这正是西方文化得以延续和发展的源泉。但单一的文化传承和学术惯性，又在很大程度上限制了欧洲文化的继续发展。因此要超越和升华欧洲文化传统，只能通过迂回中国的方法，从中国传统文化的特异性中汲取养料和方法，以弥补西方思想的不足并消除固有成见。所谓的"经由中国"，就是用取自中国的"中国工具"，通过"从东—西两端阅读"的方式，来重新认识遗留于阴影中的欧洲工具影响西方人经验的某些方面和某些片段②。

中国是世界著名的文明古国之一，数千年的历史积淀下深厚的文化，对于世界而言是一份不可多得的宝贵财富。它不仅向今人提供了丰富的物质和精神文化生活，更以其独特的视角和思维方式为其他地区和民族的文化发展提供了有益的借鉴和参考，这已在当今中西方文化的交流中得到证实。中国传统思想所倡导的"和"已经逐渐为世界各国所认同，构建一个和谐、和睦、和平的世界秩序，正在成为世界发展的主流。

同样，自中国近代历史开始，无论是主动的还是被动的，西方文化已大量传入中国，也对中国的传统文化产生了巨大的影响。中国文化无论是思想观念、科学技术、学校教育，还是社会风俗习惯等诸多方面，都或多或少地吸收、接纳了西方的文化要素，特别是我国进入改革开放的历史新时期后，主动学习、吸收和借鉴西方的文化，更成为一种社会的普遍现象。

当前世界经济一体化进程正在逐渐加快，文化的交流和交融也因此更加频繁和密集。这对于发展中的中国而言，也是一个借鉴西方文化、充实和提升本土文化的极好时机。

埃德加·莫兰还指出，西方文明的福祉正好包藏了它的祸根：它的自我中心实质也包含了自我中心下的闭锁与孤独。西方盲目的经济发展给人类带来了道德和心理上的偏颇，限制了人们的智慧能力，对全局的问题视而不见。科学技术促进了社会进步，同时也带来了对环境、文化的破坏，造成了新的不平等，以新式奴役取代了老式奴役，特别是城市的污染和科学的盲目，给人们带来了紧张与危害，将人们引向核灭亡与生态死亡。

所以，在中西方文化交流中，我们还应从文化产生的社会历史背景及自然环境中，分析和判断西方文化的本质和内涵，进而学习和吸收其有益的成分。

二、和而不同，兼收并蓄

人类文化多元性、文明多样性是世界的基本特征，也是人类进步的源泉，多样带来交流，交流孕育融合，融合产生进步。无论是中国还是西方，都要尊重世界文明多样性，树立平等、互鉴、对话、包容的文明与文化观，以文明交流超越文明隔阂，文明互鉴超越文明冲突，文明共存超越文明优越。我们倡导和而不同、兼收并蓄的文明交流对话，在竞争比较中取长补短，在交流互鉴中推动本土文化繁荣发展，增进不同文化的相互理解，促进各国人民的友好相处，推动人类社会共同进步。

---

①② 于连，马尔塞斯.《经由中国》从外部反思欧洲：远西对话. 郑州：大象出版社，2005.

在进行中西方文化交流时，要秉持平等的原则，坚决摒弃文化优劣论，反对文化霸权主义。不同地域、不同民族的文化没有高低之分、优劣之别，都是平等的，都应该得到尊重。平等、互鉴、对话、包容的文化交流就如费孝通所言"各美其美，美人之美，美美与共，天下大同"，这是文化交流的理想状态。

然而回顾近现代中西方文化交流的历史，双方地位并不平等。近代以来，西方凭借迅速崛起的经济、科技和军事实力，打开了古老东方大国的大门。至19世纪末20世纪初，经由帝国主义全球扩张，一个以西方为中心的世界经济体系、世界殖民体系建立起来。裹挟在资本主义-帝国主义侵华浪潮中的中西方文化交流有着明显的不对等性，双方交流无法做到"美人之美、美美与共"。

强势的西方文化对中国文化的偏见与误读之深令人感慨。黑格尔对中国文化的看法就很能代表近代西方的主流观点。黑格尔对中国文化几乎全是否定性的，在他以西方文化为参照的各种文化排序中，都将中国文化置于非常低的位置[1]，他认为中国人不知道除家族伦理的其他伦理，中国传统的伦理原则毫无人性[2]，中国人的平等是人人如奴隶般的平等，孔孟思想完全说不上有什么思想性思辨性[3]，中国历史是停滞的，没有展示出发展，不能被置于世界历史之中[4]。黑格尔对中国文化的评论透着浓厚的欧洲中心主义色彩，影响深远。当代西方，妖魔、丑化中国传统文化和治理方式，将中国塑造为因传统君主专制制度而成为一个不图改进、怠于学习的国家形象的做法仍然占据相当市场[5]。欧洲中心主义化身为文化霸权主义，为正常的文化交流、跨文化理解制造重重障碍。

二战后西方打造的世界殖民体系崩溃，政治、经济上的帝国主义逐渐退出历史舞台，种种对非西方文化的偏见谬误不断被抨击和修正，但是帝国主义、霸权主义在文化上的影响延续至今。文化成为一个舞台，各种政治的、意识形态的力量都在这个舞台上较量。文化不但不是一个文雅平静的领地，它甚至可以成为一个战场，各种力量在上面亮相，互相角逐。在欧洲重新出现的种族主义政治中，在美国出现的关于政治正确和身份政治的争论噪声中，我们都可以看到帝国主义投射在文化上的阴影[6]。

中西方文化的差异、分歧都是客观存在的事实。谈及文化差异、文明冲突，美国政治学者亨廷顿认为，文明是文化实体而不是政治实体，那些最大的文明拥有世界上的主要权力，比如美国、欧盟、中国、俄罗斯。但是中国的发展对美国形成了根本的挑战，中美几乎在所有重大政策问题上都没有共同的目标，两国的分歧是全面的。中美冲突在很大程度上是基于两个社会的文化差异，也就是中西文化差异[7]。他认为强调权威、秩序、等级制，强调集体利益高于个人利益的中国儒家传统，对西方要推行的民主化形成了障碍[8]。是否有放之四海而皆准的价值理念？普世文明的概念是西方文明的独特产物，普世主义是

---

[1] 卿文光. 论黑格尔的中国文化观. 北京：社会科学文献出版社，2005：315.
[2] 同[1]275.
[3] 同[1]324.
[4] 同[1]293.
[5] 兰德斯. 国富国穷. 北京：新华出版社，2007：368.
[6] 萨义德. 文化与帝国主义. 北京：生活·读书·新知三联书店，2016：15.
[7] 亨廷顿. 文明的冲突与世界秩序的重建. 北京：新华出版社，2010：204.
[8] 同[7]213.

西方对付非西方社会的意识形态。但是普世文明的思想在其他文明中几乎得不到支持。普世主义倡导的价值理念基于西方历史文化土壤。那些能体现西方文化传统的体制、实践和信念都是西方特有的，如古典遗产、天主教和新教、精神权威和世俗权威的分离、法治、社会多元主义、代议制、个人主义，正是这些因素的结合使西方成为西方①。抹杀世界文明多样性，忽略其他文明的优点与长处，把产生于西方社会的价值理念视作普世价值观，以自身标准去评判对方，凡是不符合自己标准的，都予以否定，必然导致文明冲突。

文化差异不应成为冲突的根源。我们倡导以交流交融化解对抗冲突。多沟通、多对话，以文明交流增进彼此理解，以文明互鉴取代文明冲突。历史上，不同文明之间的交流对话、不同价值体系的相遇相通给人类文明注入了生命力。这样的例子数不胜数，如希腊文化从古埃及吸收养分，罗马文化在借鉴继承希腊文化的基础上发扬壮大，中华文化因为佛教的传入而丰富，阿拉伯文化保存拜占庭古典文化、为沟通东西方文化交流做出巨大贡献，欧洲吸收阿拉伯人传入的古典文化后产生了文艺复兴，中国的四大发明传入欧洲，促进了欧洲社会变革。

现代社会，正视分歧与矛盾，寻找双方最大公约数，以交流对话化解对抗冲突的案例不乏少数。20世纪50年代中期，周恩来率领中国代表团在亚非会议上的发言一直被视为国际佳话。面对来自各方非难与指责，周恩来阐述了"求同存异"方针："中国代表团是来求团结而不是来吵架的"，"中国代表团是来求同而不是来立异的"，"在亚非国家中是存在有不同的思想意识和社会制度，但这并不妨碍我们求同和团结"，"我们这两类国家都是从殖民主义的统治下独立起来的，而且还在继续为完全独立而奋斗，我们有什么理由不可以互相了解和尊重、互相同情和支持呢？"这个发言把会议气氛拉回了预定主题，推动了会议进展，受到了各国的热烈赞扬②，促进了中国与亚非国家的团结。

当前，推动中华文化繁荣发展，必须正确处理好文化传承与文化发展、中国文化和外来文化的关系，做到不忘本来、吸收外来、面向未来，更好构筑中国精神、中国价值、中国力量。

不忘本来，指对待自己的文化，应有充分的文化自信。文化的发展离不开继承传统。文化自信是一个国家、一个民族发展中更基本、更深层、更持久的力量。钱穆先生说，中国文化表现在以往全部历史过程中，除却历史，无从谈文化③，要以一种温情与敬意对待本国历史，不对本国以往历史抱一种偏激的虚无主义④。中华文化源远流长、历久弥新，渗透着历史基因，延续着文明的血脉，为国家和民族发展提供精神动力。我们理应为自己的文明和文化感到自豪。

吸收外来，指兼收并蓄、开放包容。文化的发展离不开借鉴外来。强大的开放包容性铸就了中华文明多元一体特征。中华文明的开放性和包容性植根于"物一无文""和而不同""和实生物、同则不继"的哲学和信念。"同"指绝对的同一，排斥异质的文化因素和文化成分。"和"则是不同文化成分、因素相互之间的和谐共处。"和"，要求容纳别人、

---

① 亨廷顿. 文明的冲突与世界秩序的重建. 北京：新华出版社，2010：49-51.
② 谢益显. 中国当代外交史（1949—2009）. 北京：中国青年出版社，2009：78-79.
③ 钱穆. 中国文化史导论. 北京：商务印书馆，1994：6.
④ 钱穆. 国史大纲（上）. 北京：商务印书馆，1996：1.

谅解别人，进一步还要欣赏别人，也就是"各美其美""美人之美"①。当今世界，中华文化的发展离不开吸收外来，我们要坚持开放包容，不故步自封，思维不走极端，对待外来文化不抱有恐惧和敌视的态度，以更加自信的心态、更加广阔的胸怀，借鉴吸收人类文明成果，增强中华文化的影响力和吸引力。

　　面向未来，就是指与时俱进、创新创造。文化的发展离不开创造性转化和创新性发展，创新创造是文化的生命所在，是文化的本质特征。在新的时代条件下，我们要客观科学礼敬地对待中华优秀传统文化，结合新的时代条件和实践要求，对其内涵和表现形式进行补充、拓展、完善，赋予其新的时代内涵和现代表达形式，充分展现中华文化独特魅力和时代价值。坚持对外开放的基本国策，加强与世界其他文明的互学互鉴，拓展深化人文交流，以我为主、兼收并蓄，扩大中华文化影响；在国际上讲好中国故事，展现真实、立体、全面的中国，提高国家文化软实力，为人类共同发展贡献中国智慧、中国方案。

小结论

　　中国和西方在历史上曾通过陆路和海路进行过大量的经济文化的交往和交流，增进了相互之间的了解和友谊。中国和西方优秀的文化在相互交流中，相互吸收、借鉴，对各自社会的文明进程起到了促进作用。除四大发明外，中国传统的冶铁、铸铁和凿井技术、提花织造技术、航海技术，以及历法、算术、医学、制图技术、绘画艺术、炼丹术等，都曾相继传入西方；西方的乐器、绘画、杂技、魔术、天文、医学，以及近代科学等，也曾先后传入中国。中西方的文化交流极大地丰富了各自的文化，也对世界文明起着积极的推进作用。

　　中西方文化在本质上没有优劣之分，只有特征、风格和内涵的差别。异彩纷呈的中西方传统文化互补性强，相互交流有助于弥补和完善自身的文化，因此不能简单地用"对"或"错"肯定或否定一方的文化。历史事实证明，在传承和弘扬本民族优秀传统文化的同时，吸收和借鉴外来优秀的文化，不仅有助于丰富中华民族自身的文化和社会生活，也有助于提升民族的整体文化素养。但由于中西方文化在客观上存在着特征、风格和内涵的差异，因此在传承和弘扬中华优秀传统文化时，不能仅停留在表象和形式上，还需要认识和理解其内涵，积极发掘其中积极的因素和成分；进行中外文化交流时，不仅要有文化自信，还要有开阔的胸怀，借鉴吸收人类文明成果，增强中华文化的影响力和吸引力。

课后思考

1. 简要说明中西方文化交流的积极影响。
2. 如何传承和弘扬中华优秀传统文化？
3. 如何增强中华文化的影响力和吸引力？

---

① 叶朗．中华文明的开放性和包容性．北京大学学报（哲学社会科学版），2014（2）．

参考文献

贺毅. 中西文化比较. 北京：冶金工业出版社，2007.
胡文仲. 跨文化交际学概论. 北京：外语教学与研究出版社，1999.
李学爱. 跨文化交流：中西方交往的习俗和语言. 天津：天津大学出版社，2007.
林崇德. 21世纪学生发展核心素养研究. 北京：北京师范大学出版社，2016.
林语堂. 生活的艺术. 北京：外语教学与研究出版社，1998.
刘凤霞. 跨文化交际教程. 北京：北京大学出版社，2009.
刘宓庆. 中西翻译思想比较研究. 北京：中国对外翻译出版公司，2009.
马克垚. 世界文明史. 北京：北京大学出版社，2004.
莫兰. 反思欧洲. 北京：生活·读书·新知三联书店，2005.
施维琳，丘正瑜. 中西民居建筑文化比较. 昆明：云南大学出版社，2007.
史仲文. 中西文明的历史对话. 呼和浩特：内蒙古人民出版社，2000.
斯宾格勒. 西方的没落. 上海：上海三联书店，2006.
闫文培. 全球化语境下的中西文化及语言对比. 北京：科学出版社，2007.
杨剑宇，方永德. 英汉语言文化论丛. 上海：学林出版社，2009.
袁行霈，等. 中华文明史. 北京：北京大学出版社，2006.
朱明. 中西比较医药学概论. 北京：高等教育出版社，2006.
朱筱新. 中国古代的礼仪制度. 北京：商务印书馆，1997.
田美. 中西文化比较. 2版. 西安：西安交通大学出版社，2021.
李长亭，等. 中西文化比较教程. 北京：中国人民大学出版社，2022.
潘祥辉，伍栋阳. 中西方的辩论传统之辨：词源内涵、媒介偏倚与文化差异. 传媒观察，2023（10）.
杨倩. 跨文化视角下音乐史教学中的中西音乐比较//山西省中大教育研究院. 思政课建设与思想政治工作队伍发展研讨会论文集. 南京传媒学院，2023.
喻麓丹，吴益芳. 在应用型高校中开设思政课配套全英文选修课的教学改革实践与探索：以"中西文化比较"课程为例. 黑龙江教育（理论与实践），2023（7）.

韩方林. 中西比较下中国写实油画的自我变迁研究. 美与时代（中），2023（5）.

南凯龙.《中西传统节日与饮食文化比较研究》汉译英翻译实践报告. 太原：太原理工大学，2022.

谷瑞雪. 中西古典园林设计文化比较研究. 芜湖：安徽工程大学，2020.

邱昱. 全球化语境下中西节日文化传播的比较研究. 合肥：安徽大学，2015.

后　记

《中西文化比较》是经北京市教委批准立项的"高等院校人文社会科学通识课程的开发与建设"项目的成果之一。本项目旨在探索和推进高校通识课程的改革，开发和建设符合时代特征、适应当代大学生学习特点和需求的通识课程。

本项目由北京教育学院朱筱新教授主持。参与项目论证、咨询和课程开发建设的，有来自北京大学、中国人民大学、北京师范大学、中山大学、暨南大学、中央民族大学、中国青年政治学院、首都师范大学、北京教育学院及其分院等高校以及中国社会科学院、教育部考试中心、国家文物局等单位的专家学者。他们对本项目所包含的三门课程的开发建设提出了许多极富创意的建议，并给予了诸多具体的指导。

《中西文化比较》以科学、严谨、创新、开拓为撰写的宗旨，坚持贴近现实、贴近社会、贴近生活的原则。在强化学术研究的基础上，充分运用历史资料，从不同角度呈现中西方的各种文化及其现象，真实还原中西方文化的历史原貌和主要史实，注意吸收和借鉴国内外最新的学术研究成果，结合现实社会生活，阐释不同文化所体现的观念和意识，诠释中西方文化及其现象的特征和内涵。

本书力求通过对中西方文化的分析，引导读者正确认识中西方传统文化的历史根源及各自的特点和差异；探讨中国传统文化与西方传统文化的互补与交融；运用中西方文化的差异，扬长补短，培养和提高自己的文化修养。本项目于2009年结题，成果出版以后，受到广大师生和读者的肯定。应出版社的要求，本次修订在秉承原书编写宗旨的基础上，对部分章节做了修改和补充，以便更全面、深入地揭示中西方文化差异的根源和表现。

本书的第一、七章由朱筱新撰写，第二、四章主要由李军撰写，第三章主要由吴呈苓撰写，第五、六章主要由林永清撰写。朱筱新参与第四、五、六章的撰写。李军、林永清对第四版进行了修改统稿工作。此外，在撰写本书的过程中，作者还得到了一些专家、学者的指导和帮助，其中包括朱启新、邱树森、赵世瑜、杨宁一、刘芃、曹大为、吴伟、敖光旭、郝瑞庭、何德章、戴琅、李春山、王红、巩平、王小京、王耘、常俊高等。

由于水平有限，错误和偏颇在所难免，希望专家和读者不吝赐教。

最后，要感谢中国人民大学出版社将此教材列入出版计划。同时，特别向本书的编辑致以深深的谢意，他们出色的工作保证了本书内容的流畅和清晰，极大地提升了本书的品质。

图书在版编目（CIP）数据

中西文化比较/李军，林永清，朱筱新编著.
4 版. -- 北京：中国人民大学出版社，2024.7.
(高等学校通识课程系列教材). -- ISBN 978-7-300
-33089-1
Ⅰ.G04
中国国家版本馆 CIP 数据核字第 2024VL1382 号

高等学校通识课程系列教材
中西文化比较（第四版）
李　军　林永清　朱筱新　编著
Zhongxi Wenhua Bijiao

出版发行	中国人民大学出版社			
社　　址	北京中关村大街 31 号		邮政编码	100080
电　　话	010-62511242（总编室）		010-62511770（质管部）	
	010-82501766（邮购部）		010-62514148（门市部）	
	010-62515195（发行公司）		010-62515275（盗版举报）	
网　　址	http://www.crup.com.cn			
经　　销	新华书店			
印　　刷	北京宏伟双华印刷有限公司		版　次	2010 年 1 月第 1 版
开　　本	787 mm×1092 mm　1/16			2024 年 7 月第 4 版
印　　张	10.75 插页 1		印　次	2024 年 7 月第 1 次印刷
字　　数	250 000		定　价	45.00 元

版权所有　　侵权必究　　印装差错　　负责调换

教学支持说明
(教学课件)

中国人民大学出版社教育学科秉承"出教材学术精品，育人文社科英才"的出版宗旨，多年来，出版了大批高质量的教育学、小学教育、学前教育专业教材和学术著作。

我们为本教材制作了相应的 PPT 教学课件，任何一位采用本书作为授课教材的教师均可免费获得该课件。为了确保该课件仅为授课教师获得，烦请您填写如下材料，并将相关信息通过 E-mail 发送给我们，我们将在收到相关信息后通过 E-mail 给您发送该课件。欢迎您加入我们的QQ群（教育新视野交流群，群号为159813080），或登录我社官方网站（www.crup.com.cn），注册并认证成为教师会员，以获得更好的服务。

  我们的联系方式：
  地址：（100872）北京市中关村大街甲 59 号文化大厦 1202 室
     中国人民大学出版社
  电话：(010) 62515054 62515955
  E-mail：ggglcbfs@vip.163.com
  QQ 群：159813080

兹证明_____大学/学院_____院/系_____专业_____学年第_____学期开设的_____课程，采用中国人民大学出版社出版的_____（书名、作者）作为本课程教材。授课教师为_____，授课班级共_____个、学生_____人。授课教师需要与本书配套的教学课件。

联 系 人：_____
通信地址：_____
邮 编：_____
电 话：_____
E-mail：_____

              系/院主任：_____（签字）
              （系/院办公室章）
              _____年_____月_____日